Ramón Gómez de la Serna
Der Cirkus

RAMÓN *Gomez de la Serna*

Foto Alfonso

RAMÓN GÓMEZ DE LA SERNA

Der Cirkus

*Mit einem Vorwort von
den Gebrüdern Fratellini*

*Aus dem Spanischen übersetzt
und mit einem Nachwort versehen
von Fritz Rudolf Fries*

EUROPÄISCHE VERLAGSANSTALT

Inhalt

ZWEI GROSSE CIRKUSSE

ANHANG

RAMONISMO

Nachwort

von

Fritz Rudolf Fries

Vorwort
der Gebrüder Fratellini

Manege frei! Manege frei für eine neue große Gala-Nummer, die Nummer von Ramón! Aus Spanien, ebenso wie aus Italien und England, kamen in anderen Zeiten die besten Clowns. Aber in den Archiven von uns Cirkusmenschen hat es bisher noch kein Buch gegeben wie dieses. Es ist die Eintrittskarte, mit der wir durch die Kulissen des Cirkus wandern, des Cirkus von gestern, als der Cirkus jedem vertraut war; des Cirkus von heute unter seinen Lichtbögen. Als wir dieses Buch auf Spanisch gelesen haben, sind wir um zwanzig Jahre jünger geworden. (Rück mal die faltige Stirn deiner ersten Perücke heraus, Alberto! Geh deinen ersten Teppich suchen, Pablo! Und du, Francisco, geh dein erstes Paillettenkostüm holen ...) Denn alles haben wir im Cirkus gemacht, alles außer Brause verkaufen. Ach! Ach! Oooh! Ja! Yes, dies ist die wahre Cirkuswissenschaft, dieses Buch ist seine Enzyklopädie.

Besagter Ramón, der spanische Illusionist, nimmt den Cirkusakteuren die Schminke weg und setzt uns – endlich einmal! – auf den Platz des Zuschauers. Diese Seiten sind Cirkus aus der Perspektive der Artisten gesehen. Das Buch dieses Spaniers ist wie die Erinnerung eines Berufsveteranen, der in seinem Leben schon manchen Cirkus hat leiten müssen. Auf diesen Seiten wird man bekannte Bilder wiederfinden. Diese sind die besten. Zum Beweis dafür folgendes: Eines Tages

9

setzte sich einer von uns dreien auf die Zuschauerbank. Man-
che Zuschauer gehen mit so vorgefertigten Vorstellungen in
den Cirkus, daß sie glauben, mehr über ihn zu wissen als die
Artisten selbst. Der Herr, der in mir einen »Staatsbeamten«
zu erkennen glaubte, wurde enttäuscht. Ich sagte zu ihm:
»Meiner Meinung nach ist die heutige Vorstellung ganz ein-
fach schlecht.« Der Herr nickte. Minuten später, während
einer meiner Brüder auftrat, sagte ich zu meinem Platznach-
barn: »Sehr schlecht.« Und er gab zur Antwort: »Sie haben
recht.« – »Wie, ich habe recht?« empörte ich mich. »Sie finden
es schlecht. Nun, ich behaupte, daß es ausgezeichnet ist! Das
da ist mein Bruder. Er arbeitet sehr gut. Ich bin nicht gut,
aber er ja. Sehr gut, ich sage es noch einmal ...« Und da
nickte der Herr wieder! Und ich wiederholte: »Sehr gut.«
An diesem Tag saß der Clown gleichzeitig in der Manege
und im Publikum ...

Für heute folgen wir der Vorstellung auf diesen Seiten,
und sie wird von einem Autor zusammengestellt, der wie
ein Meister unter uns debütiert. Wir wünschen dem neuen
Kollegen viele Jahre und eine glückliche Laufbahn!
»Francisco! Telephon. Ein Gespräch aus Madrid. Sicher
ein Engagement, damit wir auf unsere Art mit den Sätzen
balancieren.«

»Was soll ich mit dem Gerät machen?« ruft Alberto.

»Du wirst es bestimmt kaputt machen!« erwidert Pablo, der
endlich herbeieilt ...

Was wir sagen wollen, um diesem Ramón Gómez de la
Serna unsere Dankbarkeit auszudrücken, ist, daß wir unsere
singende Säge und die Schreckschußpistole bestimmt nicht
vergessen werden.

Ewig, glorreich
und unbeschreiblich

Der Cirkus

Unterm Zylinderhut der Ironie

Mein wahrer Beruf ist der des Cirkuschronisten. Daher steht auf meinen Visitenkarten:

RAMÓN GÓMEZ DE LA SERNA
CIRKUSCHRONIST
MADRID

Durchaus gleiche ich jemandem, der sich einer solchen Sache verschrieben hat, und jene Straßenjungs hatten gar nicht so unrecht, als sie mir eines Tages, da ich im California-Viertel unterwegs war, nachriefen:»Gehen wir mit dem Pfeifenonkel, der sieht aus wie ein Puppenspieler mit Pfeife!« Mir gefiel das mit dem »Puppenspieler«, und ich sagte es mir immer wieder und ich sage es mir immer noch, weil nichts so heiter, frei und ungezwungen ist wie ein »Puppenspieler«.

Nichts ist schöner, als Cirkuschronist zu sein, weil der Cirkus wahre und reine Unterhaltung ist, eine Unterhaltung, die nichts weiter ist als Unterhaltung, Unterhaltung um der Unterhaltung willen. Der Chronist darf seine Pfeife rauchen, denn der Cirkus ist die einzige Vorstellung hinter verschlossenen Türen, bei der man rauchen darf. Es müßte deshalb, der Freude wegen, die diese Erlaubnis hervorruft, und um den Schildern zu trotzen, auf denen steht, Schilder geben, die diese Freizügigkeit unterstreichen und auf denen es also heißen müßte:

RAUCHEN NICHT VERBOTEN

Man muß gesehen haben, wie ein Herr Zigarre raucht, der gekommen ist, um seine Zigarre zu schmauchen und die Vorstellung zu sehen! In der Tat: Um eine Havanna aus dem Viererpack zu rauchen, dafür muß man in den Cirkus gehen und man muß sie sich für den Cirkus aufheben. Der Cirkuschronist befindet sich außerdem mitten unter der *gehobenen Gesellschaft*, denn auf dem Plakat steht: »Versammlung der gehobenen Gesellschaft!«, und so sieht er das Schillerndste der neuen Mode mit all ihren Reizen und Creationen und Schelmenstreichen; denn er kann die Damenhüte betrachten, die Hüte der Frühlingsmode mit ihrer wunderhübschen Flora voller Neuheiten, die man nur hier scharenweise antreffen wird, weil das Programm in mehreren Sprachen erlaubt:

»LAS SEÑORAS PUEDEN ASISTIR CON SOMBRERO.
LADIES ARE NOT REQUIRED TO REMOVE THEIR HATS.
DIE DAMEN KOENNEN MIT HUT DEN
VORSTELLUNGEN BEIWOMEN.«

Inmitten dieser zur Schau getragenen Eleganz zeigen die Vornehmtuerinnen ihre bemerkenswerten Blumenstoffe und ihre Hüte, welche die Königsmalven unter den Hüten sind. Da gibt es Spitzenblusen, rote und grüne, und gelbe Blusen, die wie Zitronen die Vorstellung würzen.

Wie mag die Mode von gestern gewesen sein? Jene Mode aus der alten Zeitschrift »MODA ELEGANTE«; im Cirkus erwecken wir sie zu neuem Leben wie im Licht einer deutlicheren und unschärferen Erinnerung, als ob die Zeit sich nicht entfernt hätte und wir sehen könnten, wie prächtig sie ihre Plätze einnahmen mit ihren wie Paradiesvogelschwänze hinten ausstaffierten Röcken.

Der Cirkuschronist muß sich die Vorstellung von allen Plätzen aus ansehen, und oftmals von der ersten Manegenreihe aus, um den Sand zu spüren, der diejenigen bespritzt, die in der ersten Reihe sitzen; denn das ist die beste Art und Weise, sich der Realität des Cirkus zu nähern, wenn man ein paar Spritzer von dem großen Geplätscher abbekommt, das die Pferde im Cirkuswasser hervorrufen, wenn sie mit den Hinterbeinen ausschlagen, als schwämmen sie in der Manege. Doch befand sich der Platz des Chronisten in der hohen durchbrochenen Cirkuskuppel und, ach, von der höchsten Höhe des Cirkus ist es, von wo aus Gott der Vorstellung zusieht. Dort in der Höhe zeigt sich Gott mit seinem Triangel und seiner Taube auf dem Kopf.

Der Cirkuschronist sollte nie zu den Proben gehen, das ist Sache der Cirkusreporter. Er darf auch keine Interviews machen, weil dies das Berufsgeheimnis zerstört. Wer eine Cirkusprobe besucht hat, für den ist der Cirkus gestorben, er hat seine Illusion verloren, weil er auf etwas ohne Festlichkeit, auf etwas Leeres und Armseliges trifft, auf Turner in gestreiften Hemden, mit Hosenträgern und langen Hosen, die ohne Musikbegleitung Gewichte stemmen: Übereinandergestellte Stühle wie wenn die Cafés geschlossen werden, die kleine Tür steht offen und darf sich nur für einen Augenblick öffnen, wenn sie raus- oder reingehen; der Vorhang hochgezogen und die Sitzplätze abgedeckt, damit sie nicht einstauben. Unglücklicher Verlust des Paradieses beim Betreten dieser Arena ohne Publikum, Ohnmacht der Frühe, wenn es keinen Cirkus gibt!

Der Cirkuschronist sollte die umfangreiche Cirkus-Bibliographie studiert haben:»Die Geschichte der Jongleure«, 80 Bände in Großformat mit fünfzigtausend colorierten Bildern;»Die Geschichte der Frauen im Cirkus«, 52 Bände mit Aktbildern;»Die kleine Geschichte der Mary Dolci« (die das Kunststück auf dem Pferd erfunden hat, das ihren Namen trägt, das Spiel Dolci), 2 Bände mit verschiedenen Abbildungen der Artistinnen;»Das Handbuch des perfekten Illusionisten«, 91 Bände, gespickt mit Illustrationen, in denen alle Geheimnisse der Zauberkunststücke von Moses bis zu unseren Tagen erklärt werden;»Die Fünfzigtausend Clownerien«, 60 Bände mit den Abbildungen der besten Clowns und die Transkription ihrer Dialoge, Späße und Streiche;»Das Buch der schönen Bagatellen des japanischen Cirkus« mit Illustrationen der besten japanischen Zeichner ausgeführt auf Japan-Papier, 40 Bände, die die Erschaffung des Cirkus durch den Gott Chis-Ka-He beinhalten, den Gott des Cirkus, der in der ersten Manege arbeitete, die es im Jahr eins vor nichts auf der Welt gab, wo Er mit den Sternen spielte und auf einem ausgestorbenen dressierten Tier ritt; das aber war viel größer als ein Elefant und wilder als jedes bekannte Tier, eine Art Höllendrachen, und viele andere unauffindbare Bücher, über deren Lektüre der Cirkuschronist sein Leben verbracht haben sollte.

Welch schöner Beruf ist doch der eines Cirkuschronisten unterm Konfettiregen in der Arena und dem gloriosen Licht, in den Farben des Regenbogens!

Ich, meine Herrschaften, bin der Cirkuschronist!

Von den vielen Vorstellungen, die ich gesehen habe, sitzt mir ein Scheinwerferlicht in einem Auge, aber auch so bin ich noch immer der Cirkuschronist!

Mein Kalender besteht aus meinen Cirkusprogrammen, deren erster Sammler auf der Welt ich bin.

Deshalb muß ich in jedem Jahr am Tag der Cirkuseröffnung mit meinen Buntstiften bewaffnet ein paar Eröffnungsworte schreiben, wobei ich darauf achten muß, daß sie stets anders lauten und eine Seite füllen, die so groß ist wie eine Manege.

Es sind Seiten, die man bei bedecktem Kopf schreiben muß, mit einem Zylinderhut, der schräg über einer Augenbraue zu sitzen hat, damit es Worte von vollkommener Heiterkeit werden und auch damit der komische Hut mit seinem guten Schatten über die Gedanken wacht. Alles, was wir schreiben, müßte unter diesem ironischen Zylinderhut erdacht werden, denn nur so verlieren wir die angemessene Gelassenheit nicht, die uns geziemt. Schon setze ich ihn auf.

So denn:

»Maestro ...! Musik ...!«

Alljährliche Eröffnung

Ich hatte mir die Fingernägel geschnitten, um die Hände
ohne erröten zu müssen auf den Samtbezug der Balustrade
meiner Loge legen zu können. Von Zeit zu Zeit schrieb ich
nervös Notizen in das Programmheft, die mir hinterher in
keiner Weise mehr verständlich sein würden. (Was meinte
ich mit den »hängenden Schulterblättern« oder was hieß
»Salatteppich« oder was meinte ich mit »Hiob-Treppe« oder
gar mit »Busen prallen auf und kehren zu ihr zurück« oder
was meinte »die Manege voll von abgeschnittenen dicken
Zehen«?) Nie kann ich etwas mit diesen eilig gekritzelten
Notizen anfangen, denn sobald ich nach Hause komme,
lasse ich mich von der Inspiration leiten, die unbefleckt ist
von jeglicher Notiz.

Wir alle bewegen uns wie auf dem Grund eines verzau-
berten Sees in einem Saal voller Lichter und Edelsteine, wo
wir uns einmal beim Lesen von Kinderbüchern und bei Cir-
kusbesuchen ganz weit weg von dieser Erde gefühlt haben.

Selbstverständlich ist dies nicht an jedem Tag so, und
wenn es nicht wie eine gewaltige Übertreibung klänge, würde ich sagen, wir stecken tief in einem wunderbar gelunge-
nen Milchreis.

Zwischen den Vorhängen hindurch, die den Blick auf die
Vorstellung freigeben, kann man den Mittelpunkt dieser
Erde besser erkennen, diesen anderen innerplanetarischen
Raum oder so ähnlich, welcher der Cirkus ist. Immer stehe
ich eine Weile unschlüssig hinter dem Vorhang, um diesen
Kontrast zu ergründen und wirken zu lassen. Es ist, als
würde man im Licht an etwas stoßen und alle würden zu

lachen beginnen, sobald wir auftreten, weil alles voller Lachgas ist. Das Schauspiel steckt voller Schauspiel. Es geistert durch die Zweige, durch alle Zweige des großen Lichterbaums.

Hinter dem Mattenvorhang warte ich einen langen Augenblick, bis ich mich entschließe. Wie am Meer habe ich Lust, eine Weile am Ufer zu spielen. Ich zähle bis drei …

Ich werde Gesichter sehen, die mich anhimmeln, und auf der Stelle werde ich in ihre Richtung grüßen müssen, dann zur anderen Seite und weiter nach hinten. Man muß sehr vorsichtig sein. Bin ich erst drin, werde ich mich nicht so sehr einfangen lassen, daß ich nicht merken würde, was dies alles bedeutet, was für eine Ausstrahlung es hat. Deshalb zögere ich den Augenblick hinaus, den Vorhang in die Hand zu nehmen, als würde ich mit dem Vorhang einen Mantel ablegen, sobald ich durch seinen Spalt gehe und ihn hinter mir lasse …

Aber es muß sein …

In diesem Moment ist ein »Aaah!« zu hören. Ringsum ist alles voll Bewunderung. Man könnte meinen, ich würde beim Hineingehen allen die Sicht rauben. Sofort suche ich meinen Platz und setze mich hin. Wie in einer Bratpfanne zerspringen hier und da knallende Lachblasen. Da fährt der Witz des Clowns wie etwas Unverdorbenes, wie ein weiteres Stück gesalzener Seezunge in das glühende Element. Dieses spritzende Lachen, das mit mehr Kraft als alles andere zerspringt, wird uns treffen.

Am Beginn stoßen wir immer, wenn wir den Cirkus betreten, auf die Tür mit den zwei Klappen, dazwischen ein Teil, das sich nicht öffnen läßt, und an einem Kassentisch sitzend und durch ein gläsernes Bullauge blickend, befindet sich die Cirkusbesitzerin. Das ist so, sogar im größten Cirkus, weil die starke Ehefrau des Direktors nicht vergessen kann, wie sie an der Tür der armseligen Jahrmarktsbude saß und aus Kleingeld das Geld machte, mit dem sie später eine große Unternehmerin wurde. Damals besaß sie als Vorstandsdame und Besitzerin eine Autorität, die sie in den Jahren des Wohlstands nicht vergessen konnte. Wie leuchteten damals ihre unscheinbaren geblümten Blusen und ihre Kittelröcke, schöner als die der Wachsfiguren!

Bei Kälte und bei Hitze bewacht die Revisorin, eine Blumenvase auf dem Kassentisch und manchmal ein Hündchen an ihrer Seite, den Eingang, damit keiner ohne Eintrittskarte hineingeht, denn das Cirkusspektakel kostet, was es wert ist.

»Seht mich an, ich bin die Herrin der Turner, der Clowns, der springenden und fliegenden jungen Mädchen. Sie sind meine Spielzeuge, ganz für mich allein, aber ich lasse euch hinein.«

Sie besitzt den Stolz eines von ihrem Papa oder von ihrem Ehemann verhätschelten Mädchens, welcher ihr auch diesen hohen Posten verschafft hat, dazusitzen und mit verschränkten Händen die Leute hineingehen zu sehen. Die Artisten tun alles, sich sehr gut mit ihr zu stellen, und an ihrem Namenstag schenken sie ihr ein Schmuckband, auf dem sie alle unterschrieben haben.

Immer ist der Cirkus sehr groß – auch wenn er sehr klein ist –, groß wie das irdische Paradies, dessen Naivität, Klarheit und urtümlich paradiesische Anmut er besitzt. Die Cirkustiere sind so zahm wie die Tiere, die im Paradies lustwandelten, und Adam und Eva tauchen darin genauso nackt und bloß auf. Der Cirkus ist von mehr Licht erfüllt, als er

hat. Sein Dach erhellt sich zu einer überraschenden Licht-
kuppel, deren Wolken durchaus bedeutende Geheimnisse
enthalten, turmhohe Trapeze und feste Stützpfeiler. Die Manege ist voll von Frühlingserde, frischer und neuer Erde,
köstlicher Sand wie in den Gärten, wenn das erste Früh-
lingsgewitter dem Boden Geschmack und Duft entlockt. Die
mit Sand gefüllte Manege gleicht, sobald die feinen Harken
darüber hinweggehen, als wollten sie eine Blutspur tilgen,
dem tragischen Schauplatz der Stierkampfarenen – aber
nur ein klein wenig.

Der Sand ist ein weicher Sand, darin Kinder mit Stöcken,
Eimern und Wägelchen spielen, ein Sand, in den sich die
Clowns gern setzen, darin sie herumkriechen und schwim-
men.

Es ist der stille Sand, den wir in den vollen Mondnächten
an den Stränden finden, wenn wir zu einem Spaziergang
am phosphoreszierenden Meer aufbrechen.

Man setzt sich vor dieses Schauspiel, als wolle man nie
mehr fortgehen, als nähmen wir Platz im siebenten Himmel, um das Schauspiel der leuchtenden, circensischen und
unterhaltsamen Ewigkeit zu genießen.

Alles ist angefüllt von einer wie aus Bengalfeuer gemach-
ten leuchtenden Freude, die überschäumend und strahlend
sich in einem ständigen Kreisen ausbreiten möchte. Ein jeder freut sich, als hätte er die Seligkeit und die ewige Schönheit errungen. Alles schaut in die Manege, in der das mit
Erwartung getränkte Licht verlöschen könnte: Lampen,
Scheinwerfer, Dachluken, Balustraden, Säulen, Zuschauer –
alles ist aufmerksam, weltentrückt und zufrieden. Alles erfüllt von einer spürbaren Heiterkeit. Durchdrungen von
einem spontanen, reinen und engelhaften Durcheinander.

Güte und das Bedürfnis uns mitzuteilen erfaßt und beflügelt uns auf besondere Weise. Alles wird sichtbar in dieser außergewöhnlich heiteren, fröhlichen und lustigen Stunde. Sogar die Nacht da draußen glänzt im Licht, das sie von hier aus empfängt.

Der Cirkus ist auch eine große Alhambra, die größte Alhambra der Welt, funkelnd von Farben und Licht, wie von großen aranischen Lustgärten erhellt, mit Nestern bunter Vögel, natürlich mit Pfauen, mit geteilten Bogenfenstern, mit Blumentöpfen voller Geranien, Hortensien und anderen prächtigen Blumen, die der Höhe ein Füllhorn von Farben und Licht schenken. Oh, ideale Alhambra!

Gewaltig sind die Wurzeln des Cirkus, sein Fundament, da sich Drähte in seinem Boden verankern lassen, die an ihm ziehen und ziehen, und da man an sein Dach all diese Sachen aufhängen kann ... Nie wird der Schößling herausgerissen werden, der im Boden verwurzelt ist, weil sonst alles nach hinten kippen und umfallen würde. Kräftig sind die Wurzeln des Cirkus, die seine ganze Grundfläche bedecken und zuweilen, bei den ältesten Cirkussen, einen ganzen Häuserblock. Nie wird sich der Metallring des Daches lösen, denn wie viele Dinge würden sich dann das Genick brechen ... Was für ein schreckliches Unglück das wäre, doch dieser Metallring kann nicht reißen, so wie in den Kathedralen der Plafond nicht einstürzen kann, an dem der große monumentale Kronleuchter hängt. Die Kraft, die von der Kehrseite auf diesen Metallring drückt, ist im Himmel verankert, an der Kehrseite des Himmels.

Wir alle kommen uns bei der Eröffnung des Cirkus vor, als seien wir von einer langen Krankheit genesen und eilten nun zu einem prächtigen und seligen Vergnügen. Es ist, als würden Schulkinder eine besondere Auszeichnung bekommen. Die jungen Damen, ganz in Rosa gekleidet, gleichen naseweisen und entzückenden Schülerinnen, und die Zuschauer sind wie Schüler mit vielleicht zu großen Füßen, voll fieberhaftem Entzücken wegen der Schülerinnen auf diesem Fest und wegen der Vorstellung.

Festliche Nacht der Erfüllung, in die wir eintauchen wie in die einfältige, laue, zitternde und Herzklopfen machende Glückseligkeit eines weißen Mondes, von den Clownerien befreit und gesättigt – ein großer Mond, der wie eine große Music-Hall galant, kindlich und unbefangen ist!

———•————

Tarata-tschin-tschin-tschin.
Burumbumbum-bum-bum.
Taratata-tschin-tschin-tschon.
Parapapa-parapapa-parapapa.
Taratata-taratata-tschin.
Tschun-tschun-tschun-tschun …

An diesem Tag wird die große Cirkusbar eröffnet und es schlägt die Stunde, die Musik zu entkorken … Köstlicher schäumender Champagner! Erlesener Champagner mit prächtigen Korken!

Überrascht erwachen die Scheinwerfer. Die Musik erregt sie und erweckt sie zum Leben. Und wenn sie auch unsicher und geblendet eine Weile blinzeln, gewöhnen sich ihre Pupillen schließlich doch daran, geöffnet zu sein, und werden größer und größer, weiten und dehnen sich wie große Ballons aus Licht, von der Musik derart aufgeblasen, daß sie

am Ende alles beherrschen und wir uns schließlich mitten
unter ihnen befinden.

Tarata-tschin-tschin.

Tarata-tschin-tschin.

Tschin-tschon.

Die Musikinstrumente glänzen und die Violinen mit ihren
bunten Saiten, gespielt von ebenfalls bunten Bögen, werden
die neuen Stücke spielen, welche die Clowns, diese genialen
und fröhlichen Komponisten, für sie geschrieben haben.

Von den Blechinstrumenten des die neue Saison eröffnen-
den Orchesters wehen die ersten Frühlingslüfte herüber.
Die Noten, die es hervorbringt, sind so kompakt, daß man
sie in ihrer Körperlichkeit sehen kann, mit ihrem schwarzen Kopf und ihrem schwarzen Schwänzchen, obgleich sie
auf der Stelle zerspringen wie die Funken einer Lokomo-
tive. Die Karnevalstrompete, darin der Wind sich zwanzig-
mal um sich selbst dreht, klingt übertrieben. Die langen
und schwarzen Flöten mit ihren kräftigen Silberregistern
stoßen zügellose, ungeheure Flötenschreie aus. Die Pauke
klingt nach neuem Fell; die Trommel, die eine neue Haut
bekommen hat, und die Becken lärmen wie große Kasserol-
lendeckel, die größer als Paellapfannen sind, und die Trommeln, die eigentlich Weihnachtstrommeln sind, klingen wie
Kirchenrasseln am Heiligen Abend.

Die Cirkusmusik ist nicht zu überbieten. Alle Musiker
sind von der Fröhlichkeit des Festes erfüllt, von seinem
überschäumenden und eigenwilligen Geist, weshalb sie ausgelassen und mutwillig spielen. Man hat den Verdacht, sie
haben vor der Vorstellung bei einem intimen Gelage mit
allen Artisten ein bißchen getrunken und sind voller Alkohol. Der Kapellmeister hingegen bleibt ernst, denn er muß

achtgeben, den Augenblick der Stille nicht zu verpassen, wenn das Fest mit einem Mal in Trauer, Panik und Blässe zu Ende scheint, wie wenn ein Arbeiter vom Gerüst gefallen ist; aber ansonsten ist sein Taktstock ungestüm und feurig, wenn es gilt, seine frenetischen, entfesselten und aufgeregten Kollegen im Zaum zu halten; sein Taktstock ist es, der sich laut und am heftigsten mit dem Notenständer streitet. Es gibt noch einen weiteren Moment der Panik, mit dem er rechnen muß, wenn nämlich er den schnellen Trommelwirbel dirigiert, der in der Stille manchmal trocken und abgehackt klingt, atemberaubender Trommelwirbel, schneller Herzschlag aller, ausgesetzt und beschleunigt, verrücktes Rasen und überraschender Stillstand.

Die Cirkusmusik muß so sein, ein wenig maßlos und verwirrend, mit viel Tschin-tschin und viel Tschon-tschon; großartig, lärmend, wirr, halb Rassel halb Schlagzeug, immer naiv, offenherzig und prahlerisch. Nur sie allein macht Komplimente und verhält sich königlich gegenüber den Cirkusfrauen, deren Anmut sie den gebührenden und prächtigen Glanz verleiht, vor allem den Amazonen. Keine andere Musik – nicht einmal die sinnliche Kreutzer-Sonate – ist so aufmunternd und anfeuernd und macht die Darbietungen der wahrhaften *étoiles* so verführerisch und unwiderstehlich, so aufregend und unterhaltsam.

Die Musik bringt die Beine in Bewegung, diese femininen und so schönen Beine … Sie läuft mit ihnen durch die Manege, macht Sprünge, grüßt … Immer bietet das Vorspiel eine *troupe* aus vielen Schwestern, fröhlich, plastisch, weiß und rosafarben gekleidet, mit Pailletten auf den Badeanzügen, sie sind wie eine Mannschaft von Stierkämpferinnen, die mit ihren üppigen Hüften auf und ab marschieren …

Die Noten klettern zu allen Trapezen empor, vollführen einen Salto mortale nach dem anderen, machen Pantomime, springen über schöne Pferde mit geschwungenen Hälsen, ahmen alles nach, was im Cirkus passiert ist, und alles, was noch passieren wird ... Es ist eine plastische und bildhafte Musik.

Die Musik unterstützt die Kombinationen und Spiele des Jongleurs auf eine Weise, daß der Zauber zerbräche, verstummte die Musik zur Unzeit, und die reizende Ungezwungenheit des Mannes mit Zylinder, rotem Frack, riesiger Gardenie bliebe auf der Strecke, und auch der Seiltänzer fiele plump zu Boden.

Die Noten auf den Notenblättern des Cirkusorchesters scheinen mit Spaß und Freude geschrieben worden zu sein, denn jeder Note sind noch vier Hälse hinzugefügt worden, zwei nach oben und zwei nach unten, wobei die oberen die gestikulierenden Arme der Krakelei darstellen, und die unteren zeigen die verrückten Beine, so daß die Partituren aussehen wie jene Affen, die in den Schulheften und auf den Schreibübungsblättern der lieben Kleinen herumtanzen.

Die Cirkusmusiker, allen voran diejenigen, die Blechinstrumente spielen, scheinen gern einen zu heben, und sie tun es noch immer, wenn sie ihre Trompeten emporheben wie auf ex getrunkene Weinflaschen, und sogar die großen Posaunen scheinen voller Alkohol.

Oh du heftige, inbrünstige, stumpfsinnige und bewundernswerte Musik, so hilfreich und magisch, Musik voller Raketen und anderer anregender Stimulanzien, sinnliche Musik, schrecklich sinnlich zuweilen, so wie sie in anderen Momenten geistig, schrecklich geistig, dramatisch zart und voller Wünsche sein kann! Die Cirkusmusik bricht hervor wie die Blumen im Frühling und obgleich es sich hier um die erste Vorstellung im Zelt handelt, ertönt sie mit einer Erhabenheit, die über diesen Anlaß hinausgeht, und das so eingeweihte Zelt wird größer und größer, bis es sich in ein prunkvolles Warenhaus verwandelt, in ein herrliches Warenhaus mit ganz hohem Dach und voller großer Kohlescheinwerfer, richtiger prächtiger Scheinwerfer, nicht von der Sorte, in deren Glocke man eine falsche Glühlampe schraubt. Die ganze Spielzeugabteilung des Warenhauses gerät in Bewegung, erwacht und belebt sich, wie aufgezogen von der Musik.

Das für das elektrische Licht zuständige Werk verdoppelt in dieser Eröffnungsnacht seine Produktion. Die strahlend helle Nacht verbraucht etliche Millionen Volt.

»Das ist die Nacht der Cirkuseröffnung, Jungs!« sagt der Maschinenführer im großen Dom der Elektrizitätsfabrik, und alle Schalter brennen durch und der Strom faucht wie eine Katze.

Die eleganten Frauen im Cirkus sehen mit ihren Sommerhüten in dieser Nacht aus wie am sonnenhellen Strand, und ein Erschrecken geht durch sie, sich eine Nacht lang so glücklich und so frühlingshaft zu fühlen. Alle tragen sie die Kleider romantischer Schäferinnen, frühlingshafter Amaryllis.

Im Lichtpalast des Cirkus sind wir alle wie im Innern einer Voltasäule.

Die Pailletten der Clowns funkeln wie wahnsinnig.

Dies ist der Menschheit optimistischer Teil, der im Leben weiterkommt. Wir alle sind froh, geboren und nicht gestorben zu sein. Das Paradies auf Erden, es ist der Cirkus.

Vom großen Kuchen, der sich in der Mitte der Manege

für die königliche Hochzeit befindet, essen wir alle unser Stück.

Der große Kristallpalast mit seinen tropischen Blumen und seinem herrlich aufgeheizten Klima hat seine Türen für den großen Empfang geöffnet.

Krönungstag eines neuen Königs, das ist die Darbietung des Cirkus.

Die traditionellen Clowns verschenken großzügig ihre Anmut wie Kinder an Vaters Geburtstag.

Alles ist außergewöhnlich in der Grotte glänzender Stalaktiten des Cirkus, in der ein paar riesige Spiegel das Publikum und die Nacht zu vervielfachen scheinen.

Die große Wohltätigkeitscorrida des Cirkus findet inmitten des Lichtgelages statt, mit dem uns der Cirkus trunken macht; jeder Artist zahlt eine Runde, und es sind deren mehr als fünfzehn.

Im prächtig funkelnden Alkoven des Cirkus bringen alle Spiele Glück.

In der Magnesiumbeleuchtung des Cirkus – als schössen da zahlreiche Photographen mit ihren Apparaten auf uns und auf die Vorstellung – sehen wir uns um, auf welchen Plätzen denn die Botschafter und die Könige und der Schah von Persien sitzen und wo der Sultan der Türkei und wo der Maharadscha.

Die erste Nummer im Programm

Wir sind zu spät gekommen. Die erste Nummer hat schon stattgefunden. Die erste Nummer im Programm hat so wenig Glück wie die letzte, nur daß der letzten ein aufmerksameres Publikum beiwohnt.

»Was gab es in der ersten Nummer zu sehen?«

Im Programm steht manchmal nichts außer »Pantomimen«. Nur das und sonst nichts, aber schon dies ist Anspielung genug. Die Pantomime wird vom Publikum nicht verstanden. Ungeduldig stört es das große Vergnügen der Pantomime mit einem Pfeifkonzert. Eine Kunst, die so viel Wohlwollen und so viel Verständnis braucht!

Ob die überaus sensiblen Pantomimen, die alles hören und alles sehen, an dieser schrecklichen Peinlichkeit, ausgepfiffen zu werden, leiden? Sicherlich. (Die stumme Dame, die sich von dem stummen Herrn den Hof machen ließ, war bestimmt interessant und rührend ... Wie schade!)

Nun geht die Aufführung weiter, doch wird uns vor allem am Schluß diese geheimnisvolle Nummer fehlen, in der vielleicht eine linkische und magere, aber unvergeßliche Frau auf rührende Art gelächelt hat, reuevoll und unerklärlich, für ein Publikum, wo niemand ihr Lächeln haben wollte. Arme erste Nummer! Man hat sie an die erste Stelle gesetzt, weil sie – unglaublich! – nach Meinung des Direktors die schwächste ist. Wir nehmen uns vor wiederzukommen, um sie zu sehen, obschon dies kaum gelingen wird, denn da es die schwächste Nummer war, wird sie sofort verschwinden. Ach, ihr nicht Auf Wiedersehen gesagt zu haben!

Wir wollen die Traurigkeit abschütteln, so als hätten wir auf dem Bahnhof einen Freund verabschieden wollen, als der Zug bereits unwiederbringlich abgefahren war; aber diese Traurigkeit ist eine Traurigkeit, die uns nicht verläßt, eine wiederkehrende Traurigkeit. Die Ärmsten! Sie mußten gehen, ohne daß jemand sie verabschiedet hätte, weil keiner ihnen applaudiert hat, gescheitert, enttäuscht, entschlossen den Beruf zu wechseln oder in einem Dorfcirkus aufzutreten, in einem der kläglichen Cirkusse, wo alles beklatscht wird. Schon ist der Zug an der Rückseite des Cirkus abgefahren, aufgebrochen sind sie in die dunkle Provinz, aus der sie nie wieder zurückkehren werden.

Die stille Nummer

Danach kommt eine von den Nummern, die Schweigen gebieten, als würden sich nun alle vom Lachen kurieren und sich in der großen Stille, die sich im Raum ausbreitet, ausruhen.

Als bete man das Vaterunser der Erwartung!

(Siebzehn Glühlampen in jeder Säule.)

In der Stille der sehr stillen Nummer kommt ein Augenblick der Feierlichkeit, da die Leute in den Logen gegenüber der Bühne sich von den Plätzen erheben, und gleich darauf zerbirst die Stille in tausend Stücke, tausend kleine Stücke tausendfachen Händeklatschens!

Das große musikalische Potpourri mischt sich in den

Applaus, als wolle es die Vorstellung wiederherstellen, um erneut Aufmerksamkeit zu erregen und die Erwartung erneut zu entfachen.

In der intensiven Erwartung, sobald die Vorstellung beginnt, erblicken sich alle in dem Spiegel der Manege. Dieses Warten voller Augen mit geweiteten Pupillen läßt sich nur vergleichen mit dem Warten, welches das Erscheinen des ersten Stiers bei der Wohltätigkeitscorrida begleitet.

Das große kubistische Wohltätigkeitsfest lenkt sein ganzes Interesse auf diesen ersten Augenblick des glorreichen Eröffnungstages. Später dann ist alles viel kleiner als die erste Erwartung, während der die Filme belichtet werden, auf denen jeweils der ganze Cirkus photographiert wird.

Weitere Details zur Eröffnung

Der Samtkragen des Cirkus rings um die Manege herum – ihr wißt, was ich meine – ist sehr gut gebürstet und womöglich ganz neu, obwohl es eine Menge Geld kostet, derartige »Verbrämungen« mit einem guten Samtpelz zu versehen.

Der Rasen inmitten der Manege ist gewachsen dank der großen Gießkanne, die der Impresario Tage zuvor benutzt hat. Es ist die neue Graserntе der Manege, welche von den Artisten während der gesamten Saison zertreten werden wird.

Wieder wird die Tür zur großen Jahrmarktsbude alles Interesse auf sich ziehen.

Die in traditioneller Livree gekleideten und Wache schiebenden Cirkusdiener ziehen die weißen Gala-Handschuhe der Soldaten an, damit der Baron und die Baronin, wenn sie hinausgehen, sie makellos sauber sehen.

(Ein Zuschauer in der Empore läßt sein Programm wie eine Brieftaube fliegen.)

Wir alle haben in dieser Nacht einen Sonnenstich bekommen, eine Art Cirkustyphus, ein unabwendbares Dreitagefieber.

Es wird uns doch kein Clown aus der Rolle fallen? Das ist das Schlimmste, was uns passieren kann. Es ist schon riskant, wenn der Clown sich anstelle eines typischen Merkmals eine Narbe schminkt, eine richtige Wunde im Gesicht, eine verbissene Miene; aber wenn er dann noch schlecht ist, kommt er uns vor wie einer, dem man bedauernswerterweise den Kopf abschlägt.

Doch nein. Es treten Kinder auf, zwei Kinder, die wir im Cirkus haben aufwachsen sehen. Mit den Vorführungen dieser vom Cirkus gedrillten Kinder wird der ganze Cirkus zu einem Kinderspaß; das heißt die Vorstellung schrumpft, weil ihre Späße nichts von den Späßen kindischer Männer haben.

Bald ist der Cirkus wieder einsam wie eine Wüste in Erwartung cirkusbesessener Männer und Frauen. Der Mann mit den beweglichen Hüften, der mit einem Staubmantel über seinem Artistenkostüm die Stangen befestigt, ist wie jemand der Kopf- und Fußteil eines großen Mehrpersonen-Bettes montiert. Er entfernt sich erst, nachdem er die schlanken Stahltrossen seines Gerätes gestimmt hat, so wie man die harten Metallseiten einer Guitarre stimmt. Zwei entzückende Mädchen erscheinen, Schülerinnen eines aller-

besten Gymnasiums – Gymnastik, Sonnenbäder, Scheiben-
schießen für junge Damen der besten Gesellschaft – gekleidet im *maillot* der Erstkommunion. Sie beginnen zu spielen
und von Schaukel zu Schaukel zu springen, wobei sie in den
starken Armen ihres gefürchteten Bruders verankert bleiben,
des kleinen Bruders, der die Freier seiner Schwestern zu
verscheuchen hat.

Es folgen die Nummern, die man Trigonometrie oder Geometrie des Trapezraumes nennen könnte. Um die Figuren
dieser problematischen Ortswechsel, der Salto mortale der
Gleichgewichtskunststücke, vollbringen zu können, muß
man auf die Schultafeln zurückgreifen.

Allmählich erschöpft sich das Programm. Schon liegen
mehr Nummern hinter uns als vor uns im noch unbe-
kannten Teil des Programms. Die Nummern, die vorbei
sind, sind wie besiegt, ausradiert, nach Hause gegangen in
der dunklen Nacht. Das große Abendessen mit seinem köstlichen Menü geht zu Ende. Die Musik entkorkt zu jedem
neuen Gericht eine neue Karaffe oder Korbflasche.

(Die letzte Nummer, sie ist ängstlich und verwirrt wie
ein Schuljunge, der als letzter in die Prüfung muß!)

Die Bonbonnieren mit ihren Juwelen sind halb leer.
Goldbonbons sind schon nicht mehr im Umlauf.

Vom Licht durchtränkt und naß sind die Seidenkostüme.

Traurig fallen die Armbänder auf die samtenen Balustraden.

Die Leute mit den Promenadenkarten sind müde und vermissen einen dritten Fuß – oh wären sie doch dreifüßig! –,
um sich von dem langen Festschmaus auszuruhen. Den
ganzen Abend »ist nicht ein Stier unter die Zuschauer ge-
sprungen«, das heißt den ganzen Abend hat sich der Cirkus-

direktor nicht ein einziges Mal an sie gewandt, um ihnen etwas zur Begutachtung zu zeigen, weder hat er ihnen einen Zwerg gebracht noch einen kniffligen Knoten gezeigt, und auch der Clown, der durch Wände gehen kann, ist nicht aufgetaucht und auch nicht der feige Spaßmacher auf der Flucht vor einem, der ihn umbringen will. Nichts!

Nichts von diesen Dingen ist geschehen, die sie der Vorstellung näher gebracht hätten. Sie sind die weit entfernten Zuschauer.

Auf dem kleinen Platz in der Manege spielen schon andere Artisten. Man sieht sie wie durch einen Traumschleier, der durch das Licht und die Zwanzig-Minuten-Pause hervorgerufen wird, die wir hinter uns haben und die so gut entspannen.

Längst wissen wir, jedenfalls mehr oder weniger, wo »diejenige welche« sitzt; wo der sitzt, den wir nicht grüßen wollen, und der, den wir gern begrüßen würden, aber in keiner Weise erreichen können, ohne uns dergestalt zu blamieren, daß sich alle um uns herum von uns gegrüßt glauben.

Längst wissen wir, wo der Witwer sitzt, der sich neu verheiratet hat und sich heute zum ersten Mal mit seiner neuen Gattin der Welt präsentiert und die mit allen Juwelen ihrer Vorgängerin behangen ist. Wir wissen, wo sich der originellste Hut und das am tiefsten ausgeschnittene Kleid befinden und wo der unsympathischste Herr und der eingebildetste Kerl. Sogar auf das Mantelfutter haben wir geachtet, denn wenn es nach außen gekehrt ist, sieht eine Frau manchmal eleganter und dekorativer aus, als wenn sie ihren Mantel richtig trägt.

Während der Zeit seiner Abwesenheit hat der Cirkus hier in der Provinz gelebt. Hier hat er geprobt und sein Programm zusammengestellt.

In der Provinz haben die Leute in diesem Paradies wie die Verrückten gelacht; aber sie haben über alles gelacht, sogar wenn es gar nichts zu lachen gab.

In der Provinz haben sie manchmal unter Azetylenlicht spielen müssen, was die beste Cirkusbeleuchtung ist, weil sie alle Gesichter in ein vollkommenes Weiß taucht, und die Frauen alle ein wenig zu Clowns macht. In diesen Cirkussen kommen die Artisten manchmal durch die Haupttür herein, weil es das besondere Türchen nicht gibt, durch das sie zu unserer Überraschung auftauchen. Dies verletzt ein entscheidendes und unerläßliches Cirkusgesetz, etwas wie einen Idealplan, die vollkommene Trennung zwischen Publikum und Künstlern.

In der Provinz verachten die Artisten ein wenig ihr Publikum. Die Blicke sind anders, sie berühren kaum, wen sie ansehen, gehen über ihn hinweg, verschmähen und bemitleiden ihn; es ist das Bewegliche, welches das Unbewegliche betrachtet!

Sie, die in Moskau und im Cirkus »Médrano« von Paris gewesen sind!

Diese Sonntagnachmittage in den Provinz-Cirkussen! Was für ein entsetzliches Licht dringt in den Cirkus, ein Frischluftlicht, ein gesundes Licht, das die Masken zunichte macht. Und vor allem wenn es Abend wird – oh, wundervolles Gemälde von Solana! –, wenn der Cirkus das von außen hereinsickernde Licht aufsaugt, scheinen die in Reih und Glied und in Uniform an der Tür stehenden Artisten – in Uniformen voller Tressen – traurig dreinblickende Zuchthäusler zu sein.

Es scheint, daß sie auf ihren Streifzügen durch die Provinz einen elegischen Ort gefunden haben, an dem niemand lacht. Jetzt aber sind sie schon zufrieden, weil sie in einer großen Hauptstadt arbeiten, bei Hofe, und die Könige und die Kinder der Könige werden jeden Tag kommen, sie zu sehen.

Nehmen wir den Tag, an dem der Prinz und die Infanten kommen, ein Tag, an dem fünfzehn Programme mehr gedruckt werden, die der Cirkusdirektor den Hoheiten überreicht, und er sieht dabei aus wie ihr Erzieher, wie der Lehrer, den sie am meisten lieben.

Zu den Nachmittagsvorstellungen erscheinen dort, wo der Luxus zu Hause ist, die Kinder der Wohlhabenden, die dicken Kinder, die kugelrunden Kinder in Matrosenanzügen. In der Pause öffnen sie den großen Picknickkorb, und darin ist alles, was die Clowns übriggelassen haben –, und sie holen den Wildschweinkopf heraus, die Bratwurstklöße, das große Torpedobrot und dann fangen sie an zu vespern wie fröhliche Pantagruels.

Es kommt der elegante Xylophonist in Frack und kurzen Hosen mit seiner wie eine leicht gekräuselte Wasseroberfläche schrillen Musik, und er wird verrückt über seinen Tasten, auf die er mit seinen nervösen Klöppeln einhämmert, die ungekämmten Haarsträhnen vor den Augen … Das Xylophon ist ein wie aus Flaschen gemachter hingepfuschter Zwitterapparat, dem wir keinen Glauben schenken, das aber beim naiven Paradies-Publikum große Begeisterung hervorruft. Ein großer Virtuose der Küchenreibe.

Und wie immer wird uns im Programm die Sache mit den
»Ikarier-Spielen« überraschen … Später wird sich heraus-
stellen, daß sie mit den Füßen spielen. Was für eine Art, das
Infantile zu betonen! Was für ein Betrug!

Unerbittlich folgt ein *début* dem anderen. Wo sind die Er-
satznummern geblieben? Welche Transsibirische Eisenbahn
mögen sie bestiegen haben? Wir werden sie nicht wiedersehen. Viele Wege führen durch die Welt und verworrene
dazu, und viele Cirkusse gibt es auf der Welt. Vielleicht
treffen wir sie im Großen Paradies-Cirkus, wo es jeden Tag
»zwei große und abwechslungsreiche Vorstellungen« gibt,
in einem Stadion größer noch als in New York, wo, wie es
heißt, eine Vielzahl von Artisten gleichzeitig arbeiten, so
daß das Publikum viele Tage auf den Beinen ist, um sie alle
sehen zu können, und sich dazu an immer andere Orte begeben muß.

Jede Nacht werden die Artisten zu neuer Abteilung formiert und müssen dienstbereit sein. Es ist nur eine Abteilung, aber eine mutiger Soldaten, deren Hauptmann
der Direktor ist … Sollte einmal jemand ungehorsam sein
und dem Hauptmann eine kräftige Ohrfeige verpassen,
wird der so tun, als messe er dem keine Bedeutung bei,
aber geschmerzt hat es ihn doch, und sobald die Aufführung zu Ende ist, wird er den Übeltäter aus dem Paradies
werfen …

Dem Spektakel sehen auch ein paar Kinder zu, die von
Saison zu Saison, von der letzten bis zu dieser, größere Augen bekommen. »Wie Marianito gewachsen ist! So etwas!

Unglaublich, daß das der Marianito vom letzten Jahr ist ...
Josefina ist auch schon groß geworden ...« Wie interessant
macht das alles die Vorstellung!

Das festliche Zelt ist voll von Botschaftern, die von ihren
Sekretären, von ihren schönen Frauen und ihren wunderschönen Töchtern begleitet werden ... Die Eröffnungsvor-
stellung ist ein großer offizieller Galaempfang! Es ist der
Tag, an dem die Geladenen in fridericianischen Karossen
oder in Landrovern mit zwei Lakaien hinten daherkommen,
Lakaien, die in die Vorstellung gehen und steif dastehen,
den Zylinderhut unter dem Arm wie einen Korb oder als
wäre es der ihres Herren, anstatt in den großen Pferdeställen des Cirkus mitzuhelfen.

Die Clowns tragen zum ersten Mal Kostüme voller Pailletten, die präzise und astronomisch genau den Himmel nachahmen, wobei sie die Gestirne exakt so wie in den Him-
melsatlanten nachbilden. Die Pailletten, die während des
Auftritts abblättern, sind die Sterne, die zur besseren Glaub-
haftigkeit vom Himmel fallen müssen, damit es in der Nacht
Sternschnuppen regnet.

Die Bande, die die Manege umgibt, ist neu geweißt worden
wie die Lehmwände eines andalusischen Hauses, wenn der
Frühling kommt.

Auf einem Platz sitzt eine russische Fürstin. Ohne Zweifel,
diese Dame mit den vier großen Sträußen langstieliger
aigrettes auf dem Hut und einem Collier aus Brillanten so
groß wie Zuckerstücke ist eine russische Fürstin.

In dieser Eröffnungsnacht tauchen wie die ersten Schmetterlinge im Frühling die Fächer auf, und es sieht aus, als schlügen die jungen Damen damit ein Rad für ihren Bräutigam, und in seiner Verblüffung glaubt er, er würde seine Braut zum ersten Mal ausführen, weil diese ihren Hut, ihr Kleid, die Bluse und sogar die Strümpfe zum ersten Mal trägt. Die Cirkusfächer müßten aus Pfauenfedern gemacht sein.

Die Artisten tragen neue *maillots*, was zeigt, daß ihnen das Schwierigste gelungen ist, nämlich nicht allzuviel zuzunehmen, wobei sie sich dennoch eine gewisse opulente Zartheit bewahrt haben. Das Rosa ihrer Kostüme in den Farben frischer Rosen verleiht ihren Schenkeln die Pracht glatter und praller Rosenknospen tausendblättriger Rosenstöcke.

Die robusten Pferde haben wie immer eine Ruhezeit hinter sich, in der sie vorzügliche Steaks mit Kartoffeln – Steaks aus dem Kaffeehaus – gefressen haben, und ständig haben sie Schlagsahne zum Nachtisch bekommen. Hafer ist nichts für diese Pferde.

Der dressierte Esel ist schlauer als im vergangenen Jahr. Er ist eine Klasse weiter gekommen. Selbstverständlich im September, schließlich ist er ein Esel! Aber er kann schon Latein und ist im fünften Abiturjahr.

Die Männer verstehen sich weniger gut darauf, in dieser Eröffnungsnacht etwas Neues zu tragen. Bestenfalls taucht einer mit einem Strohhut auf, der so neu ist, daß er störend wirkt. Dies ist die Nacht der prächtigen Phantasie-Westen.

Wenn in der Eröffnungsnacht zum ersten Mal der Teppich gebracht und ausgerollt wird, hat es den Anschein, als würde sogleich der Artist herausspringen, der darin seit der letzten Saison vergessen worden ist, in einen starren Schlaf verfallen, in dem Cirkusartisten wie die Eidechsen den Winter verbringen. Ah! Aber der Karsamstag ist auch ihr Tag der Auferstehung.

Schon hat der arme Clown seine Hausapotheke vorbereitet. Die Hausapotheke des Clowns ist nichts weiter als ein Duro in zehn Céntimomünzen sowie eine lange Binde. Jeden Abend, wenn er nach Hause kommt, legt er die fünfzig Zehncéntimomünzen auf seine fünfzig Beulen und verbindet sich ordentlich den Kopf.

Die Hunde dort drinnen bellen schon, bevor sie an der Reihe sind, in die Manege zu gehen. Wie kommt es, daß sie nicht viel früher gebellt haben? Weil sie in einer Telephonzelle steckten, deren Schallwände ihr Geschrei unartiger Kinder, das jetzt das ganze Haus in Aufruhr versetzt, nicht hören ließen.

Übers Dach und aus einem der hohen Fenster der Kuppel spähend, taucht plötzlich ein Artist auf, klettert an den Trossen der Trapezkünstler herab und ist mit einmal da.

Der in Verlegenheit gebrachte Direktor wird ihn, um kein Spielverderber zu sein, akzeptieren müssen. So wie es beim

Stierkampf »Kapitalisten« gibt, die in die Arena springen, um am Tag der großen Corrida zu kämpfen, gibt es einen »Kapitalisten«, der mit seinem Karnevalskostüm und seinen Blödelwitzen in der Cirkusarena auftaucht.

Unter dem Athleten, der mit Gladiatorenschritt daherkommt, erzittert der ganze Cirkus, und wenn er seine Gewichte, nachdem er sie hochgestemmt, fallen läßt, malträtiert dieser dumpfe und schreckliche Schlag von hundert Kilo die Hühneraugen der Zuschauer.

Wenn alle zur Kuppel schauen – wo sich der Trapezkünstler befindet –, machen einige Leute den Eindruck, als hätten sie einen Flieger gesehen und andere, als sähen sie eine Mondfinsternis. Oh die großen Münder der allerdümmsten Trottel könnten ihn retten, wenn er abstürzte, weil er in ihren weichen Schlund fiele!

Uns stört der Herr, der die Cirkusartistinnen mit einem großen Opernglas betrachtet, weil es ein Mißbrauch ist; denn wenn er sie so nahe hat, ist es, als würde er sie uns aus der Manege rauben und als würden sie auf der Nase dieses Herren reiten oder sich wie Kinder auf seinen Schoß setzen.

Der arme Jongleur, dem ein Mädchen oder ein Diener den Tisch hinstellt, damit er zu Abend ißt, und der nie zu Abend ißt, weil er beschäftigt ist, mit dem Geschirr zu spielen, muß ein unglückliches Geschöpf sein, dem es im Restaurant des Lebens ebenso ergehen wird, weil er überall nur jonglieren möchte und sich seinem Vergnügen und seiner fixen Idee hingibt. Wenn er zum Beispiel eine Uhr hervorholt, um nach der Zeit zu sehen, sieht er sie nicht, weil er sie vorher in die Luft wirft und wieder auffängt und erneut hochwirft. Und mit seinem Stock macht er dasselbe, und auf Spaziergängen sieht er die Natur nicht, weil er immerzu bemüht ist, sich im Gleichgewicht zu halten und nach dem Gleichgewichtszentrum seiner Faust zu schielen.

Flüchtige Blicke

Oh wunderbarer Nachmittag, an dem Ihre Königlichen Hoheiten erscheinen! In der geräumigen Königsloge wird eine große Damastmarkise aufgezogen, die von zwei prächtigen Doppelhaken gehalten wird, als fürchte man, daß es im Cirkus regnen könnte. Die elektrischen Kerzen werden angeschaltet, welche die Loge von innen beleuchten, und es ist verboten, daß sich das Publikum der Tribüne von oben oder von der Seite nähert, wobei eine doppelte Reihe schwarzer Wachmänner das Publikum von den Plätzen fernhält.
Am Namenstag des Königs schickt er seine Kinder in den Cirkus, damit sie ihn in ihren Herzen feiern. Das beweist, wie vornehm der Cirkus ist, in den Könige ihre Kinder schicken müssen, an dem Tag, an dem sie sie am meisten erfreuen wollen. Es ist eine Freude, für die der Palast nicht groß genug ist. Auch am Namenstag des Erbprinzen sieht dieser sein besonderes Vergnügen darin, in den Cirkus zu gehen, und während auf den feierlich beflaggten Gebäuden Fahnen wehen und die Vorhänge gegen Balustraden und

Deckensäulen schlagen, verbringt der Prinz den Nachmittag im Cirkus.

Die Artisten ziehen an diesem Tag, wenn die Könige oder die Königskinder kommen, ihre bestickten Kostüme an, ihre himmelblauen und golddurchwirkten Kostüme, die so schön sind, daß in ihrem Innern elektrische Glühlampen angehen. Der Direktor und der Sohn des Direktors tragen Frack, und alle Bediensteten ziehen tressenbesetzte Uniformröcke an.

In der Pause vespern die Fürsten üppig, und die Pause zieht sich hin, solange sie ausgiebig speisen, und wenn der Appetit des Publikums erwacht, kauft es mehr belegte Brote. Leider hat der Direktor eine Kleinigkeit übersehen. Er hätte beim Drucken der Programme die »Erlauchten« anders nennen müssen, weil es absurd erscheint, wenn in demselben Programm steht: »Es beehren die Vorstellung mit ihrer Anwesenheit die augusteischen Fürsten«, und weiter unten heißt es dann: »Der Augustus der Soiree wird vom Dummen August Chicharrito gespielt.«

Der Doktor des Hauses wohnt jeden Abend der Vorstellung bei. Irgendein alter Abonnent weiß, wer er ist, und er grüßt ihn überschwenglich. Er amüsiert sich, aber er ist hier, falls es ein Unglück gibt. Er geht jeden Abend in den Cirkus, wie die Ärzte mit der Reiseapotheke auf dem Rücken zu Duellen gehen. Er macht die Vorstellung ein wenig riskant, ein Cirkusarzt im Verborgenen, der gekommen ist, um »Wache zu halten«, obschon auch eine gewisse Sicherheit von ihm ausgeht. Genau wie jener Doktor, der im Haus eines Kranken sagt:

»Nein, es besteht gar keine Gefahr.«

Und dann verbringt er die ganze Nacht damit, zu scherzen und zu lachen, aber fortgehen tut er nicht.

Die Vorstellung erscheint reichhaltig, wenn man all die Namen liest, die man den Artisten gibt, und es sind Namen, die ihnen gut zu Gesicht stehen:»Reiter, Turner, Akrobaten, Sprungkünstler, Äquilibristen, Jongleure, Clowns, Buffos, Dresseure, Geschicklichkeitskünstler, Seiltänzer, Olympioniken, Akrobaten, Ikarier, Illusionisten, Tänzer, Xylophonisten, écuyères, Antipodisten, Barrenturner, Trapezkünstler, Kletterartisten, Verrenkungskünstler, Parodisten, Musiker, Duettsänger, Komödianten, Exzentriker, Stangenartisten, Pantomimen, Pausenfüller, Amazonen, Dompteure und so weiter und so fort.«

Die Cirkusprogramme ähneln sehr den Menüs: Sie sind wie große und herrliche Menüs für ein mächtiges alles verschlingendes Scheusal, für einen gewaltigen Riesen.
Sie sind Menüs aus einem wunderbaren exotischen Restaurant oder aus einer amerikanischen Bar mit Imbißangebot.
Sie erinnern mich an die Speisekarte eines chinesischen Restaurants, das »Haifischflossen mit Bambussprossen« und die allseits bekannten »Taubennester« anbietet.
    Gleicht die im Programm so literarisch beschriebene Nummer »Kolossale gemischte Raubtiergruppe« etwa nicht der »Gemischten Bratenplatte« für die ungeheuer gefräßigen Wesen, die ich mir vorstelle?
    Ist ein »Eisbär mit Bratkartoffeln« etwa keine würdige Bestellung für ein unersättliches Maul oder diese andere Programmnummer, die an den Straßenecken verkündet:»Eine hervorragende Gruppe von Berber-Löwen«?
    In diesem gigantischen Menü würde auch die schöne Amazone auf dem Programm stehen sowie Chaplin mit seiner hübschen und eßbaren kleinen Schwester. Ein tolles

Menü! Der Kannibale holt sich seinen Appetit bei uns im Cirkus.

Befriedigt und erstaunt nehmen wir die Ankündigung im Programm zur Kenntnis, die uns zeigt, daß im Cirkus jedermann willkommen ist:

TODAS LAS NOCHES A LAS
ALLE ABENDE UM
EVERY NIGHT
TUTTE LE SERRE
TOUS LES SOIRES
TODAS A'S NOITES A'S

$$9 \frac{1}{2}$$

Und mit brüderlichen Augen betrachten wir die, die wir als Ausländer erkennen und die mit uns in dieser Nacht, da wir alle ausnahmsweise dieselbe Sprache sprechen, in einem gemeinsamen Licht vereint sind.

Clowns

T'is meat and drink to me to see a clown.
Shakespeare

Der Clown ist es, der den Cirkus erhellt, und vielleicht erhellt er das Leben, denn den meisten Trost gibt uns die Tatsache, daß sie nach unserem Tod mit ihren Späßen fortfahren. Die Clowns sind einander so ähnlich, daß es den Anschein hat, es gebe nur zwei oder drei ewige Clowns. Das sind diejenigen, die das Publikum schon immer unterhalten haben, jung geblieben, weil sie einen so gesunden und optimistischen Beruf ausüben, und obgleich sie eigentlich schrecklich alt sind, lachen sie immer noch, sind zahnlos und vertrocknet, mumifiziert, aber ewigwährend. Weil der Clown so sehr einem weinenden Menschen ähnelt, glauben wir, er sei ein trauriges Wesen; aber man übersehe nicht, daß ein Clown auch einem lachenden Menschen ähnelt, was nicht ausschließt, daß es der Mensch ist, welcher weint: Der Clown ist ein Mensch, der aus Freude weint. Die Traurigkeit des Clowns kommt auch von dieser halben schwarzen Träne, die er sich ans Unterlid schminkt, und von seinen wie vom Weinen geschwollenen, mit Farbe untermalten Augen. Um zu verschwinden, um sich zu verwandeln und sich wegzuradieren, hält er sich die Augen zu, er versteckt sie und will nicht, daß man sie sieht.

Die Clowns haben etwas von großen Kindermädchen an sich. Von Kindermädchen oder von gewissen überaus väterlichen Männern, die ihre hübschen Kinder sehr lieben und gut auf sie aufpassen; herzensgute Väter vom Spielplatz, die ihre schon ziemlich großen Kinder auf dem Arm tragen, ohne auf die Mutter zu hören, die ihnen sagt: »Laß ihn laufen, er ist doch schon so schwer.«

Natürlich haben die Clowns auch sehr traurige Stunden, weil die Frauen ihre Liebe nicht verstehen und über sie lachen, und das ist das Schlimmste, das einem Mann passieren kann: daß eine Frau allzusehr über ihn lacht. Darüber können sie nur hinwegkommen, weil sie den anderen lieben, der immer mit ihnen auftritt wie ein Bruder, der ebenso unglücklich ist wie sie selbst und mit dem sie, wenn die Stunde der reinen Freude vorbei ist, durch die leere und einsame Nacht der Vorstädte laufen.

Die Clowns leiden an einer weiteren privaten Tragödie, weil ihre Nase immer rot und triefend aussieht und sie sich der Schmach und des Stigmas ihrer Knäulnase voll bewußt sind, sobald sie sich fürs bürgerliche Leben umkleiden.

All das muß vergessen sein und sie vergessen es in ihrer großen und bezaubernden Stunde, wenn sie sich die roten Perücken aufsetzen, die auf dem Scheitel sitzen oder auf diesem herumkreisen. Ihre Perücken bringen sie auf andere Gedanken und machen ihnen Spaß.

Anfangs haben sie ohne Perücke gearbeitet, aber ihr *Naturleder* war am Ende von den Schlägen derart in Mitleidenschaft gezogen und mit lauter kleinen Glatzen übersät, daß sie diese abdecken mußten.

Clowns müssen das Gesicht von weißen Hunden mit gefleckter Schnauze haben ... Kleine, lustige Hunde mit einem langgezogenen Fleck über dem linken Auge.

Die kleinen Abbildungen im Programm oder diese Bildchen, die in den Druckereien verlorengegangen sind und die einen Clown darstellen, sind diejenigen, die sie am besten präsentieren.

Das Kostüm des Clowns darf kein Karnevalskostüm sein. Einige arme Clowns müssen sich mit falschen und nichts weiter als nachgemachten Kostümen behelfen. Das Clownskostüm hat nichts mit Karnevalskostümen zu tun, wie das geweihte, würdige und echte Meßgewand nichts mit einem denkbaren Karnevalsmeßgewand aus Perkal und mit gelben Litzen zu tun hätte.

Es gibt Clowns, die keine Clown-Stimme haben, sie können sie nicht hervorbringen, und ihre unwahrscheinliche oder ihre weinerliche Stimme erzeugt einen aufdringlichen Effekt, der vom Clown ablenkt und an den Friedhof denken läßt, welcher des Menschen Bestimmung ist.

Die Clowns sammeln all die Hüte auf, welche die Menschheit wegwirft. Sie schneiden ihnen die Krempe ab, stecken ihnen die Feder von einem Staubwedel an und benutzen sie für die neue Saison.

Die Exzentriker werden vom Schneider eingekleidet, die Clowns von einer Modistin, doch wenn sie den Schneider bitten, ihnen ein absurdes Kostüm zu machen, reißt er weit die Augen auf; er mißtraut ihnen und sie müssen ihm gegen ihren Willen gestehen, daß sie Cirkus-Exzentriker sind.

Der Schneider lacht sich tot, korrigiert alle Striche, die er mit seiner Kreide gemacht, und beginnt wie verrückt ein absurdes Kostüm zu improvisieren, nach Lust und Laune und zum ersten Mal frei und ungezwungen, ein phantastisches Kostüm zu entwerfen. Müde, Kostüme nach einer unerträglichen Anweisung zu schneidern, erholt er sich von der Arbeit für den Exzentriker, und vor allem bei der Weste rächt er sich an allen Westen, die er hat schneidern müssen.

Der für Exzentriker arbeitende Schuster ist ein besonderer Schuster, der mit Mühe zu finden ist. Für ihre großen Stiefel nimmt er ihnen viel Geld ab, und auch wenn sie sehr groß sind, kann er nicht pfuschen, denn sie müssen in ihnen laufen und balancieren können, auch wenn ihre Spitze nach oben zeigt und beweglich ist, wie wenn ein Esel mit seinen langen Ohren spielt. Mit diesen Stiefeln und diesen Sohlen ruinieren sich die Exzentriker, am Ende wird man sie entlassen und ihnen einen Pfandschein für neue Stiefel geben!

Die dümmlichen und dabei irgendwie theatralischen Cirkusspäße entstehen am Rande und sind nicht immer sehr freundlich, obgleich sie alles in allem unnachahmlich sind:

»Du bist nicht hier«, sagt der erste Clown zum zweiten, »und ich werde es dir mit der Philosophie beweisen.«

»Was für eine Sophie ist das?« sagt der zweite Clown mit einer Albernheit, die Gänsehaut hervorruft. »Ich kenne nur meine Verlobte, die Sophie heißt ...«

»Gut ... gut«, sagt, ihm ins Wort fallend, der erste Clown: »Bist du in Sevilla?«

»Nein.«

»Bist du in Valladolid?«

»Nein.«

»Also, wenn du weder in Sevilla noch in Valladolid bist, dann bist du woanders ...«

»Ja ...«

»Nun also, wenn du woanders bist, bist du nicht hier ...«

Der zweite Clown denkt einen Moment nach, aber plötzlich verpaßt er dem ersten Clown zack! eine Ohrfeige.

»Nimm das«, entgegnet der zweite Clown, »damit du siehst, daß ich doch hier bin.«

Clowns mit Köpfen wie aus Pappkarton, mit übertriebenen Augenbrauen – die eine japanisch, die andere nicht – geben

sich große Ohrfeigen in ihre Tortengesichter, um sich am
Ende, damit kein Mißverständnis aufkomme, die Hand zu
reichen und nicht mit dreißig Peseten bestraft zu werden,
und ihre Unversöhnlichkeit kommt zu einem glaubhaften
Ende. Eine persönliche Beziehung zwischen ihnen kann es
nicht geben, weil sie ja keine Visitenkarten austauschen, auf
denen das Wort Clown unter dem eigenen Namen geschrieben steht.

Der Clown ist ein wenig der anonyme Künstler, ein mit
einem Stempel oder einer Zeichnung versehener Komet; er
ist ein Entwurf in der Luft, er ist der Geist der anderen
Clowns, aller Clowns, die es je gegeben hat, und er ist der
lachende Geist. In Japan geborene phantastische Wesen, hat
ihr Kopf etwas von einem Automaten. Die Augen sind aus
funkelndem Kristall, sie öffnen und schließen sich wie die
Augen der feinen und teuren Aufziehpuppen aus dem Kauf-
haus. Der Kopf eines Clowns ist so merkwürdig beschaffen,
daß, wenn man ihn guillotinierte, sein Gesicht weiter fröhliche und lustige Grimassen schnitte, zuerst mit einem Auge
blinzelnd, dann mit dem anderen, unaufhörlich.

Die Clownskostüme sind aus Schokoladenbonbonpapier
gemacht, mit aufgehenden Sternen und japanischen
Schleiern. Sie sind wie Morgenröcke für den Mann, wie
die in europäische Morgenröcke verwandelten Röcke
der Mandarine.

Die Clowns sind von einer anderen Rasse als die, welche
man normalerweise die Weißen nennt, von einer anderen
weißeren Rasse. Sie ernähren sich von Kondensmilch und
Milchpulver. Die Clowns sind alles in allem, eine Sorte
mehlbestäubter Bäcker, die das Brot des Lachens für alle
zubereiten.

Sie spielen mit blauen und roten Luftballons, wie sie Kinder mögen, und lassen sie einen entwischen, setzen sie ein von Panik gezeichnetes Kindergesicht auf und wollen ihrem Luftballon folgen, welcher uns die große Höhe des Cirkuszeltes deutlich macht, wenn er langsam und zögerlich aufsteigt. Oben wird er ganz winzig, fast so winzig wie am Himmel, wenn er einem unaufmerksamen Kind im Garten entwischt ist.

Rührend und grotesk sind die Geigen der Clowns, auch wenn ihre Melodie, wie es nur selten vorkommt, auf direktem Wege zum weißen und engelhaften Himmel Gottes aufsteigt ... Die Geige verleiht dem Clown Würde, auch wenn sie ihn trostloser macht ... Sie rührt das ungebildete Publikum über alle Maßen, sie beherrscht es, sie erwischt es unvorbereitet und arglos, wenn es vom Lachen erleichtert ist, sie trägt es durch die erhabene und ursprüngliche Melancholie, die sie ausströmt ... Die Geige des Clowns klingt nur dann gekränkt und unerträglich deformiert, wenn der Clown an ihrem Leib eine Hupe anschraubt. Dann beklagt sich die Geige über diese lächerliche Zumutung in absolut verständlichen Noten!

Entsetzliche Vorstellung, der Clown könnte nicht genial sein. Das würde das ganze Fest traurig stimmen. Und groß ist auch die Angst, es könnte wieder einmal jener alte Clown auftauchen, von dem unser Vater uns versichert, daß er schon zu seiner Zeit alt gewesen ist! Wir fürchten ihn, weil wir seit dieser Entdeckung unter seiner blonden Perücke und seinem unauslöschlichen Licht des ewigen Clowns einen bedauernswerten und mumifizierten Alten sehen, der das nötige Geld nicht zusammenbringen konnte, um sich sein Pantheon zu bauen.

Nach so viel Argwohn erscheint der Clown. Er tritt immer gleich auf, ist immer derselbe mit dem gleichen Geschrei, gleicher Maske und mit dem gleichen ausgewählten Kostüm. Das will nichts heißen, wenngleich es unsere Erwartung nährt, und das wäre schon viel. Doch dann gelingt es dem Clown fast nie zu überzeugen, er spricht zu viel, verteilt zu viele und unpassende Ohrfeigen, und auch wenn er lachend und wie im Triumphzug abgeht, bleiben wir, wenn auch mit einem satten Lächeln, betrogen und verbittert zurück.

Wie dem auch sei, ein Clown ist immer faszinierend, er setzt sich mit all seinen Sinnen in Szene, kitzelt allen unter den Achseln, sogar den Musikern, die zu spielen aufhören, weil sie durch ihn aus dem Takt kommen. Der Clown ist König, er macht, was er will, läßt seine Macht und seine Gerechtigkeit spielen, und wenn wir noch lange nicht genug von ihm haben, so gut oder so schlecht er auch sei, ist er ganz plötzlich verschwunden.

Der Staubwedel, den der Clown hervorholt, ist das sympathischste Produkt der Schöpfung, ihr heiterstes Tierchen, ihr am besten abgerichteter Vogel. Wenn wir in unseren Büros saubermachen, könnten wir ganz gut auf diesen Clown-Staubwedel und andere der gleichen Art zurückgreifen; ein verspielter Staubwedel, der sein Vergnügen findet, alle Dinge in unserem Zimmer zu streicheln und mit ihnen zu spielen. Er ist so leicht zu führen, daß wir am Ende nur saubermachen, um ihn benutzen zu können und seinen Zauber zu genießen. Unbeschreiblicher Staubwedel mit seinen bunt schillernden Federn! Häuslicher Ibis! Ibis des Glücks! Nur für ihn haben wir eine Bukara reserviert.

Der Koffer des Clowns ist ein Koffer voll verrückter Sachen; es werden darin die unbrauchbaren Dinge aufbewahrt, solche die man in den Haushalten aus Anhänglichkeit nicht wegwirft und von denen man sich spätere Dienstbarkeit erhofft …

Was den Clown verdirbt, und was ihn unwiderstehlich macht, ist die ordinäre Art. Der gefälschte Clown, der ordinäre Clown, der nicht zum Clown taugt, kommt uns mit Zoten. Er liebt es, seinen Körper zur Hälfte in ein schmutziges Korsett zu quetschen, das Korsett einer derben und armseligen Zofe.

Ich habe befürchtet, daß nun der Niedergang des Cirkus beginnt, seit ich aus dem Munde des ersten Clowns diesen kurzen und einfältigen Dialog, der später so viele Male wiederholt worden ist, habe hören müssen:
»Und was ist das, was du da bringst?«
»Der *Schirm-Regen*!«
»Du meinst den Regenschirm.«
»Nein … Der Schirm-Regen.«
Dazu muß man den zweideutigen, unerträglichen und unbeholfenen Tonfall gehört haben, mit dem sie dieses »Schirm-Regen« hervorbrachten!
Wie konnte der Direktor nur diesem Unsinn zustimmen?
»Der *Schirm-Regen*!«
Wie oft habe ich in meiner Einsamkeit, wenn ich über andere vom Cirkus weit entfernte Dinge nachdachte, diese idiotische Umkehrung eines so gut konstruierten Wortes wiederholt! Und wie oft hat mich der alberne Sinn dieses zweideutigen verdrehten Wortes amüsiert.

Der Krebs des Cirkus, sein Gebrechen und sein Laster stecken in diesem »Schirm-Regen«, das sich Saison für Saison wiederholt und das Publikum ungewollt zum Lachen bringt, ein Lachen, welches allen peinlich wird und für das sich die Leute rächen, indem sie ein bißchen weniger in den Cirkus gehen.

Die Clowns zeigen uns, daß die steifen Manschetten, die unsere Hände festhalten wie Handschellen, ein eitler und unnützer Luxus sind. Sie gehen sorglos damit um, tragen sie an einem Strick, so daß sie auf ein langärmliges Hemd verzichten können, und kommt die Stunde der Ungezwungenheit, legen sie sie ab.

Der Clown ist der einzige, der die kleinen häuslichen Dinge mit Liebe behandelt. Liebevoll behandelt er einen Stuhl oder einen Stock, er liebt seine Kleider und vor allem fühlt er eine tiefe Zuneigung für seinen Hut, am meisten dann, wenn er ihn absetzt und auf dem Boden liegenläßt; was für wohlverdiente Blicke er ihm schenkt!

Wie erinnern die Clowns jenen Augenblick ihrer Kindheit, als sie selber den Clowns zuschauten in einem glücklichen Cirkus? Man sieht, wie sie sich wundern, daß sie diesen Sprung haben machen, bis in den Mittelpunkt der Erwartung gelangen können, diesen friedlichsten Ort des Ruhms, wo die höchste Ehre der Welt zu gewinnen ist, eine Ehre frei von Vorurteilen und Beschwerlichkeiten. »Es ist nicht zu glauben!« sagen sie zu sich selbst. »Wie hat uns eine so wundervolle Sache widerfahren können?«

Vergessen wollen wir die Posse nicht, die so oft in den Cirkussen wiederholt wird, es ist die Posse von der Beerdigung des einen Clowns durch den, der ihn mit einem Pistolenschuß getötet hat. Es ist die traurigste Beerdigung, an die ich mich erinnern kann, aber auch die wahrhaftigste, weil jeder mit Spott erwartete, was nun passieren würde, und jeder erwartete eine Tragödie ... Alle lachten, aber die Szene war an sich nicht zu überbieten. Eine Bahre, der bleiche und mausetote Clown, brennende Kerzen, der andere Clown in Tränen und mit einem Kranz auf der Schulter ... Es war eine echte Beerdigung, es war das Spektakel einer Beerdigung, ungeachtet des grimassierenden Mörderclowns und ungeachtet der sofortigen Auferstehung der armen Leiche. Diese Beerdigung des Clowns, der wieder auf die Füße kommt, wobei er so tut, als gelänge dies mit Hilfe eines Stockes und eines Bettlakens, das er über diese Täuschung spannt – diese Beerdigung ist der »Hamlet« des Cirkus. Diese Pantomime, vom ersten Clown erfunden, den es je gab, ist sozusagen eine steinalte Pantomime.

Nie wurde der Gegensatz zwischen Leben und Tod besser gezeigt als in dieser Pantomime.

Wie es einen Tag für jedes Meßgewand gibt, gibt es einen Tag für jedes Bajazzo-Kostüm; der Tag des gelben Kostüms, der Tag des roten Kostüms, der Tag des blauen Kostüms und der Tag der bunten Kostüme, die etwas mehr ausdrücken wollen, der Tag des Tausendschön-Kostüms, des wassergrünen Kostüms, des türkisfarbenen Kostüms.

Der Scherz mit den elf Fingern, bei dem man an der linken Hand bei 10 zu zählen beginnt und dann weiter zählt

9, 8, 7, 6, wobei man darauf hinweist, daß man schon
sechs hat, und dann zählt man die Finger der rechten Hand
1, 2, 3, 4, 5, darauf summiert man die sechs, die man schon
hat, plus fünf ist elf. Dieser Scherz ist beispielhaft für die
Spitzfindigkeiten des Cirkus, welcher die Vorstellungskraft
schult und auf vorzügliche Weise die Mathematik verwirrt.

Der Clown ist ein gescheiterter Pierrot, der eine Ausrede für
sein Scheitern gefunden hat. Man sieht den Pierrot, der sich
hinter dem Clown verbirgt, man erkennt ihn und erkennt
ihn nicht, doch ist es der Pierrot, der sich auf erhabene und
kluge Weise seiner auferlegten Melancholie erwehrt und
sich für sein Schicksal gerächt hat ... Im Clown hat die
Krankheit des Pierrot ihre Krisis gehabt und so arbeitet
dieser im selben Programm, gemeinsam mit dem Harlekin.
Auch dieser hat seine Monotonie verloren, indem er sich in
den Akrobaten verwandelt hat, der mit der Frau des Pierrot
zusammenarbeitet, mit der Frau, die niemals die Gefährtin
des Clowns ist, es nicht sein kann, und die weint, wenn sie
nur daran denkt.

Der Clown, welcher weint, weil er seine Hand verloren hat,
die er, wie sich später herausstellt, in einen überlangen
Ärmel gesteckt hat, erklärt sehr gut das Weinen der Kinder,
die nichts sagen, und die Vermutung liegt nahe und sie ist
ebenso verrückt wie die des Clowns, daß nämlich jedes wei-
nende Kind womöglich glaubt, beerdigt worden zu sein oder
nicht geboren zu sein oder daß die Brüste der Mutter davon-
geflogen sind wie zwei Tauben, die es gerade noch hat sich
erheben und fortfliegen sehen.

Eine der bedauernswertesten Clownsgeschichten, und sie ist wirklich keine Erfindung der Verbitterung, die angesichts mancher Cirkusvorstellungen in der eigenen Seele auftaucht, ist die der wechselnden Freunde, der wechselnden Auftrittsgefährten, Brüder im Ulk, die jeder Clown hat. Manchmal ist es Undankbarkeit. Oh, wenn wir es genau wüßten, wir würden ihnen nicht verzeihen und sie mit einer Pfeife so laut wie eine Sirene auspfeifen! Manchmal ist der fadeste Clown im Unternehmen am einflußreichsten, er ist clever und sieht am meisten wie ein reicher Herr aus und ist doch derjenige, der sich im Streit von seinem Partner trennt und diesen zu Armut und zum Leerlauf des Anfangs verurteilt. Einst war er die ganze Freude seiner Arbeit und viel besser als er, und sein Lachen und seine Fröhlichkeit waren unvergeßlich.

Wir würden uns rächen, wenn wir wüßten, daß die Schuld an dieser Trennung an ihm läge; denn wenn wir auch einem Politiker verzeihen können, der seine besten Freunde opfert oder schlecht behandelt; wenn wir sogar einem brutalen Schauspieler verzeihen können, der seine Partnerinnen auswechselt, obwohl er mit ihnen die glühendsten Liebesszenen gespielt hat, so ist der Umstand, daß ein Clown sich von seinem Gefährten lossagt, eine nicht zu verzeihende Ungeheuerlichkeit. Sie fordert ein Opfer, größer als alle anderen Opfer, denn die Liebe des die Trennung bedauernden treuen Clowns ist größer als jede andere Liebe, und auf immer und auf immer würde aus ihm ein trauriger, haltloser, misanthropischer Clown werden, der vielleicht sein Clownskostüm an den Nagel eines Trödelladens hinge. Nur der Tod entschuldigt, mit einem anderen Partner oder allein aufzutreten, wenngleich man sich vorstellen könnte, daß der verwitwete Clown angesichts des unersetzbaren Verlustes Mönch würde oder für immer ein schwarzes Clownskostüm trüge.

In jeder Saison braucht der Clown ein neues Kostüm. Mit dem vom vergangenen Jahr kann er unmöglich auftreten; seine Arbeit und seine Witze würden veraltet erscheinen, so wie sie in einem neuen Zusammenhang anders wirken, auch wenn sie dieselben sind. Die Kostüme der Clowns werden von den einfallsreichsten Stickerinnen aus dem Land der Phantasie bestickt, und sie brauchen dafür ein halbes Jahr ... Häuschen, Tiere und vor allem Himmelsgestirne, Mars, Jupiter, Saturn und zuweilen auch ein Stern, von dem nur derjenige, der den Himmel gut kennt, weiß, welcher es ist, wie zum Beispiel Orion oder der blaue Syrius. Oh, wenn sie die Sonne auf ihrem Kostüm tragen, wird der Cirkus und ihr Auftritt erfüllt von nie dagewesenem Leuchten!

Wie die phantastischen Effekte der Dekoration, die Beifall hervorrufen, wenn sich der Vorhang hebt, verdienen diese immer neuen und wundervollen Clownskostüme unseren Beifall.

Die Buffos sollten öfter auf kleinen Tellern spielen, aber sie tun es nicht, weil auf kleinen Tellern nur Verrückte spielen.

Und wieder erleben wir den Wettstreit zwischen dem Dummen August und dem exzentrischen Clown ... Lieber sind mir die schlampigen Exzentriker mit ihren zerschlissenen Westen, ihren Froschfüßen, ihrem wie eine alte Kaffeekanne zerbeulten Kopf, ihren Grashaaren – wenn sie um Gottes willen bloß nicht die Perücke abnehmen! –; aber trotzdem kann man auf den Dummen August nicht verzichten, der viel zu blaß ist, mit nur einer Augenbraue, mit drei Krähenfüßen um jedes Auge, mit einem Mund wie vom Schokoladeessen und mit diesen Augen, die wie echte Glasaugen funkeln ... Der dumme August ist der Glanz, die große Tulpe und man weiß schon, er wird unter seinem Staubmantel das phantastischste Kostüm zeigen, ein Kostüm voller Gestirne, Himmelssphären, wunderbaren Milchstraßen ... Der August bewegt sich nicht mit der angemessenen Gewandtheit; er und seinesgleichen sehen aus wie sonntäglich herausgeputzte Bürgerfrauen, sie gefallen uns nicht besonders, aber wir müssen berücksichtigen, daß sie eigentlich unserer Vorstellung eines Clowns entsprechen.

Die kleinen kegelförmigen Mützen der Clowns sind putzige, weiche, freundliche Kindermützchen, die sich jagen und sich übereinanderstülpen! Weiße und sonderbare Mützchen für die immer lustigen Spiele! Hübsche Zuckerhutmützen der Clowns, mit denen man am besten spielen kann.

Um trauriger oder fröhlicher zu sein und um die Unruhe, die ihm eigen ist, besser darzustellen, schminkt sich der Clown das Gesicht, daß es mit seinen tiefen Furchen wie ein Totenkopf aussieht. Es gelingt ihm so, den Ausdruck des Todes anzunehmen und doch bringt er uns zum Lachen; schwarz geschminkt die Höhlungen seines Gesichts und schwarz die Nasenspitze, die auf diese Weise stumpf wird und welk und aufgedunsen verschwindet.

So wie man seine alten Hüte den Clowns schenken sollte, sollte man ihnen auch die Westen geben, damit sie ihre

Nummer mit den vielen Westen machen können, welche, wenn sie unendlich wäre und sie nie aufhören würden, sich die Westen auszuziehen und auszuziehen, unendlich spaßig wäre und das Publikum immerzu zum Lachen brächte.

Schicken wir unsere Westen an den Cirkus! Immer sind die Westen, wenn wir unsere alten Anzüge wegwerfen, wie neu, und wir wissen nicht, was wir mit ihnen machen sollen, denn auch wenn man eine Hose von einer Farbe und ein Sakko von einer anderen und umgekehrt anziehen kann, ist es skandalös und unmöglich, eine verschiedenfarbige Weste zu tragen. Wie dankbar werden uns die Clowns sein!

Das einfache Akkordeon, Ziehharmonika genannt, vermag im ganzen Cirkus das Brausen einer Domorgel hervorzurufen, indem sie alle Noten der domähnlichen Cirkusluft zum Klingen bringt. Wenn ein Clown sie wie einen Notenfänger traktiert, in die Luft hebt und hin und her bewegt, als wäre sie eine Mausefalle für die lebendigen populären Noten, die in der Luft vibrieren, ist sie das Gerät für das große Cirkusfest, lärmendes Spielzeug für das Weihnachtsfest der Clowns, das an jedem Tag im Cirkus begangen wird.

Dieses phantastische Gerät, das feine und zartgliedrige Akkordeon der Clowns, fast spielt es von selber –, in einen Käfig gesteckt, würde es, glaube ich, seine herrlichen Melodien und seine melancholischen Arpeggios anstimmen und wäre eine große eingesperrte musikalische Raupe.

Die Amazone

Eine langweilige, aber notwendige Nummer ist die der Amazone. Ließe man sie weg, wie es das aufgebrachte Publikum möchte, würden wir unser Leben lang die bildliche Schönheit, die Göttlichkeit und das Temperament unserer Nummer vermissen.

Die Amazone auf der wundervollen Trommel einer Cirkusmontur ist die Statue, die lebt und über ihr Postament springt, mit den Füßen trommelt, sie ist die Statue, welche die fixe Idee der Bildhauer ist, die den Marmor zu einem dreisten Leben erwecken wollen und die bereits eine Ballerina gestaltet haben, die sich einzig mit dem Zeh ihres rechten Fußes auf dem Sockel hält, während der linke in die Luft zeigt.

Nur im Cirkus sieht man Frauen zu Pferde. Kaum noch auf Spaziergängen, obgleich man sie manchmal beobachten kann; dann reiten sie wie durch die Vergangenheit, eine Wolke umhüllt sie, die alles aus der Mode gekommene umhüllt, sie reiten auf einer märchenhaften Lindenallee ... Nur im Cirkus und in Romanen, die mit dem Satz beginnen: »Auf ihrem edlen Fuchs ritt Dora an diesem Morgen durch den Wald ...«, sieht man noch in ihrer ganzen Annehmlichkeit Leute zu Pferde.

Die Pferde wunderschöner Frauen auf der Falkenjagd, wie sie auf den Briefmarken erscheinen, sind die Pferde, die jetzt an den Cirkus weiterverkauft worden sind, weil die Falkenjagd aus der Mode gekommen ist.

Die Amazone da im Reitkostüm zeigt nicht unbedingt bezaubernde Beine, aber dafür eine große romantische Würde, wie die Erbprinzessin Marie Luise.

Die Amazonen sind, wie Miomandre gesagt hat, »Papierblumen zu Pferde«.

Die weißen oder farbigen Pferde der Amazone bewahren die Tradition einer noblen, schönen Rasse von statuenhafter Schönheit, welche bei den Stuten wunderbar weiblich ist. Außerdem sind diese Pferde voller Koketterie, mit ihrem zurückgesetzten, aufgezäumten und stramm an ihrem Hals festgezurrten Kopf; sie sind intelligent wie Artisten, wobei sie sich der Harmonie ihrer Darbietungen und der feinziselierten präzisen Anmut ihrer Kehre im Kreis der Manege bewußt sind, die zu überspringen ihnen nie in den Sinn käme.

Die Cirkuspferde sehen aus wie gemalt, ihr Fell ist künstlich. Wie sonst wäre es möglich, daß ihre grauen Flecken so gut verteilt sind? Zuweilen erscheinen sie sogar wie nach Belieben ausgestopft, das Fell auf eine Idealform aus Pappkarton aufgeklebt, wie jene Pferde, die in Eisen gekleidet in den Zeughäusern stehen, und wenn es Schimmel sind, ähneln sie den steinernen Pferden der Reiterstandbilder ... Ihre Hufe sehen aus, als hätte ein Schuhputzer sie zum Glänzen gebracht ... Ihre Schwänze sind prächtig, wie die Haare der Frauen, die für ein Haarspezifikum werben ... Ihre von den kurzen Zügeln derart besiegten, derart erniedrigten Hälse, die stramm an ihren Schulterblättern festgezurrt sind, sehen aus, als litten sie an einem schmerzhaften und akuten Schiefhals, als seien sie verbogen worden wie Stahl und als hätten sie bis zum Äußersten nachgegeben, ohne dabei zu zerbrechen. Oh, wie sie wiehern werden, sobald man ihren wie einen Haken gekrümmten Kopf losläßt! Diesen Cirkuspferden fehlt nur noch, Kußhände zu verteilen und parfümiert zu sein ...

Die Ehemänner der schönen weißen Cirkusstuten können

nur die Rennpferde sein, die den »Grand Prix« gewonnen haben. Wenn sie beim Rennen gewonnen haben, dann nur weil sie dieses Ideal hatten.

Man kann sich nicht in die Amazone verlieben, denn abgesehen davon, daß das Leben zwischen Cirkuskulissen nicht leicht ist, würde das geliebte Wesen aus uns den Mann mit der Peitsche machen, den Mann, der das Pferd geißelt, und obgleich man vor Liebe zu ihr verrückt und sie Preis genug für all die Kränkungen wäre, würde man eine miserable Rolle spielen, wie ein Kutscher zu Fuß … Diese Herren im Frack mit der Peitsche werden außerdem vom Publikum gehaßt, weil sie die eigentlichen Besitzer des Pferdes und der Amazone sind, über der sie ihre Peitsche entladen bei den Proben, beim langsamen Einstudieren, bei dem die Amazone so viele Male auf dem glänzenden Hinterteil ihres Pferdes hin- und hergeglitten ist.

Das schöne Pferd entfacht einen großen Wind, wenn es schwindelerregend galoppiert. In der ersten Reihe spürt man außer den Sandspritzern einen Geruch nach Frau und nach Pferd, der ein wenig abstößt, wenngleich dies der Szene eine große wilde Echtheit verleiht. Man spürt, wie dem Pferd taumelig wird bei diesen derart monotonen, derart symmetrischen und eingeschliffenen Runden.

Manchmal sehen die Pferde aus wie Pferde aus Pappkarton, wie die Pappferde der Königskinder oder wie die, welche ausgestopft in den königlichen Zeughäusern in Eisen gekleidete Krieger und Träger einer bis in den Himmel reichenden Lanze tragen. Pferde, die in der *pelouse* des Cirkus herumzuplanschen scheinen; sie sind die erträumten Nachkommen eines Königspferds und eines Kohlenwagenpferds mit gewisser Beteiligung eines Spielzeugpferds.

Wenn sich das Pferd auf die Hinterhand stellt, kann es die Gestalt eines Riesen annehmen; aber die Tatsache, daß seine Beine in umgekehrter Richtung wie bei den Menschen einknicken, läßt es keine menschliche Gestalt annehmen. Das aufgerichtete und stolze Pferd ähnelt mehr einem Hund oder einer Ziege, die sich auf die Hinterbeine stellen, als einem menschlichen Wesen. Die verdrehten Knie zerstören das Bild einer möglichen menschlichen Gestalt.

Das Pferd spürt die Cirkusmusik, und wenn man es einer anderen Aufgabe überließe, würde es voller Sehnsucht nach dem Cirkus sterben. Man sieht, wie die Stuten durch die Musik wollüstig werden und die Hüften wie Bajaderen schwenken.

Die nach der Hohen Schule dressierten Pferde sind die bevorzugten, und die Arbeit der Amazone und der feierliche Aufzug des Pferdes ergänzen sich in einem weit ausholenden Rhythmus vielfältiger und feierlicher Paraden. Die Hohe Schule ist etwas Auserwähltes, Edles, von gehobener Tradition nach dem Vorbild bewundernswerter Reiterstandbilder, von berühmten Bildhauern erschaffen. Die Hohe Schule ahmt womöglich das Beispiel der anmutigsten Königinnen nach, die geübte Amazonen gewesen sind.

Die Amazone trägt oft ein Tanzkleid, ein Tanzkleid mit abgeschnittener Schleppe, das aber dekolletiert ist, reich an Spitzen und veredelt durch ihren hohen *ésprit* und ihr Diadem. Die Amazone erscheint in der Manege mit ihrer Peitsche, wobei ihre Füße wie schmucke Pferdchen laufen, angetan mit einem Abendmantel, den sie sich nach der Begrüßung von einem Diener abnehmen läßt wie eine Marquise beim Betreten der Vorhalle des großen Saales. Und wie sie den Abendmantel ablegt! Möglicherweise vermag nicht einmal eine Königin mit solcher Grandezza ihren Abendmantel abzulegen, wenn sie anmutig Kopf und Schulter nach hinten wirft und so plötzlich und so unvermittelt den Abendmantel in den Händen des Dieners vergißt.

Ihre Trunkenheit zu Pferde ist vielleicht die am besten von der Amazone erdachte Nummer. Wie viele Male hat sie diesen Rausch in den verschiedenen Nächten wiederholt? Unzählige Nächte, aber wir werden nicht müde, sie zu sehen.

»Aber was machen Sie da, Fräulein?« fragt, als er sie ihre Kapriolen auf dem Pferd vollführen sieht, der Herr mit dem Monokel und den Gamaschen, der nach ihr die Manege betritt und der nicht müde wird, sie Fräulein zu nennen.

»Das sehen Sie ja. Ha, ha, ha! Und ich kann noch mehr. Wollen Sie etwas darauf wetten, daß ich auf einem Stuhl auf einem Pferd sitzen und Mandoline spielen kann?«

»Ja, ich wette, was Sie wollen. Eine schöne Schachtel Schokoladenpralinen?«

»Nein ... Das nicht ... Ein Fläschchen Champagner«, sagt sie, wobei sie Champagner auf eine betörende Weise ausspricht, mit einem Geschmack nach weiblichem Mund, der in der Tat sehnsüchtig und mit der Stimme einer großen *cocotte* nach Champagner verlangt. Es ist der Schaum des Champagners darin, wie diese Artistin danach verlangt ... Diesen von der *écuyère* mit vulgärer Gleichgültigkeit und einem Anflug sehnsüchtiger Prostitution ausgesprochenen Satz werden wir nie vergessen, und immer hören wir dieses zärtliche und trügerische: »Ein Fläschchen Champagner.«

Der Champagner kommt in einem Eiskübel, ein Silberbecher wird gebracht und sie läßt sich auf das Pferd gleiten,

ihre Beine zeigend, während sie den unruhigen Rock ausbreitet und am Sattel festklemmt, dabei stets ihre strammen
Beine zeigend, Beine einer anständigen Frau, deren Rundungen die Schleifen ihrer absatzlosen Schuhe hervorheben
und ihnen einen leicht vulgären Anflug verleihen. Schleifen
aus Atlasseide, die eine Palisade bilden, sich über ihren
Strümpfen mit den durchbrochenen Blumenstickereien verschlingen und verkreuzen, unterdessen greift sie sich einen
goldenen Stuhl, nimmt langsam darauf Platz, auf dem breiten Rücken des Pferdes und spielt ihre Mandoline, die
ängstlich klingt, nach der Seelenangst einer Frau, die den
Atem anhält vor allzu großer Angst.

»Ich habe die Wette gewonnen. Jetzt geben Sie mir das
Fläschchen Champagner«, sagt sie, wobei sie Champagner
noch einmal auf ihre elegante und zweideutige Weise betont, daß es uns die Sinne benebelt.

»Aber mein Fräulein, sie werden doch nicht den Leichtsinn
begehen, Champagner auf dem Pferd trinken zu wollen?«

»Doch. Warum denn nicht? Geben sie ihn mir« – und
dann nimmt sie die Flasche von dem Herrn in Empfang, der
sich das Monokel noch tiefer ins erstaunte Auge klemmt.

Sie täuscht vor, Champagner in den Silberbecher zu gie-
ßen, und tut, als ob sie trinkt. Warum trinkt sie nicht wirklich, auch wenn das Getränk Apfelsaft wäre? Dennoch wird
sie betrunken und gibt schrille Schreie von sich, das echte
Gekicher eines anzüglichen Alkoholrausches, das allzugut
imitierte Gekicher einer ausgelassenen Frau. Es macht
einem Gänsehaut, wie gut sie aus dem Nichts diesen so
echten und eleganten Alkoholrausch imitiert!

Der Herr, der an manchen Tagen in schwarzem Frack
und Zylinder auftritt und an anderen in grauem Gehrock

und grauem Zylinderhut, ruft ihr zu, wobei er völlig verschreckt hinter dem Pferd herrennt, was ihren Rausch noch steigert: »Fräulein! Es reicht ... Steigen Sie ab, steigen Sie ab, Sie werden noch herunterfallen.« Sie lacht und sagt: »Noch ein Gläschen ... Noch eins ... Ha, ha, ha!« Bis sie die Flasche und den Becher wegwirft und sich wie eine Puppe von ihrem Pferd schwingt und ins Publikum grüßt. Diese Nummer ist die beste von allen, für die Amazone ist sie perfekt und immer gültig. Wir alle sind von ihrem »Champagner« und ihrer Unbefangenheit berauscht und vom Charme der Monotonie einer Nummer, die wir längst kennen.

Die Amazone, die manchmal ein wenig betagt ist, ist dennoch immer sehr ansehnlich, sehr agil und sie trägt ein paar unvorstellbare Brillanten. Einmal auf dem Pferd verwandelt sie sich und wird zu einer beweglichen, grazilen und lichten Architektur, sobald sie auf dem prunkvollen, wuchtigen und breiten Damensattel zusammen mit dem leichtfüßigen Pferd zu einer reiterstandbildhaften prächtigen Erscheinung wird.

Es kommt der Augenblick, in dem die rundliche Amazone zusammen mit ihrem rundlichen Pferd das schönste Kunstwerk bildet, wobei ihre Kehrseite und die des Pferdes einander so ähnlich sehen, so kräftig und in ihrer Art gleichermaßen abweisend.

Die gedrechselte und federnde Zerbrechlichkeit der Frau auf dem erhabenen und schönen Pferde-Epheben ist ein ewiges Thema. Sie ist die von Zentauren geraubte Jungfrau, emporgehoben und erhöht, es ist der Kontrast von Frau und Virilität, denn sogar die Stute wird viril unter der zarten Frau, die sie wie einen Mann dazu verführt, eine so süße Last zu tragen.

Die Cirkuspferde putzen sich die Zähne mit der besten Zahnpasta, es sind die einzigen Pferde, die das tun, und manche behaupten, daß sie künstliche oder zusammenge-schraubte Gebisse tragen.

Nur die Könige von einst besaßen solche Pferde und wurden auf ihnen gemalt. Die der Lanzenturniere waren so und jene, auf denen die Königinnen zur Falkenjagd ritten. Von ihnen allen sind nur die wenigen Exemplare übrig geblie-ben.

Die Cirkusstute bewegt sich und schreitet dahin mit einem Hüftschwung, der einer Riesin würdig wäre, die nackt durch die Manege ginge. Oh gewaltige Frau du ohne Hemd ...!

Die Pferdedresseure führen zum ersten Mal die Reitgerten vor, die sie im Warenhaus gekauft haben, Reitgerten mit einer Pfeife am Knauf, eine Pfeife, in die sie nicht blasen, um nicht als Kinder zu erscheinen.

Wer in diesen Wandercirkus geht und sich nahe der Manege setzt, nimmt Sand in den Taschen und in den Schuhen mit, als wäre er am Strand gewesen.

Den prächtigen Cirkuspferden, die wie Bockbier schäu-men, gibt man anstatt Gerste Perlensuppe.

Es gibt eine zahlreiche und fröhliche Reiterfamilie, die im Cirkus ihr zufriedenstellendes Auskommen findet. Die Familie ist wirklich und wahrhaftig im Gefolge ihrer Schimmel entstanden und es ist ihr gelungen, Bestand zu haben.

Sie setzt sich zusammen aus Vater, Mutter, drei verheirateten Töchtern, zwei Söhnen, zwei leiblichen Onkels, drei angeheirateten Onkels, zwei Schwiegersöhnen, zwei Schwiegertöchtern sowie einem Kind des Ehepaars, das ebenfalls in der Manege auftritt und auf einem Teppich Purzelbäume schlägt, Purzelbäume und Freudensprünge eines Kindes in der Wiege.

Der Auftritt der großen Reiter- und Pantomimenfamilie im Cirkus ist unterhaltsam und elegant. Er ist wie ein stiller Winkel bei einem Wettrennen; der Vater ganz und gar grau gekleidet und mit grauem Zylinderhut; die Mutter folgt der Mode der Königin von England. Sie kommen herein in ihrer kleinen »Spinnenkutsche«, die von ungarischen Pferden im Tandem gezogen wird. Ihnen folgen die Töchter und Schwiegertöchter auf weißen Pferden, welche die Söhne am Zügel führen. Die Schwiegersöhne und die angeheirateten Onkels, als lustige Lakaien verkleidet, hängen an den Schwänzen der Pferde und lassen sich über den Boden schleifen, und die leiblichen Onkels führen die Kinder der Familie an der einen, indes die Kindermädchen in frisch gefalteten und gebügelten weißen Schürzen sie an der anderen Hand halten, wobei die beiden Enkel aufrecht auf zwei Ponys reiten, die ihnen ihr Großvater auf dem Markt für Kleinpferde gekauft hat, der in Jütland abgehalten wird.

Welch ein »Revolutum« ist diese ganze Familie in der Manege, fröhlich wie der Spielplatz eines öffentlichen Parks an einem Festtag im Frühling!

Die verkleideten Kutscher sind am lustigsten. Sie zerschmeißen das ganze Vespergeschirr, spießen das gegrillte

Theaterhuhn auf, das sie aus dem großen Korb geholt haben, setzen sich auf den Blumenstrauß und die Hüte der Herren; nutzen die Gelegenheit, einen Holzeimer auf dem Kopf ihres Schwiegervaters zu zertrümmern, und die jungen Frauen kreischen unterm Feuer ständiger Püffe und Kniffe.

Es herrscht ein Durcheinander wie am Namenstag oder bei einer Taufe, alle sind ein bißchen betrunken vom Apfelsekt, den sie in Strömen trinken. Sogar den Kindern schlägt das Herz ein wenig schneller, weil man ihnen einen Schluck in ihre Spielzeuggläser getan hat.

Die Pferdenummern erfüllen den Cirkus mit einer unnachahmlichen Begeisterung. Es hat einige Anstrengung gekostet, sie ins Land zu bringen. Für den Grenzübertritt mußten zehntausend Peseten bezahlt werden. (Bis fünf Jahre 250 Peseten; ab fünf Jahre 300 und ebensoviel für die winzigen Ponys; die Stuten – welche Zollgalanterie! – ein bißchen weniger; die Hengste nur 150.)

Wir sind überwältigt von diesem Auftritt von zweiunddreißig Pferden, die in die Manege stürmen, nachdem sie die Kürassiere, die vermutlich auf ihnen geritten sind, abgeworfen haben. Sie stürmen an uns vorbei und wir fühlen uns wie zu Boden gedrückt und geduckt verharren wir unter ihren Hufschlägen.

Diese Cirkuspferde, die so ungebärdig und frei sind, haben in einer frenetischen Nacht auf einer mondhellen Waldlichtung ihre Freiheit gesucht.

Bald darauf sind wir nicht mehr empfindlich gegen ihre Huftritte und sehen der Vorstellung ruhiger zu, indes wir durch das Gewächshaus ihrer Beine das dem Cirkus so eigene Leben betrachten.

Manchmal ist es der berühmte Direktor eines skandinavischen Cirkus, der die Kompressen öffnet und den Katarakt seiner Pferdestelle in die Manege ergießt.

Mit dem berühmten Dresseur kommt seine Tochter, die einen ausgefallenen Namen hat, manchmal Imperio, manchmal Odilia heißt, und die die *pour sang* nach der Hohen Schule reitet. Odilia oder Imperio mit ihrer gestirnten Toilette und ihren viel Wind machenden Federn trägt die Silbersporen der Dresseuse, mit denen sie elegant über den Tanzboden des Cirkus schreitet.

Die Pferde des großen Dresseurs tragen prachtvolle Harnische, welche der Vorführung Vielfalt verleihen und am Schluß der Nummer die Nacktheit der sechs schwarzen Wildpferde betonen, die ohne Zaumzeug beeindrucken, wie in offener Rebellion. In ihrer Ausgelassenheit sind sie wie freigelassen in jenen jungfräulichen Gefilden, wo man sie einst eingefangen hat.

Das Pferd, dem man das Kumet abnimmt, an welchem die kurzen Zügel ziehen, die seinen Hals unbequem einzwängen, gleicht einem jungen Burschen, der, von seinem schrecklichen Hemdkragen befreit, seine häusliche Bequemlichkeit wiederfindet.

Die Gestalt der Amazone ist derart würdevoll, daß sie den Amazonen auf den Sockeln der Frauenstandbilder in den Museen gleicht, aufrechte Amazonen auf großen Pferden, lebendige und ideale Blinten.

Die Cirkuspferde, deren Fell wie ein Zylinderhut glänzt, sind die Pferde von Neptun, sie sind die Kinder eines Renn-

pferdes und einer Laststute, deren Ideal das auf den Münzen abgebildete Pferd war.

Die Cirkusradler

Die Radler mit ihren »Longines«-Vehikeln erscheinen in
der Manege wie Rennfahrer, die angelockt vom Licht über-
raschend im Cirkusrund auftauchen.

Es sieht aus, als kämen sie von einer Spazierfahrt
durch die morgendlichen Parks voller Radfahrer und seien
schließlich hier gelandet, um mit großem Brimborium vor
den Augen aller ihre Spiele zu spielen, die sie zuvor in einsamer Gegend ausgeführt haben. Nun räkeln sie sich auf
ihren stählernen Pferdchen, ihren Teufelspferdchen.

Sie schreiben – ritsch ratsch – einige Schnörkel ihres Na-
menszuges und sie gleichen den mechanischen Pferdchen
beim Glücksspiel in einer Runde, in der wir nichts gesetzt
haben; das heißt doch, wir haben die Peseten unseres Sitz-
platzes gesetzt.

Sie probieren ihre Fahrräder aus, stimmen sie wie Geiger
ihre Geigen und halten plötzlich an wie Autos, die scharf auf
einer Asphaltstraße gebremst haben. Dann steigen sie ab,
wie man von einem Karussell springt, das angehalten wird.

Wie gut, daß es nicht der Klepper ist, den sie am Ende
reiten werden, denn nachdem sie ihn eine Weile gestimmt
haben, haben sie ihn zu Boden fallen lassen, als wäre es
ihnen mißlungen!

Was sie offensichtlich ausprobieren wollten, waren ihre Beine, damit sich das Kniefett in alle Gelenke, auch in die verborgensten, verteilt.

Auf ihrem neuen »Biduped«, um nicht Zweibein zu sagen, fahren sie ganz anders. Dieses Fahrrad trabt und scheut und tummelt sich, es stellt sich auf die Hinterbeine wie das Pferd eines berittenen Wächters, wenn es sich im Gedränge erschreckt. Das einzige, was das »Biduped« nicht macht, ist auszuschlagen und hinten hochzugehen, eine Bewegung, welche der Reiter, dessen Pedalen wie fest stehende Steigbügel sind, nur schwer unterdrücken könnte. Ach, wenn er Sporen trüge, wie das Fahrrad dann losrennen würde! So sehr, daß er es mit feinen und hinterlistigen Spornstichen prächtige Bocksprünge machen ließe!

Die Fahrräder bleiben tot liegen wie Stiere, die sich auf die Hörner genommen haben. Man muß um eine Sackleinwand bitten, um die unbrauchbaren Fahrräder zuzudecken, die der Radler überall in der Manege zurückläßt.

Diese Vorstellung in ihrer Emotion, so scheint es, füllt unsere Taschen aus wie der Widerschein einer Nickeluhr. Nichts ist mehr recht und billig und hinterläßt eine eindringlichere Erinnerung.

Die Radler holen das kleine Fahrrad hervor und steigen auf dieses stark verstärkte Spielzeug ihrer Kinder, und es ist ein Wunder, daß sie es nicht kaputt machen.

Dann kommt der Augenblick, da die Radler die Anatomie ihres Fahrrades vorführen, bis sie nur noch auf einem einzigen Fahrrad fahren – Männer, die auf einer Münze reiten, wohin soll das führen? –, ohne sich von der Lenkstange führen zu lassen, die sie dem Fahrradrücken entrissen haben und die auch jetzt eine orientierende Kompaßnadel zu sein scheint, das ideale Leitorgan eines Flügelmenschen.

Die Cirkusfahrräder fahren von selber und machen Bocksprünge. An den Nachmittagen, wenn kein Cirkus ist, führt man sie ins Grüne aus und läßt sie festgebunden an einem langen Seil nach Lust und Laune herumspringen und weiden.

Dies sind die Bilder, die mir die letzten Cirkusradler eingegeben haben, mit ihren von der Luft der Rennstrecke geblähten Trikots aus Atlasseide, mit ihrer Art und Weise, uns die Netzhaut mit glänzenden Strahlen, Linien und Kreisen, vollzupacken. Was für ein schmales und triviales Spektakel! Pferde und nicht Fahrräder braucht der Cirkus!

Das Publikum

Merkwürdig ist das Publikum ... Politiker, menschenfreundliche Obrigkeiten, die ziemlich viel lachen, sie lachen wie über sich selbst in der Nacht ... Mannsbilder vom Lande, die von ihren Possen geheilt werden ... Altmodische Hüte alter Damen neben ganz neuen Hüten ... Verheiratete Frauen mit einem traurigen Leben, die geheilt und getröstet wieder wie unverheiratete lächeln ... (Ob man nicht Krebs durch ein Cirkusspektakel heilen könnte?) Alte Mütterchen mit schwarzen Haubenhüten; alte Mütterchen wie frischfröhliche Mädchen, die man während der Vorstellung bewundern kann ... Kinder aller Art mit dieser Vielfalt von Typen

und lustigen Gesichtern, wie es sie nur in den Spielzeug-
läden gibt ... Ammen, welche von der Vorstellung weniger
verstehen als ihre Brustkinder; herkömmliche Kinderfrau-
en, die auf den Plätzen sitzen wie in der Küche; nach in-
discher oder persischer Mode gekleidete Kinderfrauen;
spaßige Ammen, die aussehen wie als Kinderfrauen verkleidete Clowns; Kinderfrauen-Clowns, die anstelle eines
richtigen Babys einen Säugling aus Pappkarton zu tragen
scheinen, der ihnen, so abgelenkt wie sie sind und wie sie
ohne jeden Anlaß lachen, in die Manege zu fallen droht,
weil er manchmal über der Balustrade hängt, so wie die
vergessenen Kasperpuppen in der Vorhangöffnung ihrer
Theater hängen.

Immer sitzt eine mit Schal im Cirkus und eine andere
mit langen schwarzen Pulswärmern und eine mit einem
schwarzen Kapotthut.

Die Schamröte der jungen Burschen angesichts der nackten Frauen, welche zufällig zu ihnen blicken, entflammt ihre
Gesichter. Man sieht ihnen an, daß sie, zum ersten Mal derartig verwirrt, nicht wissen, was sie machen sollen.

Es kommen viele Herren mit weißem Bart, Minister, Magistraten, Direktoren, aber sie sind so einfältig, daß sie sich
nicht ändern, nachdem sie im Cirkus gewesen sind, und sie
bleiben auch fürderhin so grausam, so verschlossen, so verblendet.

Man sieht spontane Gesten, wie die des Kindes, dem es gelingt, sich allmählich auf die Zehenspitzen zu stellen, und

es reckt und streckt sich so sehr nach oben, daß es größer wird, als es sein kann, um die wunderbare Nummer aus der Höhe sehen zu können.

Man sieht unter allen Frauen eine, die während der Vorstellung ihre Traurigkeit nicht verliert. Sie ist schön, aber sehr blaß, und man sieht, daß sie den langen Ehemann haßt, den sie abbekommen hat, einen griesgrämigen, cholerischen Menschen voller tauber Gefühle. Andere Male ist sie, diese melancholische und wie gebärmutterkranke Frau, allein. Arme traurige Frauen, ihr Leid und ihre Qualen können nicht schlimmer sein.

Ach, diese possierlichen Gesten, sich in Augenblicken der Gefahr die Augen mit dem Fächer zuzuhalten und dabei zwischen den Stäben hindurchzuspähen, um so die kindische Panik abzuschwächen ...!

Einige in Liebe entflammte junge Männer schauen gewiß nach oben, dorthin, wo die Frauen, die aufgetreten sind, Platz nehmen. Sie haben sich umgezogen und derartig entstellt scheinen sie in ihrer nachlässigen Kleidung nicht mehr dieselben zu sein.

Dem Mann im Frack, er ist der Graf der Sitzplätze, bekommt die Vorstellung gut, er ist ihre Dekoration und Würde, die sie nötig hat, eine graziöse und ernste Cirkuswürde, eine Aristokratie, die es verdient, sich mit dem Cirkus zu verbinden, mit der Cirkusnacht der großen Welt.

Den dicken Damen und den dünnen Mädchen ist die Beweglichkeit des arroganten strammen Mädchens, das so viele Purzelbäume schlägt, fremd.

Welche von den Damen im Publikum ist eine ehemalige Cirkusartistin? Sie schweigt darüber. Sie muß jede Saison wiederkommen, um den Cirkus zu erleben, obgleich sie sich schon vor langer Zeit zurückgezogen hat, aufgestiegen in ein besseres Dasein. Diese Dame mit Hut und großer Feder und den vielen Brillanten ist zweifellos eine ehemalige Cirkusartistin, die mit einem reichen Protz verheiratet ist. Auch die Gescheiterten des Cirkus und die ehemaligen Clowns kommen sich die Vorstellung ansehen, voll melancholischer Nostalgie.

Es ist, als müßte irgendwoher aus dem Publikum die Überraschung kommen, ein Mann, der einen Salto mortale riskiert und dabei ein bißchen fliegen und in die Manege fallen wird. Deshalb betrachten wir mit Argwohn das Publikum und wir haben ein Gefühl, daß dieser uns beunruhigende *Saltimbanque* gleich hervorspringen wird.

Zuweilen sitzt im Publikum ein Mann mit falschem Schnurrbart. Wir machen ihn ausfindig, sehen ihn uns an, um Gewißheit zu haben, doch schaut er so ernst, daß es uns verwirrt. Nichtsdestoweniger, er ist es, den der Clown im rechten Augenblick um den Hut bittet oder dem er den Ball an den Kopf wirft.

Die Verliebten, die Köpfe ganz dicht beieinander, sagen sich im Cirkus ganz offenherzige und hitzige Sachen. Angesichts der unverschämt nackten Frauen, die bei voller Beleuchtung auftreten, sagt sie leise zu ihm: »Meine Beine sind nicht so«

oder: »Sie hat zu starke Hüften« oder: »Was für eine schlaffe Brust« oder: »Was für einen Stiernacken die hat«. Der Mann sieht sie anteilnehmend und verliebt an, wie sie so zart neben ihm sitzt, so anders aussieht und doch, obschon angezogen, den Frauen im Cirkus so gleich ist, und er erwidert noch viel leiser: »Eines Tages wirst du schöner als alle aber auch nackter als eine Cirkusfrau ganz allein für mich die Cirkusartistin sein.«

Unter den Zuschauern entstehen innige Freundschaften, denn mit dem Nebenmann unterhält man sich ganz vertraulich, weil man ja das Außergewöhnliche kommentieren muß. Was für große Freundschaften sind im Cirkus entstanden!

Bestimmte Gäste, die sich in der billigen Absteige des Artisten unerwartet als Zimmergefährten wiederfinden, des schillernden Cirkusmannes oder der Cirkusfrau, des Ausländers, der niemanden kennt und dessen innige Freunde sie mit hündischer Anhänglichkeit werden, sie verstellen sich im Publikum. Mit Begeisterung aber spüren sie, daß sie seine Freunde sind, die in der armseligen Absteige mit den schäbigen Gardinen den Abend mit ihm verbringen werden … Von ihrem Zuschauereingang aus grüßen sie voller Herzlichkeit, aber sie sehen sie nicht, noch können sie ihnen Antwort geben; das gibt es nur am Theater und wenn das Drama kulminiert, doch mitten in der Galavorstellung ist es unmöglich … Das kränkt sie ein bißchen, aber sie verstehen es und sind ein wenig resigniert, und gilt ihre Freundschaft den Frauen, wissen sie, daß sie sich nicht verlieben können, daß sie wie Tiere sind, die von einer Klimazone in die andere wandern und daß jeder Ort ein Durchgangsort ist. Sie begnügen sich mit dem Déshabillé der Frauen in der Absteige, wenn diese ihre Gewänder lang und offen tragen; mit den Begegnungen auf den Gängen, welche sich bei ihrer Ankunft mit übereinandergestapelten Truhen füllen; mit der Herablassung, die sie für diese anonymen und verbogenen Wesen empfinden, denen sie in den Absteigen begegnen und von denen sie sich, die erhabenen in ihren glockenförmigen Kleidern, ihren spitzen Hüten und Cirkusfrauentaschen durch die Stadt begleiten lassen.

Im Cirkus, wo das Publikum rings um die Manege plaziert sitzt, sehen sich die Leute des einen Sektors denen des anderen gegenüber, und nur deshalb sieht man den eifersüchtigen Mann leiden, der in seiner Besessenheit nicht verstehen kann, daß man keine andere Möglichkeit hat, hinüber zu schauen, ohne seine Frau anzusehen. Die ganze Vorstellung über bietet er demjenigen die Stirn, der von gegenüber herübersieht, auch wenn dieser seine Frau, die dumme Pute, gar nicht ansieht.

Im Cirkus fallen den Leuten sentimentale Dinge ein; vor allem die reiferen Männer sagen zu den reiferen Frauen, deren gewaltige Oberschenkel einen prachtvollen Reiz ausüben: »Weißt du noch, wie wir uns hier einen unvergeßlichen Kuß gegeben haben, als wir verlobt waren und zufällig auf demselben Platz gesessen haben?«

Wenn der Augenblick gekommen ist, den das Programm mit den Worten ankündigt »Große Vorstellung für auswärtige Gäste«, wird das Cirkusspektakel patriotisch und buntscheckig. Die große Nationalfamilie, ganz und gar vereint im großen Haus des guten Vaters, freut sich gemeinsam. Man müßte alle Regionalwappen und alle Banner in den Cirkusecken aufstellen. Die auswärtigen Gäste mit ihrer einstudierten und grotesken Verblüfftheit, treten auf wie Clowns, wobei sie auf die komischste Art und Weise an die Treppen stoßen und diese erklimmen. Sie lachen schrill, applaudieren hundert Mal und baden sich im Glanz der Vorstellung, um später davon zu reden wie über einen Ruhm, in dem sie geschwelgt haben. Ihre Frauen, diese Provinzlerinnen, tragen Hüte voller Schmetterlinge, Stieglitze und den Blumen ihrer Heimat. Diese speziell »für auswärtige Gäste« gegebenen Vorstellungen sind die größte Aufmerksamkeit, welche der Residenz mit ihren Gästen zuteil wird – ein himmlischer Empfang.

Den Cirkusbesuchern das Puppenmädchen und der unartige Puppenjunge, weil es das einzige Spektakel ist, das sie aufmuntert und ein wenig von ihrer grausamen, lächelnden und dümmlichen Trostlosigkeit heilt ... Sie kommen daher wie Puppen, die heiraten werden und die man nicht genug aufgezogen hat, sie stoßen gegen die Stühle, lächeln auf strahlende Weise, was ihren armen gequälten Eltern gefällt, endlich nehmen sie Platz wie eine Puppe, die nur zu dieser einen Art von Haltung fähig ist, und dann fangen sie an die Augen aufzureißen.

An den ausverkauften Tagen breitet sich nach und nach ein dichter Nebel aus, bis er die Höhe des großen Kolosseums erreicht hat. Es ist dieser undurchdringliche Nebel wie die spirituelle Loslösung der tausend Seelen, die den Cirkus bevölkern. Ein Nebel, der die hunderttausend Glühlampen, die an den Säulen emporsteigen oder vom Dach herabhängen, umhüllt. Angesichts des gelblichen Dunstes, der um die Lichter spielt, spürt man das lebendige, herzliche und spontane der menschlichen Versammlung im Cirkus. Alles Rumoren ist menschliche Offenherzigkeit und die Beleuchtung erscheint deshalb wie eine von den Lebenden herrührende Beleuchtung aus Irrlichtern.

Diese Frau da, der es gelungen ist, die Geliebte des großen Alten zu werden und die in einem Hotel, das eines Infanten würdig zu sein scheint, bewundernswert speist und logiert, wird nur noch auf einem Logenplatz im Cirkus zu sehen sein, mit ihrem großen, zweitausend Franken teuren Federhut und mit ein paar Ohrringen, die dem Cirkus ein Licht spenden, dem besonders die Pailletten dankbar sind.

Dieser Minister da, der auf einem Cirkusplatz auftaucht, sieht aus wie ein falscher Minister, dargestellt vom Direktor der Vorstellung, um dem Abend mehr Glanz zu verleihen. Im Cirkus muß man auf jeden Spaß gefaßt sein!

Den Bischöfen schicken die Cirkusdirektoren ständig Logenkarten, damit sie mit ihrer ganzen Farbenpracht der Vorstellung beiwohnen, aber die Bischöfe kommen nicht.

Das Türchen und die Tür

Alle kommen sie durch ein kleines geöffnetes Türchen in einer großen Tür, denn wie bei den großen Türen der großen Nachtportale oder bei den großen Pforten der Kathedralen, so ein Türchen ist geheimnisvoller.

In den Pausen zwischen zwei Nummern schaut man mit großem Interesse auf dieses Türchen, so wie Eheleute mit größter Ungeduld und Ignoranz darauf warten, ob es ein Junge oder ein Mädchen wird, und so wie diese wünschen, daß es ein Junge würde, wartet man im Cirkus mit derselben Ignoranz darauf, ob ein neuer Artist aus dem Türchen hervorkommen wird, nur daß man sich hier wünscht, es möge ein Mädchen sein. Lieber Gott, laß es ein Mädchen sein!

Manchmal brauchen sie lange, um herauszukommen, als müßten sie sich erst neu zurechtmachen. Dann sind es fast immer Frauen. Auf der anderen Seite des Cirkus gibt es eine andere Tür, aber diese führt gleich zu einem großen Flügel. Durch diese Tür kommen die Tiere und die Mattenträger, die im Livreekostüm auf die Stunde des Mattenauslegens oder Matteneinsammelns warten, steif in einer Reihe stehend. Sie holen die großen Teppiche hervor, die sie ausrollen, einrollen und wieder ausrollen und wieder einrollen werden; von da kommen auch die großen Gerätschaften, die manche Artisten benötigen, sowie viele andere Dinge. Hinter jeder Tür ist es wie in einem verwahrlosten Zimmer, wie in einem jener Hinterzimmer, in denen sich ein altes ausgedientes Bad befindet, ein paar kaputte Stühle, Reste von einem Gummischlauch, eine zerbrochene Wärmflasche und derlei Dinge. Ein Hauch von Feuchtigkeit und dunklem, vollgestopftem Zimmer dringt aus jener Tür. Ganz hinten und am Ende der Türchen, durch welche die kleinen Dinge kommen, stellen wir uns wie in tiefen Kellergewölben und hohen Dachkammern eine Menge unbrauchbarer unordentlich hingeworfener Sachen vor, die längsten Stücke an die Wände gelehnt – phantastische Barren und Treppen samt Haken und absurdem Beiwerk –, alle durch- und übereinander und schon ein wenig unzertrennlich. Alles Dinge, welche einige Artisten zurückgelassen oder vergessen haben; andere, die der Direktor, als er noch auftrat, anfertigen ließ, und andere wieder, von denen man nicht weiß, wozu sie taugen, und die gerade ihres Geheimnisses wegen respektiert werden; Muster erfolgloser Auftritte und Dinge, von denen man nicht weiß, wie oder wann sie dorthin gelangt sind; Requisiten manch eines Artisten, alle aufbewahrt für den Fall, noch einmal gebraucht oder zu einem neuen Stück zusammengefügt zu werden. Wundervolle Arsenale wie eine große orthopädische Werkstatt für Riesen! Was für eine Lust, wenn wir in diesen großen Warenlagern des Unverständlichen und des Unverhofften meditieren und versinken dürften!

Phantasien

Während der Cirkusvorstellungen stellt sich die Phantasie viele Dinge vor.

Wir warten auf den Centauren oder auf etwas Ähnliches. Solange das nicht geschieht, warten wir weiter. Wir gehen davon aus, daß in den ältesten Cirkussen Centauren, Meerjungfrauen, Undinen und so weiter und so fort zur Schau gestellt wurden.

In der Magie, die Urwälder im Mondlicht erzeugen, liegt die Hoffnung, von einer jener wunderbaren Cirkusvorstellungen überrascht zu werden, die auf einer vom Mondlicht erhellten Lichtung stattfinden und wo die Tiere sich amüsieren, Trommeln und Trompete spielen und als Seiltänzer und Clowns verkleidet auftreten.

Wenn es lunarische und terrestrische Cirkusse gibt, gehören die Pferde zum terrestrischen Cirkus.

»Die Männerdompteuse«, »die Sternendompteuse«, »die Schwanendompteuse« – schöne Namen für ein paar Nummern in einem idealen Cirkus!

Stellen wir uns eine Frau vor, die in einem Freiluftcirkus arbeitet und die Sicheln des Mondes erklommen hat, an denen sie schaukelt. Welch erlesene Nummer!

Es gibt einen Zauberkünstler, dem es aufgrund seiner

Kunststücke in schwarzer Magie tatsächlich gelungen ist, die Herzen junger Mädchen wegzuzaubern ... Diese jungen Mädchen sind dann für immer ohne Herz nach Hause gegangen.

Man könnte meinen, es gäbe große Persönlichkeiten, die vom Cirkus sein möchten. Mysteriös ruinierte Aristokraten, mächtige Charaktere, die alle Emotionen hinter sich haben, Frauen, die weder die Galanterie noch die Liebe eines Mannes annehmen wollten und die im Cirkus so etwas wie eine Erhöhung ihrer dominierenden Charaktere sehen.

Vielleicht standen sie nur eine Nacht lang auf dem Programm, und wer sie gesehen hat, ist wie der Sammler, der eine einzigartige Briefmarke besitzt, von der man nicht weiß, warum sie, anstatt rot oder blau zu sein wie die der Ausgaben, zu denen sie gehört, grün oder gelb ist, abgesehen davon, daß sie unmöglich zu finden ist.

In Paris ist eines Abends, auf einem unscheinbaren Pferd reitend, einem Pferd ihrer Reitknecht-Karosse, eine echte Exkönigin aufgetreten. Danach holte sie die zwanzig Pferde herein, die bei Krönungszeremonien immer die große Karosse gezogen haben, und alle verneigten sich vor ihr wie treue Diener, die wußten, daß sie die Königin ist. Dieser Triumph im Cirkus bedeutete ihr viel mehr als ihre Herrschaft als Königin, und nachdem sie diese erlauchte Cirkusnacht erlebt hatte, mußte sie abdanken, weil die Präsidenten der Republik mit den Königen unter einer Decke stecken und alle Monarchen Europas ersucht haben, sie nicht mehr auftreten zu lassen.

Türkische Sultaninen, abessinische Könige, große indische Maharadschas treten inkognito im Cirkus auf, aber vor allem Prinzessinnen, richtige Prinzessinnen arbeiten in den großen Manegen. Das Publikum mißtraut ihnen und sagt sich: »Sie ist so viel Prinzessin wie du und ich«. Von den Königen werden sie nicht gegrüßt, obgleich es ihre Verwandten sind, weil ja alle Könige und Prinzen nach Rang und Herkunft miteinander verwandt sind.

Glänzend in ihrer Vorstellung, können sie nur lächeln über diese Vermutungen. Sie wissen, bis zu welchem Punkt ihre aufbewahrten Erinnerungen echt sind sowie die Papiere, die es beweisen, und der königliche Ring, den sie besitzen.

In der Zukunft werden wir den wissenschaftlichen Cirkus haben, alles läuft auf der Grundlage von Maschinen und Elektrizität, alles ein Ergebnis dessen, was die fertigen Maschinen an Spaßigem, Unvorhergesehenem und Überraschendem hergeben, auch wenn sie bei den größten Witzen und Späßen ganz ernst bleiben. Dieser Cirkus der Zukunft wird ein Irrtum sein, aber ihn werden jene Menschen verursacht haben, die nicht wissen, was sie wollen, und die zu oft wiederholen, daß sie sich im Cirkus langweilen und bei allen Nummern sagen, man habe sie schon gesehen.

Der Negercirkus ist der schrecklichste Cirkus der Welt, darin man Nummern mit echten Toten aufführen kann, und am Ende der Vorstellungen werden die Leichen der Clowns, die es getroffen hat, eingesammelt.

In den Negercirkussen gibt es die Nummer der großen Höhe. Sie besteht darin, bis zum Ende eines langen Bambusrohres zu klettern, sich von dort fallen zu lassen und zu sterben, wie es im Programm steht.

Es gibt die Nummer mit dem Pfeil ins Herz. Es fällt der

Neger, der als Zielscheibe dient, und wenn nicht, wird demjenigen die Kehle durchgeschnitten, der schlecht gezielt hat.

Es gibt die Nummer mit der Frau, deren intimste Geheimnisse und deren Seele langsam von einem Messer entdeckt werden.

Und viele solcher Nummern.

Geschicklichkeitskünstler, Illusionisten und Magier

Die Geschicklichkeitskünstler, die Illusionisten und die Magier verleihen dem Cirkus etwas sehr Geheimnisvolles. Jeder von ihnen hat seine nicht übertragbaren Geheimnisse, und ihre Zauberstäbe dienen jeweils für sehr unterschiedliche Dinge. Das Erinnerungsvermögen reicht nicht aus, alles zu behalten, was sie tun, und vielleicht gehört es zu ihren Tricks, uns die Erinnerung an das, was sie gemacht haben, wegzuzaubern, damit ihre Nummer immer eine andere ist.

Sie reden viel von ihrem »Material« und in ihrem Material steckt ein großer Teil ihrer geistigen Bedeutung. Ginge ihnen ihr Material verloren, würden sie ohne ihre wundervollen Fähigkeiten dastehen.

Wo bekommen sie dieses wunderbare Material her? Sie bekommen es in der Oxford-Street, das ist die Straße mit den Läden für alles, was mit Zauberei zu tun hat. Vor deren Schaufenstern haben wir lange Stunden verbracht, um das Geheimnis dieser Dinge zu ergründen, die offensichtlich eine Flasche, ein Wecker, ein großer Würfel, eine Lampe, ein Käfig zu sein schienen, aber die im Grunde etwas anderes waren.

Immer wenn wir davon geträumt haben, sehr reich zu sein, haben wir gedacht, wir würden auf der Stelle nach London zurückzukehren und in jenen Läden voll von überraschenden Dingen jeder Art einkaufen, bis wir die schönste Sammlung der Welt zusammengestellt hätten. Der Ladenbesitzer würde uns das Funktionieren eines jeden Dinges erklären, wir würden es uns in ein Büchlein schreiben, und alsbald besäßen wir ein Haus voll mit diesen ergötzlichen, artigen und verständigen Dingen, denen wir befehlen könnten, sich zu bewegen oder loszuschießen. Wie amüsant wäre dann unser ganzes Leben, und unsere Freunde würden spüren, daß der amüsanteste und unterhaltsamste Besuch, ein Besuch ohne Pausen und Schweigen, der wäre, den sie unserem Hause abstatten.

Die Tauben sind ein lebendiges und glückliches Element des Zauberkünstlers. Sein Taubenschlag ist ein fröhlicher Taubenschlag weißer Tauben, die eine höhere Bedeutung haben, als wären sie heilige Geister, mit der spirituellen Bestimmung zu verschwinden und aufzutauchen, wie es ihnen beliebt. Auch verleihen diese Cirkustauben dem Fest einen gewissen heidnischen Charakter, sie segnen es und verleihen ihm mit ihren Flügen eine größere Unschuld.

Der Zauberstab der Illusionisten ist ein Bleistift oder ein Taktstock. Nichts desto weniger stecken sie ihn, um ihm größere Bedeutung zu verleihen, wenn sie nach Hause gehen, in ein prachtvolles Etui, das Etui mit der goldenen Feder.

Dieser Zauberer, der die Kerze aufaß, hat die Zuschauer tüchtig hereingelegt. Sein Kerze war einen Banane, und wenn wir daran denken, sind wir derart verwirrt, daß uns seither eine Banane als Kerze erscheint, und wenn wir die Kerzenhalter in der Hand haben, verspüren wir eine schreckliche Lust, die Kerze mit einem Haps aufzuessen.

Die geheimnisvolle Sammlung von Kochtöpfen des Zauberkünstlers offenbart etwas, was wir in der Küche beim Betrachten der Hausratgegenstände gedacht haben und zwar, daß es im Wesen aller Töpfe einen Hang zum Spaß, zu irgendeiner Schelmerei, einem Schwindel gibt.

Wenn wir die Zauberkünstler von der Bühne steigen und durch das Publikum gehen sehen, während sie Wurstschlangen und andere Dinge aus der Brust und den Taschen der Zuschauer hervorholen, argwöhnen wir, daß einmal ein findiger Zauberkünstler den Trick fertigbringen wird, daß wir alle ohne Brieftasche nach Hause gingen.

Der Zauberkünstler, der Spielkarten und immer mehr Spielkarten aus seinem Mund hervorholt, wirft alle Patiencen, die er in seinem Leben gelegt hat, auf das Wachstuch der Mittagstische in allen Absteigequartieren.

Die zarte und blasse Frau, die der Illusionist verschwinden ließ, sah aus, als ginge sie in den Tod, und als sie wieder da war, sah sie aus wie ein noch blasserer Lazarus, der soeben von seinem Leiden und seinem Tod auferstanden ist.

Eine unvergeßliche Cirkusnummer ist die, einem Mann den Kopf abzuschneiden und diesen dem sich versammelnden Publikum zu zeigen. Es kann nicht wahr sein und dennoch sieht es so aus. Und der Mann, der schwerfällig und wie trunken auftritt, damit ihm der blutrote Kopf abgeschnitten wird, und der seinen Kopf verliert und später mit angeklebtem und also wiederhergestelltem Kopf erscheint, ist die tragischste und komischste Figur, die wir je gesehen haben. Wir alle, die wir dieser Vorstellung beigewohnt haben, haben einer echten Exekution beigewohnt, denn wenn das Unabänderliche eines Todesurteils ausgesprochen wird, sind die Enthauptungen derart simpel, auch wenn sie echter aussehen.

Es gibt eine weitere makabere Illusion im Cirkus. Es ist die mit dem Skelett. Um sein Publikum ein wenig abzulenken, hebt der Illusionist nach blutiger Tat, da alle Musikinstrumente von selber zu spielen beginnen, einen weißen Vorhang im Schwarz der Bühne hoch und man sieht ein Skelett. Es tanzt und gerät außer sich, verrenkt sich, entledigt sich seiner Arme, seines Kopfes, seiner Füße – und paßt sie sich wieder an. Die Leichtfüßigkeit dieses Skeletts entspricht vollkommen unserer Vorstellung von der Leichtfüßigkeit der Skelette und dem großen Drang, den sie in uns erwecken, Pirouetten zu drehen. Dieses Skelett war auf eben diese Weise dem Tod entsprungen und der Illusionist hat es wie einen Grashüpfer eingefangen und in einen Sarg eingeschlossen. Alles ist zu erklären: Eine absolute Freude beherrscht das Skelett, das davon überzeugt ist, es gibt nur eine Sache, die man tun muß, und das ist, sich ohne jeglichen Anlaß zu amüsieren. Die Knochen des Skeletts besitzen untereinander eine lebendige Anziehung, sie sind wie

magnetisiert von einem ganz persönlichen Magneten; das
Skelett ist ein großer Akrobat und nach allen Seiten hin beweglich. Diese tanzenden und verrückten Skelette haben
dem Tod etwas von der Furcht genommen, die er für uns
hatte. Es sind die Skelette von Clowns, und es sind diejenigen, die am besten bezahlt werden.

Angesichts der zauberkundigen Illusionisten kann man
vermuten, daß es vielleicht jemanden gegeben hat, der es
fertigbrachte, eine Frau wirklich in einen Fasanen zu verwandeln; er konnte alles verwandeln und doch hat ihm
niemand geglaubt, immer gab es irgendeinen Dummkopf,
der meinte, das »sei nicht sauber«, und er weinte jeden
Abend beim Schlafengehen, beweinte seine Macht. Er wußte, daß er darüber schweigen mußte, weil man ihn sonst in
eine Zelle gesperrt hätte, an der Echtheit seiner Banknoten
zweifelnd, mit denen man sich keine Wunder erlauben darf.

Viele der Taschenspieler sind Langfinger – »presto digiti«;
sie waren ernsthafte Spieler, und als sie eines Tages ruiniert
waren, kamen sie auf den Gedanken, sich der Taschenspie-
lerei zu widmen. Der Groupier, dem sie leid taten, schenkte
ihnen ein paar Karten und damit verdienen sie sich seither
ihr Geld. Dieser Taschenspieler, der ein Spieler war, lieb-
kost die glänzenden Spielkarten mit vorsichtigen, liebevol-
len Bewegungen, und er versteht es, wenn er sie abhebt, sie
mischt, sie zu einem Fächer ausbreitet, ihnen ein besonderes Geräusch zu entlocken …

Die Göttin der Zauberkünstler ist die Göttin vieler Arme.
Keine Verehrung ist so gerechtfertigt. Die Kunst des Ta-

schenspielers ist wahrhaftig eine vielarmige Kunst, Arme, die hinter dem Rücken hervorkommen, Arme, die er unter dem Arm hat, tatkräftige und schwindelerregende Arme.

Diese Schachteln da, die der Magier von der einen und von der anderen Seite präsentiert, wobei er sie nach allen Seiten hin öffnet, verderben dem Künstler etwas, das man den Schatz des Mysteriums nennen könnte.

Mit einmal geschieht das Wunder, mit dem man nicht gerechnet hat und dem man mißtraut: In der Schachtel, in welcher das Ei auftauchen müßte, das man hineingesteckt, verschwindet es nicht nur, sondern es tauchen ein Dutzend Eier auf ... Der Magier mag es in diesem Augenblick als einen Scherz hinnehmen, aber er wird das unerklärliche Wunder, das nur einmal geschieht, nicht vergessen können ...

Der Zauberkünstler, der sich eine Fingerschale voll mit Fischen aus dem Bauch holt, sieht aus, als hole er sich das in seinen Magensäften schwimmende abendliche Fischgericht heraus.

Die Spielkarte, mit der der Zauberkünstler um sich wirft und die uns beim Flug durch die Luft aus der Kartensammlung zufällt, bewahren wir auf, als könnte sie uns einmal in einem Notfall des Lebens dienlich sein, ohne zu wissen, wie und wann.

Die Zauberkünstler und Illusionisten haben ein Geheimnis und sie bewahren es in ihrem Bauchnabel. Von dort holen sie alles, von dem man nicht weiß, woher es kommt. Was täten sie, wenn sie keinen Bauchnabel hätten!

Der Zauberkünstler, dem es gelänge, alle Gegenstände doppelt zu besitzen, das heißt das perfekte Duplikat eines jeden Dinges, das man ihm anbieten könnte, wäre nicht nur der Herr des Cirkus, sondern der Herr der Welt.

Der Zauberkünstler ist stets umgeben von einem Gefährten oder von seinen zahlreichen Gevattern. Sie streiten sich fast nie; aber, ach, an dem Tag, an dem sie ihn versetzen, an dem sie streiken, ist der Zauberkünstler verloren.

Auf einer meiner Reisen lernte ich den zugeknöpftesten und finstersten Mann kennen, der mir je begegnet. Im Zug strichen über sein Gesicht violette und schwarze Schatten, sein schwarzer Reiseplaid, der ihn bedeckte, glich dem Tuch eines Katafalks. Was für ein phantastischer Typ! Mit welchem Vergnügen hätte ich sogar die Station verpaßt, die das Ende meiner Reise bedeutete, nur um sein eigentliches Bekenntnis, seine lange Geschichte zu hören.

Nicht nur Balzac, Turgenjew oder Maupassant sind auf ihren Reisen solchen Typen begegnet. Wenn es richtig ist, daß man sie irgendeinmal trifft, mußte ich auf einer meiner Reisen auf sie stoßen.

Und womöglich war meine Begegnung wirklicher als bei Balzac oder Turgenjew, denn bei diesen Schriftstellern merkt man, ist der Augenblick gekommen, im Zug oder in der Bahnhofsgaststätte die geheimnisvolle Person vorzustellen, daß nicht sie die Protagonisten sind, die den Typ kennengelernt haben, weil ihr Name nicht in der Geschichte vorkommt. Der andere stellt sich vor, aber sie sagen nicht:

– Honoré de Balzac. Oder:

– Iwan Turgenjew.

Bei mir ist es ganz sicher, da ich diese von Kopf bis Fuß schwarz gekleidete finstere und zugeknöpfte Person kennengelernt habe (als hätte man sie mit der schwarzen, dicken Schmiere bestrichen, mit der man Stiefel einschmiert), denn als sie mir ihren Namen sagte:

– Theo Benelli,

antwortete ich mit meinem richtigen Namen:

– Ramón Gómez de la Serna.

An wen erinnerte mich dieser Benelli? Ach, ja doch! An den berühmten Zauberkünstler.

Dann war es Zeit für das Abendessen. Weder hatten wir Essen dabei, noch hatte der Zug einen Speisewagen, noch hielt der Zug an einer Station, wo man etwas bekommen konnte. Also improvisierte Benelli ein üppiges Abendessen. Er machte es ganz gelassen, fast ohne jeden Aufwand.

Hinterher erklärte er mir sein Geheimnis.

»Mein Geheimnis ist, daß ich keinerlei Handbewegung mache und nicht eine Minute mit der Wimper zucke. Ich zeige nichts. Benutze auch keine Karte. Ich suggeriere alles. Nur mit dieser Einfachheit und dieser Lauterkeit kann man das Publikum täuschen.«

Die Pause

Die Vorstellung unterteilt sich in zwei Teile. Das weiß man seit jeher und es wird sogar in dem Zwischenraum ange- kündigt, der die Teile im gedruckten Programm voneinan- der trennt. Dennoch rechnete niemand damit. Es war, als ob wir keine Pause erwarteten. Vielleicht dachten wir, daß die Direktoren, wie wir alle abgelenkt vom ständigen Spiel, sich nicht daran erinnern würden, eine Pause einzuhalten. So kommt es, daß der Mann, der plötzlich auftaucht, un- sympathisch und schielend wie der Verräter im Drama, und der mit schwerfällig verbissener Wut das Schild durch die Manege trägt, welches eine Pause von zwanzig Minuten an- kündigt, von allen einstimmig ausgepfiffen wird. Man selber möchte auch pfeifen, auch wenn man es nicht kann, auch wenn man kaum mehr als einen lächerlichen und stummen Pfiff hervorbrächte. Vergebliche Manifestationen, da es ein unabänderliches Gesetz ist, dieses Gesetz der zwanzig Minuten!

ZWANZIG MINUTEN PAUSE

Und hinten auf dem Schild steht dasselbe, was schon ärger- lich und bitter genug ist, als würden aus den zwanzig vier- zig Minuten.

ZWANZIG MINUTEN PAUSE

Zwanzig Minuten! Eine unglaubliche Ewigkeit, in der die Manege zur langweiligen Einöde wird! Eine Ewigkeit, die uns ungeduldig macht, die unsere Spannung kaputt macht, die alle Welt wieder zu sich kommen läßt und während der wir die Bühnenmaschinerie in ihrer kruden Kälte sich selbst überlassen sehen; das Absenken des Trapezes, ein Prüfen der Drahtseile, die das Netz oder die Parallelbahn halten müssen, mit sanfter Kraft festgezurrt an der mächtigen Kraft der Cirkussäulen.

– Ob diese Pause noch einmal zu Ende geht, die uns mitten im interessantesten Teil des Spiels unterbrochen hat? – fragen wir uns verstört und hartnäckig, bis uns der unerbittliche Taktstock des Orchesterdirigenten überrascht, wie er mit furchtbarem Geklapper auf den Notenständer einprügelt, um die Musiker an die Arbeit zu rufen, wie ein Lehrer, dessen aufmüpfige Schüler sich für die Liederlichkeit und Disziplinlosigkeit entschieden haben.

Es sind keine zwanzig Minuten vergangen. Das wäre entsetzlich. Das mit den zwanzig Minuten schreiben sie nur, um uns zu erschrecken und weil es Tradition ist. Kaum zehn Minuten darf die Pause dauern, weil wir alle voller Ungeduld protestieren und der Cirkus bei dem Skandal untergehen würde.

Hinterher ist man ja für die Pause dankbar, weil sie die Vorstellung verlängert hat, weil sie uns die Illusion gibt, unseren Einsatz am Spiel verdoppelt zu haben; weil wir in der Pause die Königin des Festes entdeckt haben und weil es scheint, als beginne nun eine neue Nacht und eine neue Cirkusvorstellung.

Die sensationelle Nummer

Die sensationelle Nummer ist unter den anderen Nummern versteckt; aber ein Gerücht, welches im Publikum umgeht, verbreitet die Nachricht lange vor ihrem Kommen.

Die sensationelle Nummer ist von Mal zu Mal schrecklicher. Schon kann man erwarten, daß hier ganz plötzlich unabwendbare und kriminelle Dinge geschehen, und die Erfahrung des Publikums bestätigt sich auf eine immer unheilvollere Weise. Schon sind wir bereit zu glauben, daß der Mann, der sich von oben bis unten die Brust aufreißen läßt und den das Publikum für einen sehr guten Imitator des Heiligen Sebastian hält – oder daß der Mann, der auf unnachahmliche Weise von einem anderen zerstückelt oder niedergewalzt wird, nichts vortäuscht. Dem ist nicht so, doch ist die Wahrheit allein Geheimnis der beiden Protagonisten – die leben müssen – und vielleicht des Unternehmers, der die echt blutrünstigen Nummern braucht.

Ein Cirkus ohne Sensationen würde untergehen. Der Direktor schickt Funksprüche und Überseetelegramme los, in denen er dringend eine sensationelle Nummer sucht, und er scheut keine Kosten, sie zu bekommen.

Die sensationelle Nummer hat eine besondere Musik, bei der große Pausen notiert sind, von der Sorte, die einem ans Herz gehen. Selbst die Artisten, die eben aufgetreten und auch die, die nach der sensationellen Nummer kommen, stecken die Köpfe heraus, um sie zu sehen. Sie gleichen Schiffbrüchigen, die, Männer wie Frauen, den Tod besiegt haben; man denkt an Schiffskapitäne. Ihr Schritt ist kürzer und leiser als der anderer Artisten und immer haben ihre Gesichter irgendwie indianische Züge, vorspringende Wangenknochen und kleine Augen.

Der Artist der sensationellen Nummer beginnt seinen Auftritt mit einem Schlag, mit einer großen Entschlossenheit. Seine ernsten und würdevollen Verbeugungen sind die kaum merklichen Verbeugungen eines Künstlers, der von seinem Wert überzeugt ist.

Äquilibristen

Die Äquilibristen haben sich mehrmals den Hals gebrochen, aber sie sind so hartnäckig, daß sie sich am Ende auf dem Drahtseil halten. Ihre zu Vogelfüßen verkrümmten Füße umklammern perfekt das Seil oder den Draht, wobei es vor allem ein einziger Zeh ist, der sich vollkommen festkrallt und sich ringförmig schließt.

Der große Seiltänzer heißt Robledillo.

Robledillo ist ein bewundernswerter Kapitän. Er tritt ein durch die kleine Tür und schon ist er auf dem Teppich und auf dem Drahtseil, und auf jedem seiner Gänge sieht es aus, als versuche er unaufhörlich das Gleichgewicht zu halten. Er bewahrt stets eine große Lockerheit und seinen Körper scheint er in Falten gelegt zu haben, weil er so dem Gleichgewicht entgegenkommt, das er halten muß. Ein bißchen läuft er wie ein großer Herr, mysteriös und als balanciere er auf seinem Kopf den zu ihm passenden Zylinderhut und nicht minder die große Verantwortung, die auf ihm lastet. Robledillo heißt der kubanische Affe, der auf Bäumen nistet und sich dem Cirkus verschrieben hat.

Alle großen Seiltänzer sind in Amerika gewesen. Es scheint, sie alle haben den Mississippi auf einem Drahtseil überquert und auch die Niagarafälle, und sie haben die Überfahrt von Amerika nach Europa auf dem Meer zu Fuß gemacht, Schritt für Schritt, auf einem gespannten Seil.

Die großen Äquilibristen sind von Königen und Präsidenten beglückwünscht worden, und die kleinen Präsidenten haben sie mit Goldmedaillen dekoriert, die an ihrer Brust hängen und sich bei ihren Balanceakten bewegen und ihrer Vorführung Leben einhauchen, indem sie ihrem hohen Rang eine Abstammung geben.

Der große Seiltänzer denkt längst nicht mehr daran, daß er herunterfallen könnte, und das gibt ihm eine beispiellose Sicherheit. Von seinem Drahtseil aus, auf dem er so sicher ist, verachtet er uns alle, denn keiner von uns würde können, was er kann.
    Die Beine des Seiltänzers, ständig in Arbeit, verwandeln sich in drahtige Sprungfeder-Beine.

Dem Seiltänzer gelingt es, über das Seil zu laufen, als liefe er durch seine Wohnung, und weil er läuft, als liefe er durch seine Wohnung, läuft er in Pantoffeln, in bloßen Pantoffeln.

Der im Frack auf dem Seil arbeitende Äquilibrist wirft den
Schatten einer Spinne auf den Teppich der Manege, und die
Blicke teilen sich zwischen dem Seiltänzer und der Spinne,
welche mit den Armen zappelt und sich dreht wie das Ende
des Fadens, an dem die Spinnen hängen und hin und her
pendeln. Er projiziert einen dicken, runden Körper mit vielen krummen Beinen auf den Teppich, mit einer großen ten-
takelhaften Lebendigkeit, und außer seinen Armen und seinen Beinen finden sich in der Projektion die zerzausten
Schöße seines Fracks.

Angesichts des perfekten Seiltänzers wie angesichts anderer
Cirkusartisten denkt man darüber nach, wie ihre bewundernswerten Fähigkeiten für etwas Wichtiges genutzt werden könnten, doch man weiß nicht wie. Ihre Arbeit ist eine
Arbeit zum Spaß, und auch wenn zum Beispiel ein guter
Seiltänzer einen Abgrund von einer Seite zur anderen über-
queren könnte, um Geheimnisse vom Feind zu holen, würde es erforderlich sein, daß auf der anderen Seite jemand
wäre, der das andere Ende des Seiles über dem Abgrund
befestigte, und weil das so ist, wäre die Kühnheit des Seiltänzers gänzlich unnötig, weil ein Telephon genügen würde.

Der Seilläufer unterscheidet sich von einem Seiltänzer.
Der Seilläufer bewegt sich nicht mit Hilfe der Balance über
einem Seil, das nachgibt und sich spannt, sich dehnt und
schwingt. Der Seilläufer braucht keine Spieler und Tänzer
auf dem Seil zu machen. Er muß einfach nur hinüberlaufen
und deshalb verachten ihn die Seiltänzer, welche eine Leiter
auf das Hochseil stellen und diese hinaufsteigen, wobei sie sie
hin und her schwingen lassen. Der Seilläufer ist zum Beispiel

derjenige, der in den Sommernächten über die Dächer der Stadt gelaufen ist mit einer großen Stange, die er balancierte, um das Gleichgewicht zu halten, und mit Reitstiefeln, deren Sporen klirrten wie Sporen klirren, männlich und mutig.

Die »funámbula« ist eine seiltanzende Äquilibristin, die auf dem Drahtseil wie keine Frau vor ihr brilliert ... Die »funámbula« – klingt es nicht wie eine Somnambule! – überrascht wie alles Unerwartete. Zuerst tritt ihr japanischer Sonnenschirm auf, der sie ankündigt, ein Kaufhaus-Sonnenschirm im Vergleich zu den echten japanischen Sonnenschirmen, ausreichend bunt, elegant und kostbar, dank der wunderbaren Vögel und Blumen, die ihn zieren. Dann kommt sie mit ihren weißen Füßen, den vom Drahtseil durchbohrten Füßen, und sie steigt auf das Gestell wie eine Amazone, die ein Pferd besteigt. Dann bittet sie um ihren Sonnenschirm, um sich vor dem grellen Cirkuslicht zu schützen, das so hell und unwiderstehlich in der Manege scheint, und sie beginnt ihren kleinen Spaziergang voller possierlicher Ziererei. Manchmal versteckt sie sich von der einen Seite hinter dem Sonnenschirm, manchmal von der anderen. Das weckt mehr Interesse für ihre Figur, für ihre einsamen, interessanten Beine, die nie vom Sonnenschirm verhüllt werden.

Die »funámbula« macht weibliche Sachen, die der Seiltänzer nicht machen kann. Sie ruht auf dem Seil wie auf einer Hängematte oder spreizt die Beine darüber, sie kniet sich hin, neigt sich wie über einen Abgrund oder über das klare und saubere Wasser der Manege, sie steckt die Hände hinein, tut so, als ob sie fällt, und fällt nicht, knüpft ihr Taschentuch an das Seil und bindet es wieder los, verbindet sich die Augen, und wir alle sind gerührt, wenn sie unbeschadet und triumphierend die Brücke des Todes überquert. Trüge sie Hackenschuhe würde ihre Vorführung mehr gewinnen, sie wäre viel größer, aber obschon sie es versucht hat, ist es unmöglich.

In wenigen Minuten spannen die Seiltänzer ihre Brücke über das Cirkusmeer. Mit großer Geschwindigkeit klettern sie hinauf, obgleich sie so tun, als stürzten sie ab und als würde ihnen der Zylinderhut ins Meer fallen.

Es sind junge Burschen, ruiniert und abgemagert, die sich ihre Peseten damit verdienen, auf des Messers Schneide zu arbeiten. Wie würde ihre Mutter schreien, wenn sie sie schwanken sähe, drauf und dran herunterzufallen, während sie sich an den Vorhängen aus Luft festklammern!

Wer den Salto mortale auf dem Drahtseil springt und dabei auf demselben Seil landet, hat sich, weil er ausgerutscht und mit voller Wucht mit dem Schritt auf dem Seil gelandet ist, mehrmals von oben bis unten aufgeschlitzt. Zum Glück gibt es einen Arztkoffer für die Männer vom Cirkus, der sie schon viele Male vom Tode gerettet hat, denn alle sind schon mindestens siebenmal gestorben.

Die »Seiltänzer-Demoiselles« scheinen immer so dünn zu sein wie ein Drahtseil, aber sie alle besitzen die charakteristischen, mit Bällen aus rosa Zelluloid genährten Oberschenkel.

Die geöffneten Sonnenschirme, die in der Manege liegenbleiben, sehen aus, als sollten ihnen die Schatten entweichen, die sie von außerhalb des Cirkus mitgebracht haben, von wo sie triefnaß und traurig kommen.

Sie trocknen im Nu und werden optimistisch unter der lunarischen Sonne des Cirkus.

Die Seiltänzer schlafen gern am äußersten Bettrand und dann träumen sie, daß sie über ein Drahtseil von Amerika nach Europa, von Europa nach Amerika laufen.

Der Gang der Demoiselles über das Drahtseil gleicht dem einer temperamentvollen Läuferin auf einer sehr schmalen Brücke.

Diese da auf dem Seiltänzerdraht – eine Badende, die zwischen der eisernen Absperrung, die ins Meer führt, hin- und herläuft – vollführt wie ein Kind mit dem Springseil eine neue komplizierte und schwierige Art des Seilspringens.

Das jungfräuliche Mädchen, welches auf das Drahtseil fiel, das ihm zwischen die Beine geriet, hat seine Unschuld verloren.

Die Hypnotiseure

Die Nummer der Hypnotiseure kommt nicht allzu oft vor, aber manchmal taucht sie im Cirkus auf. Wir sind bereit, etwas zu erleben, das immer interessant ist, auch wenn wir es schon gesehen haben, und dessen Elemente niemals erklärt werden können.

Nie werden wir die Augen des Hypnotiseurs, eines Wahnsinnigen, vergessen können und nie seine geschwungenen
Augenbrauen. Der Hypnotiseur hat eine schwärzliche Farbe
von der Glut des Fiebers, das in ihm brennt.

Auch die als Medium dienende Frau werden wir nicht vergessen können. Von den täglichen Vorstellungen erschöpft,
vor allem von den Nachmittags- und Abendvorstellungen an
Feiertagen, ist sie gestorben. Die schrecklichen Schatten um
ihre Augen haben sie ausgelöscht. Das letzte Mal, als der
Hypnotiseur ihr die Augenbinde anlegte, ahnte sie nichts
von ihrem Tod, doch sie starb mitten im Experiment wie jene, denen man vor der Exekution die Augen verbindet.
Diese Frau starb, aber ihr Geist war wie kein anderer dazu gemacht, zu sehen ohne zu sehen, und so wird sie alles,
was im Cirkus geschieht, weiterhin sehen können. Der
Geist, der sich in ihr verbirgt, wird wissen, was man jetzt
macht, was ich in der Hosentasche habe, was jener Herr
dort hat, wie das Schmuckstück ist, das jene Frau an der
Brust trägt, und welches Schlüsselchen sie außer dem Me-
daillon zwischen Bluse und Busen aufbewahrt.

Etwas gibt es, das noch unvergeßlicher ist als alles Unvergeßliche, was wir gesehen haben. Es ist der Mann, den wir
bei unserem täglichen Gang in den Cirkus auf die Bühne
kommen sahen, wo ihn der gnadenlose ausländische Dompteur, der ihn auf grausame Weise verachtete, hypnotisierte.
Langsam und mit der Schüchternheit eines Seminaristen
stieg er die kleine Treppe empor, die auf die Bühne führt.
Man sah ihm an, daß er befürchtete, vom Hypnotiseur trotz
seines Eifers aufzutreten, nicht akzeptiert werden würde.

Der Hypnotiseur nahm ihn beim Arm und setzte ihn zu den anderen, die auf die Bühne gekommen waren, mehrere schokoladenfarbene Wesen, ein wenig bucklig alle und mit eingefallener Brust. Zuerst beschäftigte sich der Hypnotiseur mit den Neuankömmlingen, unter denen sich manchmal einer als so stark und unempfindlich erwies, daß er seine Macht herausforderte und sie besiegte.

Es konnte einem Furcht einjagen, wenn man sah, wie der Hypnotiseur den auf seinem Auftritt bestehenden Mann wie ein Kind am Ohr zupfte und ihn mitten auf die Bühne schob, wie zum Spott des Publikums.

Der arme Mann in seiner Tristesse schaute ihn an wie seinen absoluten Herrn, und sofort war er im Stehen eingeschlafen. Der Hypnotiseur, der in diesem Mann ein ans Dienen gewöhntes Wesen sah, hieß ihn ohne Erbarmen sich auf den Boden legen, mit dem Rücken zum Publikum hinsetzen, auf einen Tisch steigen, und hatte er sich hingesetzt, ließ er ihn eilig wieder aufstehen, auf die Knie fallen, und der arme triste Mann gehorchte ihm mit unsicheren und tapsigen Schritten. Er folgte seinen Weisungen wie verblendet bis in die Tiefe seines Gemüts.

Das Publikum lachte den bedauernswerten Hampelmann mit seinem traurigsten Lachen aus, es schrie sich heiser, und es war ein Lachen wie stellvertretend für einen unangenehmen Anfall, der es erstickte und manchmal zum Weinen brachte. Es waren Anfälle, bei denen man fürchten mußte, daß die irreparabel mit Blut gefüllten Adern platzen könnten.

Als wäre er ein streunender und aufdringlicher Hund, den man zurückweist, schickte ihn der Hypnotiseur auf seinen Platz, und der arme Mann in Trauer nahm mit großer Unsicherheit die Stufen nach unten, wobei er sich von Zeit zu Zeit umdrehte, um zu sehen, ob er gerufen werde. So als würde man sich von der Frau verabschieden, die unsere Seele hat und uns schwach und ausgelaugt mit zitternden Knien und gebrochenem Herzen in eine ungewisse und leere Zukunft davongehen läßt.

Der arme Mann in Trauer setzte sich auf seinen Platz wie benommen von einem zu grellen Licht und zugleich wie einer, der mit Tränen der Enttäuschung, so weit weg zu sein, auf der Bühne den Tanz der geliebten Ballerina verfolgt. Doch kaum hatte er sich hingesetzt, als ihn der Hypnotiseur in einem wahren Akt von Machtmißbrauch wieder aufstehen ließ. Sehnsüchtig und verklemmt nahm er von neuem den Weg zur Bühne, wobei er die Zuschauer anrempelte, deren Spazierstöcke zu Boden fielen, er zerknautschte ihre Hüte, die sie auf den Knien hielten, und er konnte nicht anders, weil er zwischen den Reihen hindurch mußte. Eine peinliche und schwierige Aufgabe.

Wieder begann das Publikum über seine große Ernsthaftigkeit zu lachen, mit der dieser bedauernswerte Hampelmann der unsinnigen Weisung folgte. Er stieg die Trittleiter hinauf, ohne allzusehr zu stolpern, doch immer in Haaresbreite davon entfernt, sich den Hals zu brechen, mit der bewundernswerten Sicherheit eines Mannes, der über ein Drahtseil läuft, ohne hinzuschauen und ohne das Gleichgewicht zu verlieren. So stand er erneut vor dem Hypnotiseur, und als wollte er um Vergebung bitten, so lange gebraucht zu haben, bat er um den Gefallen, mit etwas Schwierigem und Gefährlichem betraut zu werden. Doch der grausame Hypnotiseur weckte ihn auf und verabschiedete ihn. Nun kehrte er auf andere Weise zu seinem Platz zurück, mit größerer Unsicherheit zwar, doch seines Tuns bewußt, ein wenig beschämt, wenngleich er begriff, daß ihn das Unvermeidliche trieb.

Dieser Mann, wie er nun im Bewußtsein seiner Tragödie endgültig auf seinen Platz zurückkehrte, war tragisch. Sein Aussehen verriet den Unglücklichen, der versucht hatte, für immer seine Mittelmäßigkeit und sein Unglück einzuschläfern. Aber er hatte es nicht vermocht, auch wenn er in den hypnotisierten Momenten ein fremdes und angenehmes Leben gelebt hatte, von sich selbst entbunden und verwandelt, ohne in seiner alltäglichen Melancholie einem immer lastenden Schicksal gehorchen zu müssen. Obendrein hatte er eine Berühmtheit und eine Öffentlichkeit erreicht, die ihm nur so gegeben war, während er die Blicke der schönsten Frauen erhaschte.

Eines Tages aber – wir werden es nie vergessen – stolperte der Mann in Trauer auf der Trittleiter. Er fiel hin und brach sich das Genick, schlug sich den Kopf auf und sein rotes Blut, wie es über die nie dagewesene Blässe rann, bot das allerschrecklichste Schauspiel, und war er schon blaß gewesen, als man ihn hypnotisierte, wurde er jetzt noch blasser.

Die Japaneser

Die Japaneser sind ebenso einzigartig wie vollkommen. Sie haben dem Cirkus bewundernswerte Perspektiven und Horizonte eröffnet.

Es steht außer Zweifel, daß sie aus Japan kommen, wo es die märchenhaften Cirkusse gibt, in die viel Mondlicht dringt und die Geheimnisse der Märchenwelt. In Japan gibt es Freiluftcirkusse, Cirkusse des Tales und Cirkusse, die den großen blauen bestickten Vorhängen vorbehalten sind. Im japanischen Cirkus gibt es zweierlei Eintrittskarten: solche für die Lebenden und solche für die Toten. Letztere wirft man rings um den Cirkus in die Luft, damit diese sie auflesen und reingehen können ... Dort passieren nie dagewesene Dinge. In den Freiluftcirkussen klettern sie am hängenden Seil bis zu den höchsten Gipfeln, dabei einen langen Stab tragend, an dem kleine bunte Laternen hängen. Sie laufen auf einem schrägen Seil über Flüsse und Wälder und ihre Silhouette zeichnet sich am transparenten Himmel ab, welcher in ein sanftes Licht getaucht ist, das sein eigenes ist und überdies von einem glänzenden Mond herrührt. Die Musik, die sie spielen, ist die Musik eines idealen Cirkus. Sie malt ihr Tun aus wie der Geist, der jedem Spiel oder jeder ihrer Bewegungen innewohnt. Alles wird dem Cirkusgott Tix-Chi geopfert, und dann bringt jeder Artist noch eine zweite Opfergabe für eine niedere Gottart dar, welche der Gott ihres Auftritts ist; denn es gibt den Gott der Seiltänzer und den Gott der Spaßmacher.

Wenn man das weiß, erklärt sich einem besser, wie sie derart unwahrscheinliche Dinge vollbringen können. Die

Götter helfen ihnen, und das beweist, daß man im Leben
mindestens Polytheist sein muß, damit alles mit mehr Gnade
und Gunst gelingt.

Die Chinesen haben in ihren Gesichtern die Härte, die
Grausamkeit und die Weisheit, welche im chinesischen
Sprichwort liegt. Man könnte sagen, sie seien aus trockenen
und energischen Sprichwörtern gemacht. Ja, sie haben ihre
Kunst aus dem Buch der Sprichwörter für den Cirkusar-
tisten gelernt.

Wunderbar sind die Vogelnummern, bei denen sie mär-
chenhafte Tiere auftreten lassen, die wir in Europa nicht zu
sehen bekommen, weil sie auf dem Weg zu uns sterben
würden. Auch die Schlangennummern könnte man hier
nicht aufführen, weil die Völker Europas abergläubisch
sind. Sie haben Schlangen in prachtvollen Farben und mit
überaus klugen Köpfen. Wo immer eine japanische Truppe
auftritt, geht ihr aus all diesen Gründen der legendäre Ruf
voraus, aus Japan zu kommen. Ihre Umhänge aus Gold und
Himmelblau können es mit den prächtigen Clownskostü-
men aufnehmen. Es ist ein Blau, dessen Farbgrund man nur
im Himmelreich finden kann. Das Gold ist ein Altgold, welches nichts mit dem Altgold hierzulande zu tun hat, es ist
weder glanzlos noch angelaufen, vielmehr hat es den Glanz
des Neugolds in sich aufgenommen und seinem Alter gemäß hat es den sanften goldenen Glanz eines japanischen
Sonnenuntergangs. Man merkt ihnen die Freude und das
Glück an, sich vom Land der 400 Millionen Menschen los-
gesagt zu haben und ihm entwischt zu sein, die Ausnahme
zu sein in dieser armen und zahlreichen Rasse. Oh, so werden sie denken, wieviel besser ist es, sich den Gefahren unserer Vorführungen auszusetzen als dem gelben Tod der

Pest, der schrecklichen Armut oder dem Schwert des Henkers!

Es ist ihnen gelungen, ihre zahlreichen Familien mitzubringen. Sie spazieren durch die Straßen mit Sakko und Melone, einem Melonenhut, der ihnen grausam schlecht steht! Sie sind in Europa! Niemand vermag sich das Glück vorzustellen, das all das bedeutet. Alle ihre sieben Sachen, ihre Arbeitsrequisiten sind von großer Perfektion; ihre Messer, die kleinen Blumentöpfe, die Kugeln, die tausend Gegenstände ihrer Zaubertricks.

Die Teller, die sie auf der Spitze ihrer leichten Bambusrohre tanzen lassen, sind zweifellos verzaubert. Die Schicksalsgötter halten sie mit einem Finger fest, damit sie nicht herunterfallen. In all ihren Vorführungen fächeln sie mit ihren magischen Fächern an der Spitze ihres Zauberstabes, welcher in der Luft leichte Zauberwinde erzeugt.

Für ihre Spiele in der Höhe bringen sie große weiß angemalte Bambusrohre mit, auf die sie hinaufklettern, und wenn man ahnt, daß sie aus Bambus sind, gefallen sie einem. Staunend sieht man, wie sie sich biegen, wie sie schwingen, welch große Leichtigkeit und große Stärke sie haben.

Ihre verschlafenen Gesichter, ihre geschwollenen Augenlider, als hätten sie geweint, lassen nur einen Ritz ihrer kleinen Augen erkennen, wenn sie beim Messerwerfen genau zielen und jedes Ding in seinem nicht wahrnehmbaren Präzisionspunkt erkennen, in seinem Geheimnis, dessen Ränder sie nicht übertreten. Ihre Haare sind von einem vegetativen Schwarz, das typisch für sie ist. Oh, wenn wir doch eine japanische Köchin hätten! Sie wäre um eine Ausrede verlegen, wenn wir eines ihrer Haare im Essen fänden, denn sie könnte nicht behaupten, es sei von einer anderen! Mit Respekt betrachten wir diese Haare, die so gewaltig sind, daß sie sich an ihnen aufhängen oder von einem Drahtseil herabfallen lassen, um das sie ihren Zopf gebunden haben. Es scheint, als sei ihr Kopf samt Zopf eine Zwiebel, deren Wurzeln bis in den Knochen stoßen. Gewiß vermag der Tod ihr Haar nicht von ihrem Schädel zu lösen.

Immer sind zwei japanische Kinder in der Truppe dabei. Auf ihren Eltern stehend, die sie niemals herunterfallen lassen würden, steigen sie am höchsten hinauf; und fielen sie, würden sie in der Luft von anderen selbstlosen Männern aufgefangen, welche, die Augen nur auf das Kind gerichtet, der riskanten Vorführung zusehen. Die japanischen Kinder sind das Entzücken der Damen, die mit japanischen Puppen gespielt haben, die ihnen sehr ähnlich sahen und vor allem den gleichen Haarschopf hatten, einen so herrlich vom Scheitel aus verteilten Haarschopf. Wieso arbeiten diese japanischen Kinder, wenn die Behörde die Arbeit so kleiner Kinder verboten hat? Nun, weil die Behörde ein schreckliches Durcheinander anrichten würde beim Ausrechnen ihres Alters nach der japanischen Zeitrechnung, nach der jedes Kind Tausende von Jahren älter ist als die spanischen Kinder.

Manchmal kommen Japaner, elegante Japaner mit sehr hellen und mandelförmigen Augen, die ihre Landsleute mit großem Entzücken betrachten. Stolz sind sie, aus dem erfinderischen, weisen und verlorenen Land zu sein. Oh, wenn sie es doch getroffen hätten, aus Europa zu sein! Oh, wenn sie doch einmal aus Europa sein könnten!

Auch die japanischen Botschafter kommen, um sie zu sehen, und sie lächeln, weil sie sehr gut wissen, wie unterlegen sie denen sind, welche in ihrem Land auftreten. Aber sie klatschen gerührt, weil sie nach so langer Zeit die Kleidung und die Menschen ihres Landes wiedersehen, und es ist ihnen, als sähen sie jene Sonnen und jene Monde ihres Volkes, vor allem wenn die Japaner auf der Cirkusbühne die großen Himmelsvorhänge zeigen.

Etwas indes vermißt man, wenn die Japaner auftreten. Es sind ihre Frauen, von denen sie sich nicht assistieren lassen. Fürchten sie, ein Zuschauer könnte sich unsterblich in sie verlieben, angezogen von ihren schräg stehenden Augen, in die eine Männerseele fiele, ohne je wieder hinaus zu kommen? Oder fürchten sie gar, die Frauen könnten sich verlieben? Sie hüten ihre Frauen, die zu Hause ihren kleinen wie vom Basar stammenden Säuglingen die Brust geben, während sie geduldig eine Goldschmiedearbeit ausführen, die wie die *crochette*-Arbeit der Europäerinnen ist.

Die Japaner besitzen eine Beweglichkeit, die nur von ihren winzigen Armen und ihren kurzen Beinen gebremst wird. Die Japaner, die Augen wie ein Panther oder ein Löwe halb zusammenkneifend, wenn sie in die Sonne blinzeln, werden ihr Entree durch die Cirkustüren Europas machen. Eines Tages werden Chinesen und noch mehr Chinesen sich wie eine ausschwärmende Cirkustruppe ausbreiten und über die Straße ergießen und die Stadt mit einer gelben Gefahr überschwemmen.

Diese Japaner besaßen nicht mehr als den Zauber ihrer Kimonos, und als sie diese auszogen, glichen sie den Stierkämpfern, die ihre Capas ablegen; inflagranti ertappt waren sie ganz gewöhnliche Springer mit sehr kurzen Beinen.

In manchen Programmen sind die Chinesen die echten Chinesen aus dem Inland, die wie Goldpfaue auftreten, ein Rad schlagen, die Köpfe geschmückt von langen Diademen. Spiralfedern mit weißen Papierrollen, die wie eine lange Peitsche an ihren Taktstöcken haften, sie stemmen die schweren chinesischen Vasen aus dem Vorzimmer, stellen sie sich auf den Kopf, geben sich mannigfachen Geschicklichkeitsspielen hin, welche uns die Vermutung nahelegen, daß die Chinesen etwas Ähnliches sind wie die gelben Stierkämpfer der Jonglierkunst und der Präzision.

(Sobald sie sich zum Ausgehen anziehen und sich ihre karierten Mützchen aufsetzen oder ihre ganz und gar gelben Strohhüte, von der Sorte, die man von den Balkonen auf die Straße wirft, sehen sie aus wie ihre eigenen Degenknechte oder wie die Koffer aus China.)

Tiere

Im Cirkus erwarten wir, daß alle möglichen Tiere, vom Hirsch bis zum Haifisch, auftauchen. Womöglich erwarten wir sogar eine dressierte Meerjungfrau. Auf dem Grund des Cirkus, ganz tief unten, befindet sich der beste Zoologische Garten. Er ist ganz und gar vollständig, die Tiere haben wieder Freundschaft mit den Menschen geschlossen, laufen zwischen ihnen herum, die mit dem Löwen Stierkampf spielen.

Schon immer haben wir unsere Zweifel über diese Cirkuslöwen gehabt ... Um aus dem Zweifel herauszukommen, genügte ein Versuch, und der wäre, sie ausreisen zu lassen, um zu sehen, was sie mit den Zuschauern anstellten. Vielleicht würden sie sich in einer Ecke zusammenkauern wie verschreckte Katzen. Armer, der Lächerlichkeit preisgegebener Dompteur! ...

Von Affen wimmelt es im Cirkus. Affen wie häßliche kleine Kinder, verflixte Lausejungen, die nicht herauskommen wollen und ihrem Vater so viel Mühe machen, weil sie sich auf dem Boden suhlen und mit Schmutz bewerfen. Manchmal muß der Vater sie heraustragen, wie man ein kleines Kind aus der Umkleidekabine trägt, das große Angst vor dem Meer hat, in das die Affen offenbar hineinspringen, wenn sie voller Panik in die Manege springen ... Affen gibt es, die bestimmten jungen Dienstmädchen ähneln, die wie gewisse Frauen von nichts eine Ahnung haben. Man merkt, ein Affe kann nicht ganz und gar erzogen werden. Immer ist da eine Geste, eine Art, etwas zu greifen, irgend etwas, das zeigt, wie affig, wie idiotisch er ist, wie idiotisch er sein muß. Gelänge es einem Lehrer, einen Affen zu zivilisieren, hätte er auf der Welt die größte aller Tragödien angerichtet. Der arme Affe, mit Seele und Sinnlichkeit ausgestattet, mit einer Vorstellung von den Dingen, würde wie Larra vor einem Spiegel Selbstmord begehen.

Das Zebra ist ein Cirkustier, das auf den Plakaten nicht fehlen darf. Das Zebra besitzt ein hübsches Cirkuskostüm und genügend Schönheit für den Cirkus. Einst war das Zebra ein Tier, das von Gott extra für den Cirkus erschaffen wurde.

Die Elefanten sehen immer aus wie gerade aus einem Schlammloch gestiegen und haben eine geographische Haut.

Die Augen der Elefanten sind klein und schlau, und wenn sie verschwimmen, dann weil sie in großen Augenringen liegen, in einem tiefen schwarzen Fleck.

Man muß befürchten, daß sie die so appetitlichen Damenhüte sowie alle weichen kaffeebraunen Hüte, die friedlich auf dem Samt der Manegen-Balustrade schlummern, blitzschnell mit ihren großen Rüsseln fortreißen und mit einem Haps verschlingen könnten.

Der Beifall für die Raubtiernummer wird zunichte durch die Gleichgültigkeit, mit der ihm die Raubtiere zuhören, durch ihre unerschütterliche Geringschätzung.

Das mit den Bengaltigern ist so billig und so unwahrscheinlich, daß wir es nur glauben würden, wenn sie am Ende selber anfingen zu brennen.

Die zahlreichen Eisbären hinterlassen den Eindruck einer Pelzhandlung. Die Raubtiere dürfen nicht zu viele sein, weil ihre Felle mehr Aufmerksamkeit erregen als ihre Wildheit und es wie eine Art Ausverkauf aussähe.

Eine Verbrüderung der Tiere, die seit dem Paradies einander entgegengesetzt und verfeindet sind, findet wie an keinem anderen Ort im Cirkus statt. Nur muß man manchmal, wie ein Dompteur sagte, der damit prahlte, wie gut sich Löwe und Lamm im selben Käfig vertragen –: »Sehr gut … sehr gut … nur muß man manchmal das Lamm ersetzen.«

Zur Zeit findet im Cirkus die Verbrüderung der Katze mit

den Ratten statt, wenngleich ebenfalls zu vermuten ist, daß der Dompteur sie auswechselt, denn es kommt oft vor, daß ein Affe, und bei Gelegenheit eine Katze, sie sich zum Maul führt, als wollte sie sie fressen. Was für ein großer lebendiger Appetithappen!

Welches von den großen Tieren konnte wohl nicht dressiert werden? Keines. Alle sind sie dressiert worden. Nur die ganz kleinen nicht, weil sie so schlecht zu sehen sind.

Der Cirkus bietet uns tiefgründige Lektionen und ob man es wahrhaben will oder nicht, es ist hier die Abstammung des Menschen vom Affen bewiesen worden, nicht nur durch seine Affen, sondern auch durch die Vorführung jener Wilden mit dem Kopf in Form einer Birne samt Stil, jene unvergessenen Wilden, die in ihren Gesten halb Affe und halb Mensch waren.

Wie weit verderben einige Dompteure ihre Tiere? Manche lassen sie Wein trinken, andere machen sie morphiumsüchtig, manchen geben sie Äther, anderen Koffein, aus einigen machen sie Diabetiker durch zu viel Zucker oder Sahnebonbons; andere bekommen durch zu viel Fleisch ständig akute Gichtanfälle; manchen Affen geben sie so viel zu rauchen, daß sie sie nikotirisieren; einige liefern sie der Völlerei aus. Man muß sie bei Laune halten und ihre Laster befriedigen. Zu welchen Extremen mögen wohl die Dompteusen greifen, damit ihre Löwen oder Hündchen machen, was sie wollen!

Das schönste Bett, das heroische Bett ist das, welches sich der Dompteur mit den Löwen zurechtmacht, wenn er sich auf sie legt und sich schlafend stellt … Es ist die schönste Geste der Welt!

Das dressierte Schwein weckt in uns das heftige Verlangen nach seinem Schinken. Oh, unverbesserlicher Schinken!

Wie leid kann einem der Cirkus tun, der ärmer als jeder andere sich weder große Pferde noch große Raubtiere leisten kann. Statt Pferde zeigt er Esel und anstatt Raubtiere Katzen, welche die Tiger ersetzen.

Die Hündchen können nicht viel machen, so sehr man dies auch möchte. Man kann ihnen zwar ein paar unübertreffliche Hundehütten oder was auch immer auf die Bühne stellen. Die Affen vermögen wie eine Versammlung von Taufzeugen und Hebammen auszusehen, aber die wie auch immer gekleideten Hündchen bleiben Hündchen und nichts weiter als das, was an sich schon unbedeutend und trivial ist. Allein die Frauen, die ein Hündchen lieben, das schon vierzig Jahre bei ihnen lebt, werden verrückt vor Begeisterung und Zuneigung angesichts der kleinen klugen Hunde: »Wie putzig! Wie hübsch!« rufen sie am Ende jeder ihrer Kapriolen.

Wie einige Tiere die Artisten anschauen! Angesichts dieser Tiere kommt einem der Gedanke, ob nicht sie es sind, die die Cirkusartisten präsentieren wie jene Tiere in dem Kindermärchen, die verzauberte Menschen sind, verzaubert vielleicht und verhext von einer Artistenhexe oder einem Artistenhexer, die in der Welt einen willenlosen Mann oder eine willfährige Frau gefunden haben, die sich ohne weiteres in ein Tier verwandeln ließen.

Die Dame mit den Hunden besitzt mindestens zwei Hunde, die sie nicht in die Hundezwinger des Cirkus läßt und die sie nach jeder Vorstellung mit nach Hause nimmt. Die Dame mit den Hündchen hat eine Strohtasche, in die sie den ausgelassensten Hund steckt, einen wahren Chaplin der abendlichen Vorführung; der im Spiegelschrank warten muß, bis sie nach Hause kommt, und der auf der Straße Unfug treibt, wie den Stock anzustoßen, auf den sich der mit seiner Verlobten sprechende Bursche stützt; der sich an Orte begibt, die für Hunde verboten sind, und vor den Toreingängen bellt usw. usf.

Die Dame mit den Hündchen glaubt, man könne ihr ihren Beruf nicht ansehen; aber jener Korb verrät sie, der in keiner Weise wie eine Tasche aussieht, weil er eine Tasche ist, die bestenfalls bellt.

– Man wird glauben, daß ich Handarbeit mitnehme, um im Grünen zu nähen, denkt sie.

Die schlauen Hündchen – die solche Wunderkinder sind – mit einem schwarzen Fleck über dem Auge, als wären sie krank und trügen das übliche Pflaster darüber, vermögen Wunderdinge zu tun mit ihren beweglichen Pfoten eines Hasen oder eines schlanken Fräuleins.

Man sieht, daß es die Dompteuse ist, die ihren Hunden mit einem Stöckchen auf den Bürzel klopft, damit sie springen oder Springseil springen oder singen …

Die einzige Geste, die an der Hundedompteuse gefällt, eine Geste, mit der sie ihre weibliche Überlegenheit wiederherstellt, ist die, mit der sie die Peitsche wegwirft, um sich zu verbeugen und abzugehen.

Der Tanz der Hunde hat etwas von einem in Korsetts gezwängten Tanzpaar an sich, von der Art jener alten Korsetts, die einen wunderbar aufrichteten.

Die tanzenden und einander festhaltenden Hunde, die, wenn sie hinfallen, auf die Nase fallen und auf ihren vier Beinen landen, haben jede Ähnlichkeit mit Herren und Damen verloren.

Dennoch wirkt es wenig galant, wenn der Dompteur sie mit der Peitsche züchtigt. Das mit einer jungen Dame zu machen!

Die Raubtiere des Cirkus sind echte Raubtiere. Es zeugt von trivialer Vorstellungskraft und von beschränktem Geist, zu glauben, daß es Raubtiere aus einer Pelztierhandlung sind. Das muß man ablehnen. Es ist eine ungerechtfertigte Mißachtung.

Der Dompteur ist ein mutiger Mensch, der es nicht nötig hat, jeden Abend zu sterben, um seinen Mut zu beweisen. Einige wenige begnadete Menschen gibt es, die das Glück hatten, an jenem Abend im Cirkus zu sein, als ein Tiger eine Frau zerriß und ein Löwe einen Mann. Sie erzählen es hinter unserem Rücken und schwören es bei ihren grauen Haaren.

Über jedem Argwohn steht die unzweifelhafte und letzte Wahrheit, die im Instinkt der Löwen liegt. Nur so vermag man ihre Schönheit und ihre Echtheit richtig zu betrachten. Nur so geht das Schauspiel nicht verloren und die Beschwörung der Welt, die urwaldhaft und wild ist.

Jeder Tierdompteur ähnelt der dressierten Art. Der Raub-
tierdompteur ähnelt einem Raubtier; der Entendompteur
hat das einfache und alberne Gesicht einer Ente; wer ein
Känguruh präsentiert, hat das verdutzte Gesicht und den
dicken Hintern eines Känguruhs usw. usf.

Der Dompteur, der ein Golddiplom erhalten hat – was aber
mag ein Golddiplom sein? – bei dem Dompteurwettbewerb
in Paris, ist ein bedeutender Mann, der Abend für Abend eine
wahre Schlacht schlägt und seine Raubtiere besiegt.

Die Dompteuse besitzt mehr Sicherheit, wenn sie alt ist
und sie, wie auf den Bildern ihrer Jugend, die man im Programm zeigt, mit dem Löwen abgebildet wird, den sie einst
als kleines Baby im Arm trug. Sie hat ihm die Flasche gegeben, ihn erzogen, ihn versorgt, und der Löwe wird sie immer respektieren. Steht aber vor dem Löwen eine fremde
und üppig geformte junge Frau, die sich tollkühn als Dompteuse herangewagt hat und zudem noch einen tiefen Ausschnitt trägt, ist der Löwe womöglich hinter ihrem appetitlichen Ausschnitt her und reißt ihr mit einem Tatzenhieb
eine Brust ab und setzt sich dann auf die Brustkugel wie die
Denkmal-Löwen auf einen bronzenen Granatapfel oder wie
Thron-Löwen auf einen goldene Kugel. Vielleicht wäre es
angebracht, sich mit einer bitteren Koketterie zu vergnügen,
eine zum Schein verbundene Hand auszuwickeln, die nur
aus Koketterie verbunden wurde.

Die Dompteuse ist nicht sehr appetitlich und man unter-
liegt ihrer Verführung nicht, weil man sich ausmalen kann,
wie grausam sie zu einem Mann sein würde. Außerdem ist
sie voller Löwenflöhe, und im Kontakt mit den Löwen hat
sie sich mit schrecklichen Hautkrankheiten angesteckt, die
sie unter ihren Kleidern verbirgt.

Es gibt immer ein paar Elefanten in Reserve, unter Vertrag genommene Elefanten, die langsam herannahen aus Furcht, mit ihren gefährlichen Beinen die Kinder zu treten. Eine Truppe musikalischer Elefanten, außergewöhnliche Musiker mit dem größten »Ohr« der Welt.

Sie sehen nach alten Sumpflöchern aus, wie riesige Runzelgreise, wie die letzten vorsintflutlichen Überlebenden, die sich retten konnten, indem sie auf einem hohen Berg, der über den Pegel der weltweiten Sintflut herausragte, ihren Rüssel erhoben haben.

Sie laufen wie alte zweirädrige Karren, die vorankommen anstatt zu rollen, und stampfen beim Laufen gleichzeitig die Straße fest, über die sie gehen.

Verlassen die Löwen ihren Käfig, ist es immer wie damals im Römischen Cirkus, kurz bevor sie die Christen auffraßen. Die tugendhaftesten unter den Zuschauerinnen überläuft deshalb die Gänsehaut des Martyriums.

Die Löwen am Ende der Vorstellung sind Dschungellöwen. Sie kommen aus großen Kisten, die aussehen wie die Verpackung krachmachender Klaviere.

Wenn die Dompteure den Kopf in das Maul des Löwen stecken, klemmen sie ihre Mundwinkel zwischen die Backenzähne, damit sie nicht gebissen werden können. Wollten sie beißen, müßten sie das Fleisch ihres Maules zerbeißen, das von verborgener Hand in der Zange ihrer Backenzähne festgeklemmt worden ist. Nein, sie werden ihr Maul nicht zumachen, ihr Selbsterhaltungstrieb ist stärker als die Lust, den Kopf des heimtückischen Dompteurs zwischen ihren Zähnen zu spüren.

Im Angesicht des Dompteurs sagt das Publikum laut:
»Eines Tages werden sie ihn umbringen ... Eines Tages
wird er im Käfig sterben.« Sie hören es, und deshalb möchten wir die Zuschauer bitten, wie bei Schwerkranken, die
Schwere ihrer Krankheit, die sie nicht ahnen sollen, vor
ihnen zu verschweigen. Manchmal ziehen die Dompteure
einen Revolver, was uns an diesem Spektakel am meisten
erschreckt. Der Dompteur, der ihn benutzen müßte, würde,
anstatt den Löwen zu erschießen, einige von den Zuschauern erschießen, sobald er seine fünf Schüsse versehentlich
abfeuert. Da es zum Glück ein falscher Revolver ist, mit
falschen Kugeln geladen, feuern sie, in ihrem Übereifer, die
Tiere mit Peitschenhieben zu züchtigen und zu dressieren,
den Schreckschußrevolver auf den Boden ab. Seine laut kra-
chenden Kugeln scheinen der Pranke, die sie schon ge-
packt, die Krallen abzuschneiden.

Die Cirkuselefanten tragen ihre zähe Haut wie an keinem
anderen Ort zur Schau. Sie machen aus dem Cirkus einen
Riesencirkus und wirken doch nicht groß inmitten der Groß-
artigkeit des Cirkus. Oh, wenn ihr Rüssel eines der Kinder
im Rund der Manege ergriffe oder wenn sie plötzlich Lust
auf einen Hut bekämen! ... Sie können keine Pirouetten machen, ihr Auftreten ist gemächlich, aber in dieser Langsam-
keit liegt eine Feierlichkeit, die zu sehen gefällt. Wenn sie
ein Licht mit dem Rüssel hochheben, sind sie etwas Unver-
gleichliches, quasi eine Verherrlichung des Lichts. In vollkommener Geste sind sie die prachtvolle Lampe für das
Portal zum großen Schloß.

Der Elefant müßte sich die Füße auf einer Fußmatte säubern, bevor er die Manege betritt.

Wir alle glauben, daß uns der Elefant nicht sieht, er sich keine vollkommene Vorstellung vom Cirkus machen kann; aber er beobachtet alles durch das Schlüsselloch seines plumpen Körpers.

Im Elefanten ist ein Photograph versteckt. Was für wunderbare Vergrößerungen muß es in seinem Inneren geben! Schon nehme ich Aufstellung und posiere vor den Elefanten.

Der Herrin der Elefanten sieht man an, daß sie reich und zufrieden ist. Sie hat das Aussehen einer Grundbesitzerin, einer Großgrundbesitzerin, denn was unbeweglichem Eigentum am nächsten kommt, ist ein Elefant, dessen Natur zwischen dem eines Hotels und dem eines Grundbesitzes von fünf Hektar schwankt.

Die Robben und die Seelöwen

Eine sensationelle Cirkusnummer sind die Seelöwen, große Kreuzungen zwischen Robben und Delphinen. Sie treten in einem großen Aquarium mit schmutzigem Wasser auf, in einer Art Fischsuppe.

Mit ihrer von brackigem, fauligem Wasser schwarzen Farbe und ihren weißen Schnurrbärten sind die Robben, deren Körper in einem Sack zu stecken scheint, in welchem sie laufen und ihre Zehenknochen zeigen, der Alptraum des Cirkus. Sie sind seine schwarzen Nachtgespenster.

Dressierte Roben offenbaren eine große Intelligenz. Die Robben ähneln und erinnern an Ratten, die man in ihrem Rattennest zu ersäufen versuchte und die mit einmal, sofern das Wasser sie noch nicht bedeckt hat, schwimmend und durchnäßt an der Oberfläche des Zubers auftauchen. Ihr ganzer Körper ist dunkel, zäh und unempfindlich. Sie scheinen aus Algen gemacht und ihre Flossen sind wie glibbrige Algenkinder. An ihnen ist nur die Schnauze und der Schnurrbart empfindlich. Immer wenn wir die Robben auftauchen sehen, glauben wir, es müßte draußen regnen und ein Herr mit triefendem Regenmantel wäre hereingekommen. Die Robbe nimmt einen femininen Stellenwert ein. Ihr morbider Körper ohne Knochen und Knorpel ist feminin, und wenn der Dompteur ihr einen Kuß gibt, ist es wie ein Kuß für eine antike Meerjungfrau.

Die Walrosse mit ihren glänzenden Rattenaugen und dem hybriden Gebell aus Hund und Ente, sind behütete schwarze Seelen. Es scheint, als laste auf den Walrossen, die sich mühsam mit einer Art Buckligkeit am ganzen Körper dahinschleppen, ein schrecklicher Fluch von Blödheit und Mißgestalt.

Es scheint auch, als trügen sie anstelle der Augen in den Augenhöhlen ein Opernglas.

Warum applaudieren sie? Sie kompromittieren vollkommen den Akt des Applaudierens, korrumpieren ihn, zeigen, wie verwerflich der Applaus ist, der keine große Begeisterung bedeutet, sondern eher dumm und ordinär ist. Nicht nur die Walrosse applaudieren mit menschlichem Ungestüm, mit geräuschvollem »Klack«, auch der Orang-Utan applaudiert lautstark mit einer wahren Inbrunst, die im leeren Alkoven der Welt widerzuhallen scheint. Jene Walrosse, die Invaliden gleichen, die sich dahinschleppen, erinnern an jene Sommermeere, in denen sich die Pottwale tummeln, ihren Rücken zeigen und wieder auftauchen, von Zeit zu Zeit einen Salto mortale vollführend, der uns ihre Lackstiefel sehen läßt.

Es sind Tiere, die keine Angst machen, obgleich sie Seelöwen heißen. Wenn sie wenigstens knurren würden! Wenn man sie uns wenigstens in einem Käfig präsentieren würde, anstatt sie vorher rumlaufen zu lassen!

Ihr Hauptverdienst sind die Gleichgewichts-Kunststücke, die sie mit der Nasenspitze machen wie der Jongleur, der alles auf der flachen Hand mit einer Armbewegung balanciert, die sie mit dem ganzen Körper vollführen.

Die ewige Nummer mit Seelöwen und -frauen, mit den beiden göttlichen Meerjungfrauen, die am Schwimmbecken erscheinen, die Hände tief in die Seiten gestemmt – während unsere schmucken Wasserträgerinnen sie in die Höhe halten –, bewirkt durch die spezielle Einheit, die sich zwischen Frauen und Robben herstellt, vor allem wenn beide sich im selben Wasser tummeln, daß wir ein Bild der die Sinne verwirrenden Meerjungfrauen vor uns haben.

In der Vermischung von Frau und Robbe liegt der ganze geheime Zauber und die ganze Neuheit dieser Nummer.

Die Schattierungen in diesem Bild geben der Vorführung eine sentimentale Plastizität. Es ist rührend, wie die beiden schönen jungen Frauen mit ihrer schmalen Taille sich mit der Unterwürfigkeit von Frauen, die ihre Pflicht erfüllen, ins Wasser werfen; sie machen kein Gezeter, reißen sich zusammen, um nicht zu schaudern; lächeln starr vor Kälte ins Publikum, das sie anschaut.

Sie haben genügend Festigkeit, um bei dem kalten Wasser in der Nacht nicht in Tränen auszubrechen; aber man merkt, wie sie, erstaunt und erschrocken, blaß werden und wie sich ihr Fleisch enger um ihr Gebein zusammenzieht.

Noch viele Male müssen sie in dieses schmutzige Naß eintauchen, in dem sich die Seelöwen etwas entfärbt zu haben scheinen. Aus der Vertrautheit von Frauen und Robben entsteht eine Sage, und sündhaft sind die Küsse, die ihnen die Robben auf dem Grund des Wassers geben, in dem Glauben, sie könnten jene Feen aus den Robben-Legenden von einst sein.

Jedes Abtauchen, jede Handlung der beiden Badenden wird später von den Robben interpretiert, und ein merkwürdiger Effekt bleibt nicht aus, wenn die Robbe nachahmt (und dabei ihre behandschuhten Stummel aufeinanderlegt), was das Programm das »Gebet einer Meerjungfrau« nennt und was eher das Gebet der längst ertrunkenen Schiffbrüchigen auf dem Meeresgrund zu sein scheint.

Die Robben riechen nach Lebertran. Man denkt bei ihrem Anblick an die Binsenweisheit der Lexika: »Aus ihnen gewinnt man ein in der Medizin sehr geschätztes Öl.«

Der Dresseur gibt den Robben Zuckerstückchen und tote Fische, er vergißt aber die Frauen, denen er nach jedem Auftritt ein Bonbon geben müßte, eine Tüte Bonbons oder ein Paket *marrons glacés*. Die Frauen, noch immer die Hände tief in die Seiten gestemmt, sehen neidisch auf die belohnten Kaschelotten. Der Dresseur ist sich nicht im geringsten dieser ungerechten Bevorzugung bewußt. Wenigstens sollte er ihnen eine Sardine aus der Büchse oder ein paar Oliven mit Anchovis anbieten.

Die Marinekapitäne, die mit ihren Seelöwen auftreten, gehören alle zur Schweizer Marine, einer Marine ohne Schiffe und ohne Häfen.

Eine große Kälte, einen feuchten Kälteschauer, die Erinnerung an einen Regentag hinterläßt der Auftritt der Seerobben und der Frauen im ganzen Theater. Diese armen Frauen, die nicht einmal ein Badetuch mit auf den Grund nehmen können, ähnlich jenen Sklaven, die sich in chinesischen Häfen ins Wasser stürzen, um eine Münze heraufzuholen, wenngleich es hier eine hypothetische Münze wäre …

Zu allem Übel verlangt das Publikum, wenn es die Wiederholung der gesehenen Nummer fordert, mit einem sadistischen und selbstzufriedenen Gefühl, mit einer barbarischen und sehnsüchtigen Offenheit: »Den Kuß, den Kuß«. Von neuem wirft sich eine der beiden Wasserballerinen ins Naß und hinter ihr der Seelöwe, als wolle er sie mit Begeisterung in der aquatischen Tiefe umschlingen und dabei ausnutzen, daß sie sich in einem anderen Medium mit andersartiger Moral befinden.

Und der nach Hund mit feuchter und schwarzer Schnauze schmeckende Kuß, der Kuß, halb Bär, halb Seespinne, wiederholt sich zweimal, und eine Unterwasserlegende wird wahr.

Cirkus-Nixen

Manchmal öffnet der Cirkus seine Wasser-Manege und stellt ein paar hübsche Meerjungfrauen an, Flußnixen, sehr weiße Nixen aus der schmutzigen Seine. Wenn diese Nummer in den Programmen steht, gehört ihr Auftritt zum poetischen Höhepunkt der Vorstellung.

Auf einmal beginnt der Cirkus unterzugehen. Es ist, als werden wir alle Schiffbruch erleiden. Das Wasser, das sonst unter der Welt versteckt ist, tritt nackt auf.

Den Zuschauern in der ersten Reihe gibt man Regenmäntel, wie sie sonst die Droschkenkutscher tragen, um ihre Beine an Regentagen zuzudecken. Die Regenmantel-Plätze haben etwas von Seeplätzen an sich; ein bißchen gleichen sie einem Krankenbett.

Schon bewegt sich das dunkle Wasser mit merkwürdigem Pulsieren. Kann dies dunkle Wasser dasselbe sein, das wir aus unseren klaren Gläsern trinken? Ja, es ist natürlich das Wasser, das wir trinken, das Wasser aus den Gläsern.

Werden die Nixen vom Grund heraufkommen? Vom Grund müßten sie kommen, wobei zuerst der Kamm ihrer Badekappen auftauchen müßte.

Aber nein: Die Meerweiber kommen von der Straße, sie sind ganz in ihrem amphibischen Element, wahrscheinlich kommen sie vom Theater.

Ihre Art zu schwimmen ist ganz und gar menschlich, denn sie schnappen nach Luft wie jemand, der ertrinkt. Kein Schwimmer hat bis jetzt gelernt, den Kopf mit Würde aus dem Wasser zu heben, vielleicht weil sein Hals nicht lang genug ist. Ich finde, diese Nixen brauchen einen Felsen, auf dem sie sich zeigen können, um in der Sonne zu trocknen und das Wasser abzuschütteln, mit der Flosse zu wedeln, und von wo sie ihr nasses Lächeln ins Publikum schicken.

Die Meinungen gehen auseinander über diese wohlgeformten, schlüpfrigen und urbanen Nixen. Manch einen begeistern sie nicht, weil ihm eine nasse Frau wie ein Huhn vorkommt, auf das es geregnet hat. Andere gibt es, die sie mit ihren Blicken trocknen und sie ohne Feuchtigkeit genießen. Mir machen sie Lust, ihnen Brotkrumen hinzuwerfen. Im übrigen ist es eine saubere und exemplarische Nummer, die den Sommer vorwegnimmt. Es fehlen lediglich die unruhigen Photographen mit ihren Stand-Kodaks.

Die den großen Preis bekommen hat, ihrer aller Königin, statuenhaft und unterseeisch, kehrt wie ein fliegender Fisch zurück auf die Bühne. Sie ist so geschmeidig, daß ihre Schultern sich in Arithmie mit ihren Hüften befinden.

Zu schnell läuft diese Zur-Schau-Stellung der vom Wasser anständig gekleideten Schwimmerinnen ab. Sie verschwinden, sobald sie glänzende Marmorstatuen sind, im Schwimmbad die Spur ihrer Körper zurücklassend, die von ihren nicht von der Stelle weichenden Bewunderern so lange betrachtet wird, daß es den Platzanweisern schwerfällt, sie auf die Straße zu setzen. Sie schenken dem Wasser ihre Weiblichkeit und verwandeln es in eine Art pornographisches Eau de Cologne.

Die Gasthäuser und der Cirkus

Einmal geschah es, daß die Junta der Schausteller es nicht zuließ, daß der Amerikanische Cirkus einen Teil des schönen Tierparks, den er von außerhalb mitgebracht hatte, beherberge. Deshalb mußte eine Unterkunft für die exotischen Tiere gesucht werden, und wenn es auch unmöglich war, ein Zimmer für die Löwen und Tiger zu finden, für die Elefanten und Kamele, das Zebra, die Giraffe und die Pferde, so fand sich eine Bleibe in den Gasthäusern, den klassischen Madrider Gasthäusern.

Einen Teil brachte man im Gasthaus Segoviano unter und in anderen Gasthäusern der Cava und den Rest in der Calle de Toledo.

Man kann sicher sein, daß in den Höfen dieser Herbergen und Gasthäuser die exotischen Tierchen ihren Biwak und ihr Futter bekommen haben. Die Maultiere und die friedlichen kleinen Eselinnen haben sich gefürchtet. Nun würden sie ihr ganzes Leben lang etwas zu erzählen haben. Desgleichen die Kutscher.

Jeden Abend nach der Vorstellung schritten die Elefanten durch die Puerta del Sol und gingen in ihren Madrider Stall. Um das wahre Leben des Komödianten zu spielen, der schlafen gehen will, hätten sie im *Colonial* einkehren müssen, um eine Schokolade zu trinken. Sie wirkten wie riesige Artisten, gelassen und zufrieden, die einen Augenblick schauen, wie spät es ist, und dann hinaufsteigen durch die Calle de Carretas oder über die Plaza Mayor zu den Ställen voller Mondlicht und Viehglocken, wo sich alle Tiere erschrocken erheben, als sie sie eintreten sehen.

Die Giraffe mogelte sich durch als temperamentvolle junge Frau mit dem langen Hals des hochgestellten Fräuleins, als Varieté-Künstlerin, die ihr Theaterkostüm nicht hatte ablegen können und damit auf die Straße geht.

Die Kamele überraschten niemanden. Madrid ist mit ihnen vertraut; denn als die Mauren die Cava Baja und die Cava Alta bewohnten, war das Kamel ihr üblicher Lastenträger. Sie sind daher wie alte Bewohner des Viertels.

In den Herbergen und Gasthäusern wird wohl die Erinnerung bleiben, wie ein paar Schimmel, die Ähnlichkeit hatten mit den Postpferden eines kaiserlichen Botschafters, sowie andere Märchentiere einige Nächte dort verbracht und die Sancho-Pansa-Nacht des Stalles in eine wundertätige Nacht verwandelt haben.

Die Schlangenmänner

Der Schlangenmann ist eine sehr ernste Sache, die man nur in einer besonderen Aufführung zeigen darf.

Der Schlangenmann scheint ein sehr unglückliches Wesen zu sein, wie zerstört in seinem Innern und unter den Verrenkungen schmerzhaft leidend. Sein Körper besitzt eine bedauernswerte Schlappheit und Weichheit, weshalb es ihm schwerfällt, sich auf den Beinen zu halten.

Der Schlangenmann ist manchmal nicht der Schlangenmann, sondern der Teufelsmann, weil er rot gekleidet und mit einem sehr langen Schwanz auftritt.

Die mit ihren Gelenken spielenden Verrenkungskünstler sind Menschen, die sich am besten in der Welt zu dehnen und zu strecken verstehen, nehmen sie doch gar keinen Schaden in ihrem Innern, nachdem sie ihre Nummer absolviert haben.

Der Schlangenmann trägt fast immer ein Kostüm aus grünen Schuppen. Sobald er schwammig und knochenlos die Manege betritt, fällt einem seine Verrenkung auf. Seine erste Bewegung zeigt in ihrer Heftigkeit, daß er nur aus Knorpel und Fleisch besteht.

Einige junge Damen drehen den Kopf weg, weil sie nicht sehen wollen, was der arme Schlangenmann zeigen wird, wenn er einen Knoten aus sich macht und ihn wieder auflöst. Der Schlangenmann ist sehr ernst, weil sein Auftritt etwas Tragisches hat. Er zeigt alle Kombinationen, deren er fähig ist, die er gesucht und erfunden hat, in seinem Haus auf dem Boden liegend, sich windend, sich in instabile Positionen bringend, seinen Kopf verdrehend, von einem Tisch hängend, sich wie ein Besessener auf den Sitzen drehend und sich zwischen die Eisen seines Bettes klemmend.

Der Schlangenmann erscheint manchmal wie eine Kröte, und dann erregt er wirklich Ekel. Er verwandelt sich in eine Kröte auf seinem Auftrittstisch, indem er die Beine hinter die Arme steckt und sie sich über die Schulter wirft, während er nur mit den Händen läuft und sein Hinterteil sich in den Hängebauch von Vater Kröte verwandelt. Um noch mehr einer Kröte zu gleichen, läßt er sich in diesem Zustand vom Tisch auf den Boden fallen, und dann ist er eine echte Kröte, die mit der für diese Tiere typischen und schwankenden Schwerfälligkeit springen kann.

Der Schlangenmann, wenn er diese Sachen macht, sieht

aus, als würde er gefoltert, als hätte man ihn auf einer Maschine in den Verliesen der Inquisition derart verbogen und verrenkt. Seine Blicke scheinen zu sagen: »Seht, was man aus mir gemacht hat.«

Wenn er seinen Kopf unter seinen Beinen hervorzieht, wobei der Hals über den Boden schleift, sieht er aus wie ein Mann, der auf einen anderen tritt. Es gibt Augenblicke, da sein Kopf der eines Guillotinierten zu sein scheint, ein Kopf, der noch lebt und mit lebendigen Augen über den Boden gerollt ist.

Der Verrenkungskünstler erinnert sich im schwierigsten Augenblick seines Auftritts, wenn er ein Knäuel aus sich macht, an die zusammengekrümmte Haltung, die er vor seiner Geburt im Bauch seiner Mutter hatte. So in sich selbst verschlungen, läßt er die Gynäkologen ausrufen: »Genau so …! Genau so …!«

Armer Verdammter! Es fällt schwer zu glauben, daß er stolz auf sich ist und die Qual seiner Gestalt gern erträgt. Wir können ihn einfach nicht verstehen, vor allem dann nicht, wenn er sich einen Bademantel anzieht und sich in einer letzten schrecklichen Bewegung darin verrenkt, die Füße nach hinten ausgerichtet und verkehrt herum den Kopf und die Arme. Es sieht aus, als erleide er eine grausame Folter, wenngleich sein unerschrockener Blick das nicht zeigt. Oh, die Strangulierung seines Bauches.

Wie nahe müssen diese Männer einem Bluterguß, einer Angina oder einer anderen plötzlich auftretenden Krankheit sein!

Es scheint auch, da sie eines Tages, verzweifelt über ihre Erniedrigung, Staub fressen zu müssen, bei ihrem Auftritt sich selbst erwürgen werden, indem sie den Kopf zwischen die Beine klemmen und mit der Kraft einer großen Zange, über die ihre Hände nicht verfügen, zudrücken.

Ist eine Frau die Schlange, dann ist alles viel schlimmer. Ihr Kopf wird ein sprechender Kopf, wie er einen abgeschnitten in den Jahrmarktsbuden, wo man den »lebenden Kopf« ankündigt, verdutzt anschaut. Die Schlangenfrau ist in den Hüften lang und schmal, darüber bewegt sich der Oberkörper wie der lange Hals des Schwans über dem Ansatz seiner Flügel. Die arme Schlangenfrau verrenkt sich, als würde ihr ein Mann das Handgelenk verrenken, und sie versucht sich im Sturzsprung aus der gewaltsamen Spirale, zu der sie gezwungen wird, zu befreien. Die Verrenkungen der Schlangenfrau scheinen unser Mitleid angesichts der grausamen Männer zu erflehen. Es sieht aus, als habe man sie getreten, überfahren, schrecklich drangsaliert, und als schwebe sie nach einer so schrecklichen Quetschung, wie sie die getretene Raupe erleidet, zwischen Leben und Tod.

Ist die Panik vorbei, tröstet man sich angesichts dieser ausgerenkten Wesen, wenn man sieht, daß sie sich verbeugen und aufrecht abgehen, und man denkt, ihre Verrenkungen könnten ihnen in ihrem Privatleben zuweilen ganz nützlich sein. Alles, was ihnen herunterfällt, können sie aufheben, ohne sich dabei die Nieren zu stoßen. Vom Bett aus können sie die Schuhe greifen, die weit weg oder unterm Bett liegen, ohne sich dabei Gewalt anzutun, auf eine wahrlich beneidenswerte Art und Weise. Wie eine Frau, die schielt, für immer denjenigen bezirzt, dem es gefällt, sie zu mögen, sind sie demjenigen unentbehrlich, unersetzlich und unvergeßlich, der mit ihnen gespielt hat.

Wer weiß, ob sie, trotz der übertriebenen Bedenken, mit

denen wir sie betrachten, der ultravertebralen Perfektion nicht näher sind als wir!

Die beeindruckende Verrenkungsnummer bestand aus einem kleinen Koffer, aus dem ein langes walzenförmiges Bein hervorkam. Gleich kam uns der Gedanke, es könnte dies alles sein, was von einem Körper geblieben, einen Hinkefuß, der ein Sechstel eines Körpers darstellte, der die anderen fünf Teile verloren hat oder nicht besitzt. Stück für Stück entstand nach dem Auftauchen ein ganzer Mann, der sich nach seinem Auftritt wieder zur Unscheinbarkeit in der kleinen Kiste zusammenfaltete.

Was kann ein Cirkusdirektor anderes tun, als sie auftreten zu lassen ... Sollen sie mit ihrem verrenkten Körper alle Paradoxe anstellen, die sie wollen, alle fröhlichen und phantastischen Paradoxe, außer dem einen, ihren Kopf wie den eines Erhängten, eines lebendig Erhängten, baumeln zu lassen.

Der Gliedermann, der sich ausrenkt und in diesem Zustand verharrt, erlangt das Aussehen einer Qualle oder eines menschlichen Polypen, und die Bewegungen auf dem Experimentiertisch sind die eines Tieres.

Die ausgerenkten Frauen verfügen über den Körper, die Gesten und die Biegsamkeit einer Nixe.

Nur ein schlechter Mensch hat der Verrenkungskünstlerin diese Körperhaltungen beibringen können.

Die geschmeidig weichen Cirkusfrauen

Die Cirkusartistinnen, was sind sie? Ballerinas? Akrobatinnen? Nixen? Am Ende sind sie mehr als das. Obschon sie zu den Wilden gehören, nehmen sie feine, taktvolle, harmonische Manieren an. Sie sind heftig und doch charmant, und mit ihren guten Manieren haben sie mehr Erfolg als mit ihrem Ungestüm.

Mit ihren Übungen, ihren Neuerungen rechtfertigen sie in ihrer Begrüßung die Posen eines griechischen Tanzes. Das wenigste ist ihr Auftritt, der wie die Koketterie ihrer Weiblichkeit ist, eine Art Überschrift, die sie präsentieren müssen, um im Cirkus aufzutreten.

Sie sind die Freude des Cirkus, seine großen Posaunenengel, seine Erzengel. Sie sind die Schauspielerinnen, die in der Cirkuskomödie nicht fehlen dürfen; die Damen, die den großen Cirkus-Kotillon erfreuen sollen, die Königinnen der *Mi-Carême*. Sie sind die Hausmädchen. Sie sind die Töchter des Hauses, und ihretwegen sind die Clowns lustig und die Turner in ihrer Brutalität erträglich. Im Grunde ertragen wir die Brüder, wie es oft geschieht, ihrer Schwestern wegen.

Sie sind langweilig wie die als Turnerinnen verkleideten Töchter des Hauses. Sie stellen sich wie auf Besuch neben dem Sofa der Mutter auf. Nur die Musik holt sie da heraus und läßt sie tanzen und auftreten, mit Tänzen von der Art, wie sie die Ballerinen der Musikspieldosen vollführen. Dann reicht es nur für eine Ballerina-Eröffnung, mit einer lächelnden und charmanten Miene, die plötzlich mit einem Sprung oder einem jähen Stehenbleiben zerbricht.

Sie tun so, als wüßten sie nicht, daß sie nackt sind. Sie sehen aus wie in Linnen gekleidet, mit duftigen Kostümen wie zur Erstkommunion. Es sieht aus, als sei ihnen der Rock heruntergerutscht, ohne daß sie es bemerkt haben. Allenfalls sind sie wie keusche Frauen, die sich vor großen einsamen dreiflügligen Spiegeln rekeln.

Schauen ihre Augen, die von allen gesehen werden, jemanden an? Es scheint, daß sie niemanden anschauen und vor allem sehen sie den, der ihnen unverschämt zublinzelt, kein zweites Mal an. Ihre Blicke sind wie die Blicke auf Gemälden, die nach allen Seiten schauen; die aber, um nicht zu erröten, niemanden anschauen.

Sie flirten mit ihrem eigenen Schatten, sie lächeln ihre Einbildung an. Folgte man dem verschmitzten Blick ihrer Augen genau, sähe man, daß sie zu einem leeren Platz im Theater schauen, der den Artistinnen zu ihrem großen Aufatmen verhilft an dem Tag, wenn der Cirkus gut besucht ist.

Die Hände der Cirkusartistinnen pflegen ihrer nicht würdig zu sein. Es sind große Hände, schwarz und hart geworden von der Anstrengung. Sie möchten sich in ihren Oberschenkeln verstecken, aber sie finden keine Taschen, und dann verstecken sie sie hinter ihrem Rücken, was naiv ist, weil wer hinter ihnen sitzt, es sehen kann.

Das Gesicht, das sie aufsetzen, bittet um die Gnade, ihnen nicht noch größere Anstrengung abzuverlangen oder ihre Nummer nicht allzuoft wiederholen zu müssen. Wären sie die stolzen und herausfordernden Amazonen, die sie sein könnten, anstatt mit dieser Miene voller Melancholie und Fügsamkeit aufzutreten, würde das Publikum unverschämt und noch grausamer zu ihnen sein. Das Publikum erwartet, daß sie erschöpft auftreten, und so strahlen sie die Müdigkeit schwacher Frauen aus, lassen ihr Herz und ihren Atem mit einer gewissen Effekthascherei pochen, damit das Publikum auch auf den letzten Plätzen merkt, wie aufgeregt sie sind.

Ihre Atmung löst und spannt, senkt und hebt den halbrunden Ausschnitt ihres Kostüms – als würde eine Saite ihres Herzens zerbrechen oder zerspringen.

Im allgemeinen treten deutsche Damen auf, langhaarig, kurzsichtig, hölzern, ihr Haar von unsympathischer Farbe, von großer Ausdruckslosigkeit, mit strengen Frisuren, die unterm Stirnband zwei Schnecken haben. Da wirkt die Weiblichkeit, die wir erwartet haben, ein wenig leer.

Manchmal tritt eine Maurin auf. Sie verhüllt, was sie von einer Maurin hat, aber man sieht ihr von allen Seiten die Wahrheit an. Sie will international sein, doch sind da die schwarzen Stellen auf ihrer Haut, vor allem am Hals und an den Handgelenken, die keine Zweifel daran lassen, daß sie eine Berberin ist.

Valencianerinnen, Italienerinnen mit der für die Schwarzhaarigen typischen weißen Haut; sehr feine Französinnen mit Kleidern der gehobenen Gesellschaft, mit der Pracht des Paradiesvogels auf dem Kopf sowie andere Frauen aus den Vorstädten der Welt, mit dem bösen Schatten eines Schnurrbartes, der allzu sichtbar im Cirkuslicht ist, obgleich er manchmal gefällt und sie sich in schöne Marionettenpuppen verwandeln.

Die Madriderinnen fehlen im Cirkus. Madrider gibt es, welche, falls sie nicht sehr gepudert auftreten, aussehen wie Friseure, wie Diebsgesindel und Eckensteher von der Sorte, die jedem ein paar Backpfeifen verpassen; aber die Madriderinnen fehlen.

Die Madriderinnen lieben mehr die diskreten Berufe, sie verstehen die schreckliche Schamlosigkeit des Cirkus nicht. Ihre Körper sind zu fein und zu hübsch, als daß das Publikum sie mit der herkömmlichen Gelassenheit betrachten könnte, mit der es die der anderen ansieht, die einen Mannequinkörper haben. Die Madriderin würde den ganzen Cirkus durcheinander bringen, weil sie nicht unter die Cirkustypen einzuordnen ist. Sie würde das Spektakel in Stücke reißen, und ans Licht träte das nackte Weibchen. Die Madriderin würde sich nicht begnügen, als Turnerin gekleidet zu erscheinen; sie käme mit viel weniger Stoff aus. Der allzu winzige Fuß der Madriderin und ihre Hüften von geringer, aber ausdauernder Beweglichkeit, die beim Publikum einen großen Kitzel hervorriefen, würden die scheinbare Ruhe der Vorstellung zunichte machen. Die Beifallskundgebungen wären lang und derartig, daß sie um ihr Mäntelchen aus schwarzer Seide bitten müßte, um ihre Beschämung und ihre Fieberschauer zu bedecken.

Zwischen der Schneiderpuppe, der Wachspuppe, der Meerjungfrau und der Badenixe wird die Welt immer neue Cirkusfrauen hervorbringen, die echten und nicht diejenigen, welche im Film die Rolle von Cirkusfrauen spielen. Diese sind gewiß schöne Damen oder Theaterschauspielerinnen, unerreichbare Lichtdrucke der Filmemacher, Abbildungen aus der abstoßenden und nicht existenten Welt der Postkarten.

Die Cirkusdirektoren schreiben ihnen in diese Hotels, wo sie Morgenmäntel tragen, obgleich sie darunter immer für den Auftritt angezogen sind, und derart begehrt eilen sie herbei, voller Sehnsucht, im Licht des Madrider Cirkus zu baden, der weit mehr als alles andere ein intimer, aristokratischer und leutseliger Salon ist. Vor ihrer Ankunft trainieren sie, sich an die Ringe an der Decke ihres Zimmers hängend, dann drehen sie ein paar Runden und schwimmen in der Luft ihrer *bibelots*.

Cirkusartistinnen pflegen zu heiraten und ihren Ehemann sehr glücklich zu machen. Ein wenig nehmen sie das Aussehen kubanischer Damen an, die alles ermüdet. Nur wenn ihre Kinder zu ihnen sagen:»Mama, nimm mich hoch, nimm mich auf den Arm!«, heben sie sie mit großer Leichtigkeit in die Höhe und nehmen sie auf den Arm, ohne müde zu werden, auch wenn ihre Kinderchen schon größer und sehr schwer geworden sind.

So gehen in der Welt diejenigen verloren, an denen unsere Erinnerung hängt. Sie pflegen nicht oft zum selben Cirkus zurückzukehren, mit Ausnahme der *ecuyères* mit ihren unauslöschlichen Ambitionen. Eines Tages verliert sich ihre Spur völlig. Niemand hat etwas von ihnen gehört. Der mit ihnen zusammengeblieben ist, hat ihre ganze Vergangenheit ausgelöscht. Er verfügt über sie in einem kleinen Hotel vor den Toren der großen Stadt, wo sie sich mit der Aufzucht verschiedener Tierchen vergnügt.

Solange dieser Niedergang diejenigen nicht erreicht hat, die heute spielen, wollen wir sie uns ansehen, wobei wir uns bewußt sind, daß sie uns ein großes Zugeständnis machen, wenn sie sich so zeigen, wie sie sind, und mit ihrer Frische den Cirkus beleben, mit einem Augenaufschlag, den man zu schätzen wissen muß und der ausreichte, das Vertrauen eines heiratslustigen Mädchens zu erwecken.

Stets wird etwas Geheimnisvolles von ihnen ausgehen, etwas, das uns blendet, als schauten wir durch die Linsen jener sehr lichtstarken Stereoskope, die es in den Foyers der fröhlichen Theater von gestern gab. Ein wenig Mond, ein wenig Herz oder das Licht der Gestirne liegt in diesem Auftauchen der nackten Cirkusgrazien, die ihr Fußbad im flachen Bottich der Manege nehmen. Ihr Damen mit Hut und ohne Rock, ihr jungen Mädchen aus guter Gesellschaft mit ausgesuchtem Mieder, ich werde in den Cirkus gehen, eure Naivität zu schauen, euren Schritt aus der Großkomödie, eure große Willfährigkeit, wenn ihr nach vielen Bittgesuchen des Direktors schließlich nachgebt und herauskommt wie Stierkämpferinnen, wie Doñas Tancredas, die gegen alle Stiere kämpfen werden, die es im Theater gibt.

So wie der Cirkus die größte Aufrichtigkeit des Mannes ist, ist er auch die größte Aufrichtigkeit der Frau.

Die Cirkusartistinnen – und wir werden nicht müde, es zu wiederholen – sind vollkommen, wenn sie beim Baden ihre Kunststücke auf und um das Sicherheitsseil herum machen, das ins Meer führt; wenn sie an den Rettungsringen hängen und darin stecken und mit ihnen spielen. Ihre Umkleidekabinen, diese fröhlichen blau-weiß gestreiften Umkleidekabinen, müßten am Rand der Manege stehen, denn so wäre es hübscher und unsere Überraschung größer, wenn wir sie da nach dem Baden mit kühlem Po herauskommen sähen. Es sind Badende, die im Cirkus, auf dem Grund des großen Seebades, angetan mit einer Plüschdecke herumlaufen, mit einem großen Badecape, das ihnen ihre Zofe über den Kopf stülpt, sobald sie aus dem Badebecken der Manege herauskommen und durch das kleine Türchen abgehen, als gingen sie über die Schwelle der Umkleidekabine. Man sieht am meisten von ihnen, wenn sie herauskommen oder hineingehen; wenn sie das Stückchen Strand passieren, das von dem Türchen, aus dem sie kommen, zum zweiten Kreisrund der Manege führt. Mitten in ihrem Auftritt und mitten im Licht der Manege ist es, als würden sie in den Wellen baden, die einzig von ihrer Beweglichkeit hervorgerufen werden.

Die Juwelen der Cirkusfrauen sind die wunderbarsten Juwelen der Welt, besser noch als die Kronjuwelen von England. Die Brillanten, und vor allem die, welche sie sich auf den Kopf setzen, sind wie Sterne, die im Raum das Funkeln der sechs klassischen Spitzen markieren. Die Halsketten sind zum Ersticken schwer, ihr Licht bringt ihre Hälse zum Glühen.

Eine tolle Sache sind auch die *sprits*, große Sprungbretter, die ihre Gestalt in die Höhe heben und aus ihnen ganz große Frauen machen. Auch besitzen sie die Federn von Paradiesvögeln, die ihr einzigartiges Gelb im Scheinwerferlicht zeigen, ihr geflügeltes und engelhaftes Gelb, denn nicht alle Engel haben weiße Flügel.

»Tagesgericht« – scheint es im Cirkus zu heißen: »Nackte Frauenschenkel«. Und es scheint, daß wir alle uns an diesem köstlichen Gericht den Magen verderben, wobei der Heranwachsende, der es noch nie probiert hat, wohl derjenige ist, der es mit größter Lust verzehrt. Oh, Vision des Wilden, der eines dieser am Knöchel festgehaltenen Beine verspeist, ohne den Fuß, den er zur besseren Opferung des königlichen Happens abgerissen hat!

Die feierlich steifen Tänze in der Manege sind ganz gut, aber am Ende kommen sie nicht an. Das Nichtvorhandensein von Kulisse und Intimität zerstört den Tanz, der zu sehr im Mittelpunkt aller Blicke steht, ohne eine rechte Grundlage für die Ballerinas zu werden. Sie wirken allzu menschlich, unbedeutend und allgemein, es fehlt ihnen das Geheimnisvolle und eine gewisse tragische Wollust, die sie auf der Bühne in Bewegung setzt. Ihre in die Höhe geschwungenen Beine sieht man bis zu den Rüschen ihrer Röcke, ihre Tänze sind von großer Anmut, aber nicht einmal das kann sie retten. Die Beine einer Amazone oder einer Akrobatin könnten mehr ausrichten, weil sie weniger künstlich und weniger auf bloße Koketterie aus sind. Diese traurigen Tänze inmitten der Manege! Sie geben sich Mühe zu wirken, verbiegen sich in gymnastischen Gewaltakten, in absurden Seiltänzer-Kunststücken, mit schwindelerregenden, atemlos machenden Pirouetten, aber nicht einmal so erzielen sie Wirkung ... Es kann nicht sein, es kann einfach nicht sein.

Die Akrobatinnen im *maillot* und lachsfarbenen Korsett sind köstlich, es sind Lachs-Frauen, die beste Sorte von Frauen, vergleichbar den Lachsforellen. Schmackhafte Zutat der großen Paella der Vorstellung!

Falsche Zopfmädchen, Imitations-Schülerinnen, die Springseil springen und spielen und wie Schmetterlinge in einem Garten herumflattern, wenn sie auf die zwischen den Bäumen hängenden Schaukeln steigen!

Die Miene der Schönsten der Truppe, sobald sie aufgehört hat, sich im fünften Himmel um sich selbst zu drehen, und ins Netz springt, gleicht der Miene derjenigen, die aus dem Bett auf den Boden springt. Aber was für ein hohes Bett!

Die Reinheit des Cirkus ist echt.

Seine Frauen sind wie Internatsschülerinnen, die sich im Aufführungssaal der Schule der rhythmischen Gymnastik hingeben. Man könnte sogar sagen, ihr Beisammensein ist intimer noch, sie sind wie Schülerinnen, die mit den Beinen in der Luft leichtfüßig durch das helle Schlafzimmer um die Wette rennen und spielen und auf dem mütterlichen Bett des Cirkus herumturnen.

Die Cirkusartistin mit dem Aussehen eines Mädchens bei der Erstkommunion suggeriert Wohlwollen.

Die zerbrechlichen Akrobatinnen und Trapezturnerinnen und die zerbrechlichen Sprungkünstlerinnen sind die Ballerinen des Cirkus – im Gegensatz zu den Ballerinen der Oper. Allerdings haben sie keine Federn und kein Tütü aus wattiertem Leinen.

Oh, ihr prachtvollen Rückseiten! Die Auswölbung, die der zuverlässige Badeanzug auf ihrem Bauch erzeugt, läßt sie im vierten Monat schwanger erscheinen. Ihre säulenhaften Beine kleben aneinander, auf diese Weise festen Fußes mutig der Erwartung trotzend, ohne daß die Blicke, die von hinten ihre Kniegelenke anfallen, sie beugen könnten, wo es so einfach ist, schwache Beine mit einem Schlag zu Fall zu bringen.

Es gibt viele schreckliche Turnerinnen, die groß und robust sind und einen ganz kleinen Kopf haben, einen sehr weiblichen und sehr kindlichen Kopf, der nicht ihnen zu gehören scheint.

Unvorstellbar, daß ihnen nach all diesen Luftsprüngen und Auftritten nicht ihre Kleinmädchen-Haarschleife herunterfällt, wo es doch jeden Tag vorkommt, daß sogar die artigsten kleinen Mädchen ohne Haarschleife nach Hause kommen.

Oftmals gleicht diejenige, die sich auf die hohe Schaukel setzt, dem koketten und zerstreuten Fräulein, das sich mit über der Straße baumelnden Beinen auf die Balkonbrüstung ihres Hauses setzt.

Die Cirkusfrauen sind etwas mehr als Artisten, etwas mehr als Frauen; sie sind Maskottchen, sie bringen Glück und Glanz, und es ist beinahe unwahrscheinlich, daß, wer sehr oft in den Cirkus geht, von schlimmem Unglück getroffen wird.

Die absatzlosen Ballettschuhe machen ihre Füße biegsam und geschmeidig, Füße, die freier und fröhlicher laufen als nackte Füße, Füße ohne Knöchelchen, Füße, die fliegen können.

Ihre Körper sind Korsettkörper für das klassische und schlichte Korsett.

Unzweifelhaft gibt es so und so viele Tage im Monat, wo sie nicht arbeiten können: An diesen Tagen geschieht etwas, als sei ihnen ein Unglück zugestoßen, wie etwa vom Trapez zu fallen, unfreiwillig verzichten sie darauf, aufzutreten. Diese notwendige Krankschreibung, die ein paar Tage im Monat sein muß, macht sie menschlich und kindlich, lockert ihre Stellung als Akrobatenfrauen auf eine Weise, die der Akrobatenmann nicht kennt. Die Männer sind rücksichtsloser, weil sie diese Tage nicht haben, an denen die Frauen zärtlich, schwach und untertan sind.

Die Manegefrauen sind alle ein bißchen rundlich und in den besten Jahren; die Schlanken sind schlanke Rundliche und die Üppigen üppige Rundliche. Mit ihrem molligen, weichen Gang, dem ihre ganze Figur von oben bis unten nachgibt, sehen sie aus wie Frauen, die mit nackten Füßen durch ein Zimmer gehen.

Cirkusartistinnen sind Frauen, die mit einer Spitzenhaube zu Bett gehen.

Die Trapezkünstlerin, ein unruhiges Fräulein, das von Kindesbeinen an ihren Hang zum Trapez offenbart hat – ihre Mama war die Besitzerin eines Hotels mit Garten im Viertel von Doña Carota –, und so konnte sie den ganzen Tag am Trapez verbringen, das zwischen zwei Bäumen hing. Heute steigt die Trapezkünstlerin hoch hinauf, tritt zwischen den Mondsicheln auf, klettert hoch und runter an diesem Seil, wie es auch die Herren, Damen und Fräulein im Publikum tun sollten, damit sie sich am Tag des großen Feuers retten können.

Die auf dem Trapez sind wie große Vogelweibchen auf der Schaukel in einem Käfig. Sie schaukeln wie die weißen Trompetenbäume. Ihr Gesäß faltet sich über der harten Tra-

pezstange und beweist denen da unten, wie gut gepolstert
es ist. Sie strecken die Beine aus, rekeln sich, und die Bewegungen ihrer Beine sind voller Anmut, so anmutig wie die
ihrer Hände. Sie betrachten die da unten wie von einem
Aeroplan aus, wie der Vogel in hohem Flug die Vögel im
Hühnerhof, und wenn sie an ihren Beinen hängen bleiben
und nach unten schauen, schauen sie wie der Fisch, der
oben schwimmt und die Weichtiere ansieht, die auf dem
Grunde leben. Wenn sie auf der Schaukel sitzt, die ihr Partner mit dem Mund festhält, schaukelt sie mit der Koketterie
einer Gebieterin, und auch wenn der Beifall sie auffordert,
herunterzukommen, bleibt sie noch aus Grausamkeit eine
Weile gelassen und kühl am Trapez hängen. Unser Blick zum
Himmel, die Frauen zu sehen, die da oben auftreten, ist wie
der Blick zum Mond ein mystischer und lächelnder Blick.

Sie sehen auch aus wie Spinnen; aber woran man erkennt,
daß sie keine sind, ist, daß sie das Seil nicht hinunterschlin-
gen, an welchem sie zum Trapez emporsteigen.

Ihre Frisur ist eine altmodische Frisur, ein hochgesteckter
Dutt, welcher ihnen eine bewundernswerte akrobatische
und steile Eleganz verleiht. Doch das Überraschendste an
ihrer Frisur ist, daß sie sich nicht auflöst, nicht auseinan-
derfällt, wenn sie einmal gemacht ist, und nur bei denen,
die mit offenem Haar auftreten, macht das Haar tausend
Fratzen einer schwarzen Feuersbrunst, eines Gorgonen-
hauptes, die Strähnen unterschiedlich lang und zerzaust.
Wenn sie herumwirbeln, hat man Angst um sie, als würden
sie sich opfern wollen, ihre Augen schauen wie die Augen
von Erdrosselten – wie von uns Erdrosselten –, und wenn

sie uns verkehrt herum ansehen, von oben nach unten, gleicht ihr Blick dem einer Ertrunkenen, die uns vom Ufer des Sees anschaut.

Es gibt Artistinnen und Artisten, die Kinder einer gut situierten Familie zu sein scheinen, welche in die Manege umgezogen ist, angelockt von ihrem Vergnügen. Weil sie mit all diesen Sachen bei sich zu Hause so viel Erfolg hatten, haben sie sich entschlossen, sie in der Öffentlichkeit zu zeigen. Ihr Hausmädchen, einfältiger als sie, aber ebenso ausgelassen, kommt mit.

Als anständige Mädchen müßten sie Höschen mit weit ausgestellten Beinen tragen. So etwas gäbe es im richtigen Cirkus, zweifellos.

Unter den Cirkusartistinnen gibt es viele Frauen mit zwei Ehemännern. Schlimm ist nur, wenn die beiden Männer untereinander in Streit geraten oder die Frauen mit den beiden Ehemännern.

Wer die Akrobatin mit dem runden kurzen Röckchen in der Schwebe hält, zieht ein Gesicht, als präsentiere er dem Publikum das köstlichste weibliche Bouquet.

Was für ein absolut schuftiges Aussehen die Frauen mit ihrer Jockeymütze annehmen! Sie sehen so durchtrieben aus wie die Frauen, die sich zum Fasching als Zuhälter verkleiden.

Mit einmal leistet ein leichter Arm, ein Arm ohne Bedeutung und mit eleganten Proportionen, der Arm irgendeiner lang behandschuhten Dekolletierten eine unerhörte Anstrengung. Wieviel Eigenliebe steckt in diesem unerwarteten Kraftakt. Man sieht, sie gibt ihr Leben hin, um vortrefflich zu sein. Ihre Anstrengung ist wie die einer Frau, die geboren hat. Eine fruchtlose und sich stets wiederholende Geburt!

Sie unterscheiden sich durch ihre kleinen Eitelkeiten. Hätten sie diesen merkwürdigen koketten Zug nicht, wären sie alle gleich.

Ihre Rücken sind großartig, stark, kräftig, glänzend, beinahe männlich; ihre Schultern sind von einer unvergleichlichen Rundheit; ihre Schenkel – und wieder betrachten wir ihre Schenkel, wenngleich mit einem »anderen« Blick – sind primitive Schenkel, biblische Schenkel; ihre Brüste sind geschlossene Fäuste, Brüste, an die man mit Faustschlägen herangehen kann; ihre Hände aber sind klein, zart, mitleiderregend, und es ist unglaublich, daß sie sich mit dieser Kraft festhalten können, mit der sie es tun. Oh, diese Hände, wie sie nach den anderen Artisten rufen, wie sie grüßen und verkünden, daß dieser Teil ihrer Nummer nun zu Ende ist; wie sie die Hände desjenigen, den sie über dem Abgrund halten, oder der sie in der Luft hält, zuerst einmal liebevoll drücken.

Wenn die Artistin in die Hocke geht und sich in einer Brücke nach hinten auf die Arme wirft und man ein Brett wie für ein Bügeleisen auf die Brücke legt, die ihr Körper bildet –, und wenn sie den Kopf aus der Barbier-Halskrause zieht, die in dem Brett eingelassen ist, und wenn alle auf sie draufsteigen, sieht sie aus wie die Guillotinierte im Augenblick der Enthauptung ... Sobald sie diese Folter hinter sich hat und sich wieder erhebt, scheint sie am Ende zu sein, obgleich sie es nicht zeigt und ohne zu schwanken auf ihren müden und wie todkranken Beinen steht.

Die Frau, die dem Zauberkünstler hilft, beschützt ihn mit ihrer Fruchtbarkeit. Aus ihren Brüsten holt sie tausend Dinge hervor, und es wäre nicht übertrieben, wenn sie aus ihrem Bauch ein Kind hervorbrächte.

Manchmal sieht man die Haare unter ihren Achseln, und das ist wie ein Zeichen von Echtheit.

Es gibt einige Cirkusfrauen, die keine Artistinnen aus Berufung sind; sie sind weder die Schwestern noch die Töchter berufener Artistinnen, sondern Frauen, die sich die Cirkusartisten gegriffen und zu denen sie gesagt haben:
    – Würdest du dich trauen, so etwas zu machen?
Oder:
    – Willst du mit mir im Programm auftreten? Du ziehst dich als Artistin an und das ist schon alles.
Oder:
    – Paß auf, du reichst mir die Sachen zu und kannst mit mir zusammen auftreten.

Sie zweifelten nicht daran. Sie gingen mit ihnen. Es schmeichelte ihnen sehr, ihre schönen Beine im strahlenden Licht des Cirkus zeigen zu können. Die Treue schmeichelte ihnen und die Untreue, die es immer in dieser gemeinsam getragenen Treue geben würde; und es schmeichelte ihnen, wie wichtig sie ein Mann nahm, der mit ihnen seinen Auftritt vervollkommnen wollte, indes sie sich in aller Öffentlichkeit im Umgang des Mannes mit dem Weibe sonnen würde. Sie haben nichts weiter zu tun, das sieht man, aber sie glauben, daß es keiner merkt. Später werden sie oft Streit haben, furchtbare Prügel beziehen, und wir werden erkennen, wenn sie böse sind mit ihrem Geliebten, wenn sie im Streit liegen und schlecht gelaunt auftreten. Schließlich kommt sie die Reue an, an der Seite so wenig galanter Männer Cirkusartistinnen geworden zu sein, aber da es nun nicht mehr zu ändern ist und keiner sie retten kann, begehen sie Selbstmord, den die Männer nicht begreifen, und später werden sie sich nicht mehr an sie erinnern können.

Die an der Seite des Artisten ausharren, werden mit ihm alt werden, sehr alt, sie werden ihn mit ihrem Alter kompromittieren, aber sie wollen nicht abtreten, auch wenn sie darum gebeten werden, sie geben nicht nach und setzen sich schließlich gegen die Männer durch.

Manchmal sind die Männer begeistert von ihrer Frau, ohne in der Beständigkeit ihrer Arbeit ihr Älterwerden bemerkt zu haben. Diese den Körper stets verjüngenden, stets gleichermaßen strotzenden *maillots* haben sie geblendet, und stolz sind sie, wie auf eine makel- und faltenlose Frau, auf die gefärbte, gelbe und faltige Gefährtin.

Die Cirkuszofe, welche die »Kleiderbügel-Zofe« ist, bekommt ihre dreißig Realen täglich allein dafür, die Spitzenwäsche der Herren Jongleure in Ordnung zu halten.

Einige dieser Begleiterinnen werden zu »Retterinnen« des Risikoartisten, und wenn sie unversehens sterben, stürzt der Artist ab und ist tot.

Wenn die Cirkusartistinnen ausgehen, sagen sie keinem, was sie sind. Sie müßten ihre Beine zeigen, auf Parkbänke springen und spielen, ihren Sonnenschirm ganz hoch werfen und ihn beim Herunterfallen auffangen … Das Privatleben der Artistinnen ist traurig, man erkennt sie nicht wieder, wenn sie ins Theater gehen, und manchmal tut es einem richtig leid, sie in Trauerkleidung zu sehen, wenn man sie zuvor im rosa Kleidchen gesehen hat.

Bei jedem ihrer Luftsprünge hofft man die Glocken ihrer Brüste zu sehen, wahrhafte Glocken, die Luftsprünge machen; aber der Vorhang öffnet sich nur einen Augenblick und zu kurz ist die Vision, um etwas erkennen zu können.

Ihr Lächeln ist wirklich erzwungen. Es ist wie das Lächeln, das eine aufsetzt, die hingefallen ist, es ist das Lächeln, das alle Frauen lächeln, wenn sie sich an einer Nadel gepikt haben.

Musik und noch mehr Musik

Alle Musikgeräte, die es in den Geschäften gibt, diese und noch viele andere von den Artisten erfundene, findet man in der großen Alhambra des Cirkus.

Die Mandoline im Cirkus ist nicht kitschig, sie spielt mit einem vollkommenen Klang. Sie hat keine Absichten und kehrt zurück zu ihrer eigentlichen Bestimmung.

Die Gitarre beweist, wie fade sie sein kann, wenn sie inmitten der großen leuchtenden Arena verstummt. Sie weckt weder Freude noch Traurigkeit sondern Eintönigkeit, welche nur die schlichten Seelen befriedigt. Sie scheitert an ihren vulgären Tönen, sie ist ein einfältiger Apparat, kümmerlich, ungehobelt, voller Taubheit.

Was vor allem die Clowns mit der Geige machen, ist zuweilen bewundernswert. Sie spielen eine Geige mit nur einer einzigen Saite; aber ihre Seelen, die das Leben wie nur sie allein verstehen, ergänzen die Töne aller Saiten, die Bandbreite aller Gefühle. Was sie mit der Geige machen, findet nicht die gebührende Anerkennung, man nimmt ihre Entdeckungen nicht ernst, obgleich diese wie selbstverständlich geschehen. Es sind die Seelen der Musikliebhaber die verschlossensten und verkrustetsten Seelen der Schöpfung. Was diese Geiger vorschlagen, müßten die großen Solisten annehmen und die Wunder vollbringen, welche die Clowns auf ihrer Geige mit nur einer einzigen Saite vollbringen. Eine Spielzeuggeige, deren Bogen sie mit dem Mund halten.

Nur dann klingt eine Violine schrecklich verstimmt, wenn man eine Ratte hineingesteckt hat.

Die Flöte ist eine einfache Jahrmarktflöte, die der Musik-Clown am besten spielt und der er die herrlichsten Arpeggios entlockt. Auch das Akkordeon beherrscht er auf gefühlvolle und einmalige Weise, vor allem manche kleine Akkordeons, die in ihren Händen geheimnisvolle hohe Seufzer ausstoßen, als würden sie die durchdringende klangvolle Musik, die in der Luft liegt, aus- und einatmen.

Sie spielen mit den Glöckchen, mit den Schellen und sogar mit einem Dutzend Gläser die rührendsten Sachen, mit weinerlichen und tiefgehenden Noten, die die Seele durchdringen. Unerwartet erzeugen sie mit einem ihrer Geräte die Feierlichkeit einer großen Kirchenorgel, eine majestätische und vollkommene Begeisterung. Die Musik verwirrt und zersetzt sich in ihren absurden Geräten und läßt allzu menschliche Erschütterungen spüren, die bei den korrekten Konzerten nicht hervorgerufen werden.

Die Musik der Mauren erklingt auch im Cirkus; sie klingt ärmlich, beschnitten, von ihrer Landschaft getrennt, dünn, losgelöst und fade.

Manchmal tauchen im Rausch der Erfindung ein paar »musikalische Faßbinder« auf, die mit zwei Dutzend Fässern und ein paar Hämmern eine dunkle, rustikale, düstere Musik erzeugen, die sich jedoch ergänzend zu der anderen Musik gesellt.

Der Direktor

Der Direktor als der Regisseur des Cirkus ist ein kluger und hoch interessanter Mann. Vielleicht ist sein Rang in der Hierarchie der höchste und unterhaltsamste Rang überhaupt. Er besitzt einen Universalführer zur alleinigen Nutzung der Cirkusdirektoren, mit den Namen und Adressen aller Artisten, sowohl abessinische als auch belgische. Seine

Visitenkarten können es mit denen des Cirkuschronisten nicht aufnehmen.

An den Bürowänden der Direktion sieht man mit vier Reißzwecken angepinnte Bilder und Programme von Artisten, die im Cirkus aufgetreten sind. In den Schubladen seines Schreibtisches hat er Tausende von Fotos, darunter welche von wunderschönen schwarzhaarigen Damen mit zwei Zöpfen rechts und links des Gesichts, zwei Zöpfen, die das Gesicht wunderbar verzaubern.

Die Bürotür seiner Direktion hat ein kleines Glasoval, durch welches die Gesichter derjenigen schauen, die an der Tür klopfen. Darauf eingeprägt hat sich für alle Zeiten das ovale Gesicht jener Artistin, die alle in ihren Bann schlug, so daß dies kleine Fenster nun für immer ein Bildnis rahmt, das sie so oft voller Nostalgie betrachten.

Sie schreiben viele Briefe ins Ausland, schicken ständig Kabelgramme und Telegramme und erhalten eine umfangreiche Korrespondenz mit ausländischen Briefmarken, mit märchenhaften Briefmarken, auf denen oft ein schwarzer König abgebildet ist. In diesen Briefen wird so viel Geld gefordert, in einer so übertriebenen Menge, daß man wenigstens die Hälfte anbieten muß im Versuch, keinen zu verärgern.

Immer länger wächst die Brillantnadel der Direktoren, die eine Margerite aus Edelsteinen mit immer mehr Blütenblättern ist.

Sie erinnern sich an alle Nummern, die sie gehabt und noch haben werden, und sie wissen, wann und wo »die Gabi« angefangen hat.

Sie verstehen es, Juwelen mit ungewöhnlicher Großzügigkeit zu verschenken.

Matinees

Am Nachmittag kann man die Schauseite des großen Cirkus mit ihren aus den Boxen herausragenden Pferdeköpfen besser sehen. Diese Pferdeköpfe, wie man sie sonst aus den Pferdeställen kennt, verleihen dem Cirkus den traurigen Hintergrund eines Stalles. Den Bau müßte ein ganzes Pferd krönen, und auf seiner Spitze sollte eine Amazone sitzen; aber nicht dieses bedauernswerte Symbol, wie es Pferdeställe an ihrer Giebelseite tragen oder die Roßschlächtereien in Paris.

Diese Clownsköpfe mit ihrem zu Berge stehenden Toupet, die der Vorderseite eine gewisse Fröhlichkeit verleihen sollen, sind eigentlich unsympathisch und abweisend, und wir können uns keine Vorstellung von dem machen, was dahinter zu sehen sein wird. Man möchte unbedingt hineingehen, denn in der Helle des Nachmittags wird unsere Illusion vom Cirkus enttäuscht.

Vor den Cirkustüren drängt sich schon sehr zeitig eine Publikumsschar, begierig einzutreten, an der Tür klebend, an ihr horchend, um die Schritte desjenigen nicht zu verpassen, der öffnen wird. Sie spähen durch die Ritzen, ob man schon etwas sieht.

Nach dem Gedränge hereinzukommen, kommt sich das erste begeisterte Publikum im Cirkus ziemlich allein vor. Ein Reinfall für den Mann, der mit erhobenem Spazierstock die anderen überrannt hat, um als erster hereinzukommen! Noch immer nehmen die Gehilfen die Planen von den Sitzplätzen. Die Blicke unterhalten sich damit, zu den Trapezen hochzuwandern, die ganz oben aufgehängt sind.

Bei den Nachmittagsvorstellungen, bei den Kinder-Matinees, wenn man der Sonne Zeit läßt, durch die hohe Laterne des Cirkus einzutreten, bildet sich ein Lichtstrahl wie in einer Kathedrale, und er sieht aus wie eine dünne, vom Äquilibristen vorbereitete Leiter. Ob es der Blick Gottes ist, der sich damit amüsiert, die Cirkusvorstellung zu sehen?

Bei den Matinees füllt sich der Cirkus mit Kindern und Kindermädchen. Die extravagantesten Kindermädchen sind die, welche den extravagantesten Fummel tragen und an denen die großen Goldmedaillon-Sammlungen wie in einem Münzmuseum glänzen.

Der Applaus bei den Matinees, auch wenn er Ovationen erzeugen möchte, klingt spärlich; denn auch wenn alle gleichzeitig applaudieren, die Hände der Kinder können nicht mehr Lärm machen.

Die Cirkuskinder sind Nachmittagskinder. Abends gehen nur die Kinder in den Cirkus, die Monokel tragen und rauchen, die dekadenten Kinder, die sich Pomade ins Haar tun.

Diese Nachmittagskinder sind glückliche Kinder – keines trägt Trauer –, die wegen jeder Sache aufspringen und schreien wie richtige Parlamentsabgeordnete.

– Alle aufstehen, die ja sagen, sagt der Clown wie ein Kongreßvorsitzender zu ihnen, und alle stehen auf, weil es darum geht zu wissen, wer den langen »Knallfrosch-Bonbon« haben will.

– Alle? fragt der Clown erstaunt, und nach einer Pause sagt er:

– Alle hinsetzen, die müde sind oder einen verdorbenen Magen haben …

Einige treuherzige Kinder, die immer gehorchen, setzen sich hin. Nun beginnt der Clown seine langen Bonbons mit den Knallkörpern in die Luft zu werfen, und Sträuße von

Händen schnellen in die Höhe und treten sofort in Konkurrenz mit denen, die sich zu jeder Zeit, in weitaus schlimme-
ren Konkurrenzsituationen des Lebens, als Bittsteller finden
werden ... Und wie Giftschlangen werden ihre Hände weitaus wilder und gieriger sein!

Der Cirkus, der die Stierkampfarena der Kinder ist, besitzt
Donnerstags- und vor allem Sonntagnachmittags den Ner-
venkitzel der Sperrsitze in den feierlichen und pittoresken
Augenblicken der Corrida. Es ist im Cirkus, wo die Kinder
ihre Fähigkeiten als zukünftige Zuschauer der Stierkämpfe
erproben ...

Das einstimmige Geschrei der Kinder, das sich womöglich erhebt, ist das Geschrei, das den Picador überfällt,
wenn er seine Lanzenspitze schlecht setzt oder den Matador, der dem Stier den Degenstoß mit der Ungenauigkeit
eines Steuereintreibers verpaßt hat.

Es ist ein sanfteres Stierkampffest, dessen tote Pferde die
sich totstellenden Spaßmacher ersetzen, die der Matador an
einem Fuß fortträgt, wobei er sie über den Boden schleift,
als wäre er allein das Maultiergespann.

Diese Cirkuscorrida ist eine Corrida mit vierzehn oder
sechzehn Stieren, weil jede Nummer eine Überraschung
bietet, die, wenn sie aus dem Türchen tritt, durch das die
Artisten herauskommen, die rasche Entschlußkraft des Stie-
res zeigt, wenn er den Zwinger verläßt. Zuerst wird es ganz
still und das Publikum fährt zusammen auf seinen Sitzen.
Ist es der lustige Stier oder der traurige Stier? Ist es der
Stier, der über den Gehsteig der Manege heraufklettert und
die erste Sperrsitzreihe überspringend ins Publikum stürmt
und darüber herfällt, wobei er eine große Panik in der
ersten und der zweiten Reihe verursacht?

Der Kindernachmittag im Cirkus hat etwas von einem Nachmittag der Rebellion und Revolution in einer Schule. Alle lachen über den Lehrer, dem sie, wie man sehen kann, eine ausgeschnittene Sonne, eine Eidechse, eine Trittleiter an den Rücken geklebt haben ...

Der Spaßmacher gleicht einem verrückt gewordenen Lehrer, vor allem wenn er einer von den Clowns ist, die sich die Haare weiß pudern und wie Greise aussehen, die kleine Kinder unterrichten und sich damit abgeben, sie zum Lachen zu bringen, weil es sehr mühselig ist, ihnen das Rechnen beizubringen.

Die Kinder, die in den Cirkus gehen, benehmen sich so, als spürten sie die Verpflichtung, die der gemeinsame Besuch der Vorstellung mit sich bringt. Sie haben das Gefühl, daß sie in den Sesseln eines Cirkusparlaments sitzen, welche die Manege säumen, ein Parlament, in welchem gleich ein ungeheurer Tumult ausbrechen wird.

Im Cirkus erkennt man die Verwandtschaft, die zwischen allen Kindern besteht. Man könnte meinen, ein Vater habe mehr als tausend Kinder gehabt und sich dabei an Kindermädchen ruiniert, an einer wahrhaften Armee von Kindermädchen ... Wie glücklich muß sich dieses anscheinend so fruchtbare Ehepaar fühlen, wenn es alle seine Kinder vereint sieht, eine perfekte Bruderschaft! Arme Frau! Sie hatte sogar hundert Zwillinge! Die große kindliche Brüderlichkeit des Cirkus am Donnerstag- und am Sonntagnachmittag, und man kann wohl nicht anders, als dabei an derlei Albernheiten zu denken!

Ein Beobachter dieser Cirkuskinder könnte voraussagen, welches von ihnen dereinst ein Redner sein und wer forsch auftreten wird und andere abkanzelt und also ein General sein wird und wer schließlich ein Clown. Und das niedliche Mädchen, das in der Pause Gleichgewichtsübungen gemacht hat und dabei ein gutes Stück auf dem mit Samt bespannten Geländer entlanggelaufen ist, wird es eine glänzende Seiltänzerin mit Brillantkettchen am Bein werden ...?

Ohne allzusehr die Zukunft vorauszusagen, allein in der bloßen Gegenwart die menschliche Vielfalt der Kinder sehend, erkennt man sie an ihrem Geschrei: welch unterschiedliche Tonlagen! Da ist eines sehr schüchtern, das schreit nicht; da ist ein Mädchen, das beim Schreien ihre Kokettheit nicht verliert; ein anderes, das in aller Unschuld hochspringt; ein anderes, das verängstigt ist; da ist ein Mädchen, das nur lächelt, weil der große Vorzug ihres Lebens dieses Lächeln sein wird; da ist der dreiste Junge, der den Spaßmacher oder den Elefanten herausfordert; da ist einer, der beim Schauen die Augen weit aufreißt und dennoch nichts mitbekommt, denn für sein bißchen Leben, wozu muß er da etwas mitbekommen? (Warum begreift der Lehrer das nicht, der jeden Tag seine Schulkinder ausschimpft?)

Die so gut wie neugeborenen Kinder, die in der Vorstellung sind, machen große Augen, weil sie überrascht sind, daß die Welt dieses große Festgelage sein kann, mit dem sie sich im Cirkus präsentiert. »Wie werden wir uns amüsieren, wenn das die Welt ist!« sagen sich diese armen, in die Irre geführten Säuglinge.

Sogar die Amme, die ihnen in der Pause die Brust gibt, ist darauf aus, sie zu täuschen, denn sie verabreicht ihnen eine optimistischere und fröhlichere Substanz als sonst – auch die Amme hat sich gut amüsiert!

Am Donnerstag- und Sonntagnachmittag legen die Spaßmacher das ABC so aus, wie es ihnen gefällt. Sie lesen die

Fibel mit den großen finsteren Buchstaben und rezitieren, wenn sie sich trauen, aus dem Lesebuch die Dialoge mit den vielen Bindestrichen zwischen den einzelnen Silben.

Am Donnerstag- und Sonntagnachmittag darf sich niemand wundern, schon einmal gehört zu haben, was der Clown sagt. Eine Umfrage unter allen Cirkuskindern würde aber ergeben, daß keines von ihnen sich daran erinnert, und nur die ganz Schlauen könnten eine Ahnung haben, da ihre Eltern diesen Witz so oft gehört haben, so daß nach dem Gesetz der Erbfolge eine gewisse vage Erinnerung vorhanden sein müßte.

Nicht in den Cirkus gehören die Kinder, die Keuchhusten haben, die immer ängstlich sind; die Kinder, die die großen Chinavasen kaputt machen; die auf das Balkongeländer klettern; sondern die Kinder, die sich täuschen lassen und ein großes Gefühl von kindlicher Freude zeigen, so daß sogar der widerspenstigste Junggeselle geneigt ist, Kinder zu kriegen.

Glückliches Schiff voller Kinder, das der Cirkus am Sonntag- und am Donnerstagnachmittag zu sein scheint! Das ganze große Schiff schlingert, scheint zu wanken, schüttelt sich vor Freude beim Aufstehen und Hinsetzen der Kinder, bei ihrem Sich-nach-hinten-Werfen und dem verrückten Herumrutschen auf ihren Sitzen.

Cirkusplakate

Die Cirkusplakate sind beinahe Theaterdarbietungen. Wir begegnen ihnen mit gewissen vorbestimmten Zügen unserer Imagination, sie korrespondieren mit bestimmten gymnastischen und akrobatischen Übungen, die alle kennen, weil man sie so oft gesehen hat. Es sind Realitäten, welche die Imagination aus den Bruchstücken ihrer Erinnerungen formt. Die Imagination benutzt die »Nummern« dieser Programme zu ihrer Materialisation.

Was für Maler haben diese Plakate entworfen? Natürlich sind es exzentrische Maler, die alles, was sich auf Zäune und Wände malen läßt, für sich benutzt haben. Beim Herstellen der Cirkusprogramme hatten sie die Illusion, die ein Maler hat, der einen ersten Preis gewinnen will. Ihr ausdrucksstarkes, geniales Bild mit seiner großen Szenerie wird die größte Ausstellungsfläche der Welt erreichen, weil es an allen Ecken des Universums kleben wird.

Diese Cirkusprogramme haben es schwer, denn sie müssen eine Idee von der bewegten Vorstellung vermitteln und dabei den kompliziertesten Augenblick auswählen, den, wenn die Musik verstummt. Die menschliche Pyramide muß sich formiert haben oder in ihrem Gesamteindruck genau in dem Moment erscheinen, wenn alle vom Trapez springen oder an einem Haar an der Cirkusspitze hängen.

Um ein gutes Plakat zu machen, von der Sorte, die eine gemischte Gruppe von Akrobaten und Barrenturnern ankündigen, muß man die Geometrie der Malerei beherrschen, punktierte Linien verwenden und den komplizierten orthopädischen Apparat der Nummer gut skizzieren können.

– Zeigen sie, sagt der gefürchtete Artist zum Maler, die
vier Salto mortale mit Rückwärtsrolle und »flinflán«, die ich
in zwei Sekunden mache ...

Und der Künstler kehrt zu seinen Berechnungen zurück,
nimmt den Zirkel, zeichnet die schwierigen Spiralen und
benutzt das Winkelmaß als Trampolin für die großen akrobatischen Sprünge.

– Mann! Das muß man gesehen haben! sagen wir uns angesichts dieses Plakats, auf dem sich die Wahrscheinlichkeit
den Hals bricht.

Der lange Flur, der zur Pension meines dicken Turms
führt, ist mit Cirkusplakaten illustriert. Manchmal spüre ich,
wie der Löwe des großen Programms, der nur aus Schlund
besteht, brüllt. An langweiligen Tagen bleibe ich stehen, um
die drei gelben Grazien zu betrachten, die in ihrer perfekten
Gruppierung lediglich Tangenten sind, die sich in dreifach
kreuzender Verbundenheit mit den drei Kreislinien ihrer
Hüften berühren.

In meinem Flur befindet sich das Bild des Mannes mit
mehr Medaillen, als sie Napoleon hatte. Auch eine Gruppe –
wie bei einer Hochzeit –, bestehend aus dem Trapezkünstler
und seiner Frau, die in den Abgrund gestoßen wurden, als
sie sich an der Trapezstange festhielten, im tragischsten
Moment ihrer Abenteuer, als über sie die Decke einfiel
und sie mitsamt dem Plafond in die die Tiefe stürzten ...

Die heiteren Frühlingsstunden, aus denen der Cirkus besteht, fröhliche Tennispartien, die man in der Manege spielt,
ein sommerliches Jollensegeln, in das sich seine Artisten
mit weißen Hosen, Morgenhemd und »sportlichen« Krawatten stürzen. Dies alles findet man in den unnachahmlichen
Programmen, Programme des Unsinns und Überschäumens,

Programme, auf denen die zahlreichen Familien, die darin vorkommen, nur den Wunsch haben, sich auseinander zu dividieren und übereinander zu springen, auf die kleinen Tische zu klettern, auf denen sie sich liegend in die Höhe werfen, wobei sie mit der Fußsohle den kleinen Bruder anstoßen.

Puppenspielereien

Wird der Zwerg als Torero wiederkommen? Wird der Cirkusdirektor noch einmal dieselbe Taktlosigkeit begehen, einen ganzen Mann auf den Arm zu nehmen und auf die Schulter zu heben wie einen Affen? Wird er uns wieder in dieselbe Bedrängnis bringen, nicht zu wissen, ob wir lachen oder weinen sollen? Jener Zwerg, wie in Alkohol konserviert und entwischt, mit dem Aussehen eines verschrumpelten alten Männchens, mit kleinem Nußkopf, bei dem man weder sehen noch ahnen konnte, was er denkt, er war verwirrender als all die anderen, wenn er den Kindern die Hand gab wie ein noch kleineres Kind als sie, ein Kind, über das die Kinder lachen, wo er doch ein Mann mit ernsthafter Erfahrung war, mit einer vielleicht pathetischen Erfahrung, ein alter Mann jenseits der Kindheit. Die Zwerge sind etwas Unangenehmes im Cirkus. Man pfeift sie nicht aus, weil es einem leid täte, ihnen das Brot zu nehmen, aber man nutzt sie aus. Die Zwerge haben einen zu großen Kopf und das zerstört die Illusion von Kindheit, die ihre kurzen Arme und kurzen Beine hervorrufen. Und wenn sie erst reden! Dann merkt man, daß ihre Stimme einer Mißgeburt gehört.

Die Münzen, die in der Manege gewettet werden, sind es echte Münzen? Von klein auf stellen wir uns diese sinnlose Frage. Manchmal klingen sie hohl und manchmal falsch. Es scheint, daß die Cirkusartisten ein einziges dafür bestimmtes Geldstück besitzen, und sie haben Mühe, es nicht auszugeben, aber dann hat es doch einer verloren und es mußte durch eine Tamburinschelle ersetzt werden.

Geheimnisvolle unsichtbare Drähte, zahlreich und dünn, scheinen den leuchtenden Nebel des Cirkus in allen Richtungen zu durchkreuzen. Sie helfen den Artisten bei ihren Gleichgewichtskünsten, ihren riskanten Waghalsigkeiten, sie helfen vor allem den behenden Frauen, die sich dem Risiko zu sterben nicht aussetzen dürfen. Zuweilen geschieht das Unglück und es reißt einer dieser Lebensfäden, oder wie es kürzlich in Wien passiert ist, es stürzt die Decke samt Schaukel in die Tiefe.

Saß diese allzu kräftige Ohrfeige am falschen Platz und hat keinem weh getan? Man muß fürchten, daß eines Tages ein ernsthafter und blutiger Streit unter den sich prügelnden Clowns ausbrechen wird …

Wozu brauchen sie diese Tischchen, diese Nachtschränkchen, Öllämpchen, Obstschalen, diese langen Garderobenschränke, all diese wie auch immer drapierten häßlichen Sachen? Für nichts, nur um die Tradition zu wahren, denn es sind alles Gegenstände aus dem Kabinett des perfekten Jongleurs. Doch er arbeitet nicht mehr mit ihnen. Er arbeitet mit ein paar kleinen Bällen, die er in seinem Zylinderhut hatte.

Der kleine *groom* ist eine Puppe, die nach und nach ein *groom* geworden ist. Dieser besitzt noch die Bewegungen einer Puppe aus Pappkarton, einer Puppe aus dressiertem Pappkarton. Nachdem er an seinen eigenen Zähnen hängt, müßte die Annonce des bewundernswerten Zahnarztes erscheinen, der sie ihm gepflegt hat, oder des erfrischenden Mundwassers – des Königs der Mundwasser –, das er benutzt hat, obschon diese Artisten Menschen sind, die kaum zum Zahnarzt gehen.

Und was diese Männer mit den großartigen Zähnen essen, mit ihren Gebissen, die an den Füßen desjenigen festgeschraubt scheinen, der eine ganze Familie an seinen Zähnen hängen hat! Sie kauen ein Steak und eins, zwei, drei, weg ist es! Ständig sind ihre Münder am Kauen und Malmen. In vier Minuten sind sie fertig.

Was er sich zuerst angesteckt hat, ist das falsche, verstärkende Gebiß oder besser gesagt »das großartige Zahnfleisch«.

Diese Gebisse, die alles aushalten, sind wie mit Schrauben oder Klammern am Kiefer befestigt.

Die Cirkusvorstellung ist die Vorstellung, die am meisten mit dem Schiefhals-Syndrom zu kämpfen hat. Man muß den Kopf während der ganzen Zeit in Bewegung halten und ihn gut bewegen, und nur so lernt man mit Blicken zu zielen.

Wenn alle Reiter ihre Pferde zu dieser Seite der Manege hinlenken, kommen denjenigen, die sich unmittelbar dahinter befinden und dadurch, daß die Tiere womöglich den Schweif heben werden, die Erinnerung, wie sie nach der Prozession hinter der berittenen Guardia Civil Ausschau hielten oder nach Eröffnung der Cortes oder bei der Durchfahrt eines ausländischen Königs.

Wenn sie diese komplizierten Geräte anbringen, die dank eines umfangreichen Systems metallischer Fäden so standfest sind, scheint es, als installierten sie ein Telephonnetz zwischen den Zuschauern und dem Künstler, eine Telephonverbindung, die sofort unterbrochen wird.

An wen nur erinnern diese Gehilfen, die zu beiden Seiten der Gasse der Überraschungen den Auftritt der Artisten erwarten? Die Frage habe ich mir oft gestellt und nicht beantworten können, bis mir vor wenigen Nächten bewußt geworden ist, woher diese Feierlichkeit kommt, die sie, so grotesk sie auch sind, an sich haben. Sie erinnern an Akademiker, sie sind die wahrhaften Akademiker, die Akademiker des Cirkus.

Nach einem stürmischen Ballspiel mit dem Publikum kann man beobachten, wie viele Zuschauer dicke Backen machen. Im Cirkus ist das ganz in Ordnung, aber sobald sie nach Hause kommen, könnte dies schlimme Folgen haben.

Wenn beim wunderbaren Zielschießen die Kugel durch den Ring schießt und ins Ziel trifft, sind wir am Ende enttäuscht, den Cirkus nicht einstürzen zu sehen, und daß aus den Säulen nicht die Zweige von Paradiesbäumen sprießen und keine Nachtigallen schlagen. Auch die Cherubine und Gott zeigen sich nicht in den perlmuttfarbenen Wolken des echten Himmels über dem Dach.

In einem bestimmten Abschnitt ihres Lebens erleiden die Cirkusartisten eine Wandlung: Die menschlichen Adler verwandeln sich in Flieger; die so erfolgreich mit den Seerobben auftraten in Schiffskapitäne und Entdecker; aus einem Clown wird ein Totengräber.

Die auftrumpfenden und auffunkelnden Artisten, die mit einem Kostüm aus leuchtenden Fransen aufgetreten sind, lassen eine glänzende Glasperle aus ihrer Perlenschnur zurück – eine Sternschnuppe, die ein Artist aus einer anderen Nummer auflesen wird, weil ihr Blinzeln ihn sonst hoffnungslos in die Irre geführt hätte.

Es gibt Tage der fatalen glatten Rücken, der glitschigen Rücken, an denen man sich unmöglich auf den Schultern halten kann, wenn man nach einem doppelten Salto mortale auf ihnen stehen müßte. Diese Tage sollte man besser meiden und nicht darauf bestehen, daß dieser Teil der Nummer vorgeführt wird.

Mit Kunst in die Trompete blasen, das ist der Cirkus!

Ein Cirkus-Blumenstrauß ist ein Strauß aus welken und zerknitterten Blumen. Blumen von den Ecktischen entlegenster Winkel.

Dieses Cirkuskind, dieser kleine Knopf von der besonderen Sorte der Westenknöpfe, ist das Kind der beiden Clowns ohne Mitwirkung einer Frau.

Könnte der Cirkus für die Arbeitsunfälle aufkommen? Die

Cirkusdirektoren würden nie zur Ruhe kommen, weil sie ständig alle ihre Invaliden auszahlen müßten, die grob gesagt diejenigen sind, die den Teppich ausrollen und, weil sie gebrochene oder wiederhergestellte Arme und Beine haben, keine großen Anstrengungen machen können.

Die Seiltänzerin läuft von einer Seite des Drahtseils zur anderen wie eine unbeschwerte und freundliche Nachricht.

Im Cirkus legt man diese dickbäuchigen, ungleichmäßigen Sprungmatten aus, ohne Steppnähte, mit unförmigen Klumpen und Beulen ... Auf diesen Sprungmatten und Matratzen residieren, als wär's ihre letzte Ruhestatt, in hoffnungsvoller Zuflucht – letztes Zugeständnis, daß sich die zur Arbeit untauglichen Artisten erbeten haben – die losen und unvollständigen Glieder der Artisten, die ihnen im Laufe all der Cirkusprogramme abhanden gekommen sind. Man könnte mit diesen sattsam bekannten Monstrositäten das ganze Programm einer Nacht gestalten.

Was ist das, was sie jetzt herausholen? Ein Operationstisch?

Wie das Pendel einer Uhr, die gleich stehen bleiben wird, schwingt das Trapez durch die Nacht. Es ist das Pendel der Cirkusuhr.

Fast alle Knochen in den Beinen der Sprungkünstler sind geflickt und zusammengebunden wie ein kaputter Spazierstock.

Nur in den Kathedralen, um die hohen Bildnisse auf den Hochaltären zu säubern, gibt es so hohe Treppen wie im Cirkus.

Verglichen mit den Faustkämpfern griechischer Marmor- und Bronzestatuen in den Museen sieht man, daß diese Cirkusathleten sich mehr Sehnen und Muskeln zugelegt haben als nötig und als es sie früher gab.

Es gibt ein paar elegante Winzlinge im Cirkus, es sind die als Herren gekleideten Kinder. Sie sind wie die Auslage eines Hemdengeschäfts mit angeschlossenem Schuhgeschäft und mit Schneiderei, wo man die winzigen Modelle aus Neugier und zur besseren Vervollkommnung des Geschäfts erfindet.

Zwischen den Artisten, wie wir sie uns vorstellen, daß sie auftreten, und denen, die auftreten, besteht ein großer Unterschied, vor allem in der Körpergröße ... Der sich im Programm Abson nennt, scheint ein sehr großer Mann zu sein und ist am Ende ganz klein, während uns mit Grivilio das Gegenteil passiert.

Diese Lilli Stern scheint ein zartes blondes Mädchen zu sein und am Ende war sie eine römische Schönheit; und diese René Chanford, von der wir eine große Korpulenz erwartet hatten, ist zart wie eine als Schmetterling verkleidete Hexe. Wie viele Überraschungen es doch gibt!

Angesichts der Nummern mit vielen Leuten empfinden wir die gleiche Traurigkeit wie angesichts der vielköpfigen Familie, und wir stellen folgende Rechnung an: 50 Peseten durch 15, zu ungefähr drei Peseten.

Wie traurig, ein echtes Ei, das die Cirkusartisten aufschlagen und verschwenden, so unnütz sterben zu sehen. Es ist wie verlorener Schleim, mit dem der Zuschauer sich den Magen verdirbt.

Wie mit Hilfe der drahtlosen Telegraphie kommen im Cirkus Witze, Späße und Akrobaten-Kunststücke aus weit entfernten Cirkussen an, die zur gleichen Stunde ihre Vorstellung geben. Man erkennt sie an ihrer Heiterkeit.

Das lose Haar der leidenschaftlichen Reiterin zu Pferde oder auf einem Fahrrad, es ist wie eine Fahne, die Fahne der tollkühnen Frau.

Immer gibt es einen ehemaligen Mitschüler unter den Cirkuszuschauern … Wir haben uns seit zwanzig Jahren nicht gesehen, seitdem wir in derselben Klippschule interniert waren.

Die reiche und schicke Provinzlerin nimmt ihren Logenplatz ein. Die Begeisterung für ihre Ohrringe kühlt sich erst dann ab, als zu sehen ist, daß sie zu viele kleine Brüder hat, die ihre erstaunten Gesichter über die Samtbalustrade beugen wie über eine Suppe.

Ob sie und er Geschwister sind? Angesichts der zehn Brüder am Trapez kann man selbstverständlich an ihrer Verwandtschaft zweifeln und man wird sich kaum täuschen; aber angesichts von Mann und Frau als Paar sollte man Vorsicht walten lassen.

»Die Geschwister Mils« verkündet das Plakat, und es erscheint eine wunderschöne Frau, wenn auch harmlos und langweilig von Aussehen, die durchaus seine Schwester sein

könnte. Sie zeigt mit keiner Miene, daß sie es nicht ist. Er
nimmt sie hoch, umfaßt ihre Taille, lächelt sie unzweideutig
an. »Vielleicht ist sie doch seine Schwester«, denkt man;
aber wenig später, wenn er sie in gewisser Weise ansieht,
von der es abhängen könnte, ob sie seine Schwester ist oder
nicht, beginnt man wieder zu zweifeln.

Sie ist nicht seine Schwester, sie sieht ihm gar nicht ähnlich ... An dem Blick, den er denen zugeworfen hat, die sie
unentwegt angesehen haben, merkt man, daß in seiner lie-
benswürdigen Miene eine stumme Wut liegt.

Nie wird man erfahren, ob sie seine Schwester ist. Wenn
sie es wäre, würde seine Kraft für ihre Unschuld einstehen;
aber wenn sie seine Geliebte ist, dann ist ihre Unschuld
eine Täuschung. Wie schade! Ist sie nicht seine Geliebte,
sondern wirklich seine Schwester, bestünde die Möglichkeit,
daß ein begeisterter Zuschauer sich mit ihr verheiratet.

Erst wenn man sie am Tag der Katastrophe sähe, könnte
man entschlüsseln, ob sie Geschwister sind. Ihr Schrei,
wenn er sich vom Trapez lösen und wie ein verwundeter
Vogel oder unglücklicher Flieger herunterfiele, würde die
ganze Wahrheit an den Tag bringen. Sein Schrei, glitte sie
ihm aus den Händen, würde ebenfalls die ganze Wahrheit
sagen und mit aller Deutlichkeit vernähme man:

– Schwester!

Oder:

– Geliebte!

Aber es ist keine Art, auf diesen Augenblick zu warten,
um mehr zu wissen. Nehmen wir an, es sind Geschwister,
das bringt sie uns näher, obgleich sie als Schwester ein wenig eine Frau ist, die man dem Bruder nicht auf einfachem
Wege wegnehmen kann, so wie man als Geliebter sich

leichter an sie heranmachen könnte, sobald sie von seiner Brutalität genug hätte.

Alle Artisten wünschen sich eine prächtige Dekoration. Bei ihren Reisen durch die Welt wird es immer eine Frau geben, die sich davon blenden läßt. Aber das reicht ihnen nicht. Sie möchten das ganze Theater ausschmücken. Ach, wenn sie doch überall im Cirkus Spiegel aufstellen, Kronleuchter aufhängen und Schleifen anbringen könnten!

Wenn sich die beiden Arme des Xylophonisten oder seine beiden Trommelschlägel immer wieder zu einem X kreuzen, dann ist das Xylophon am meisten Xylophon. Da es doch ein XXXylophon ist!

Die größten Artisten sind entschieden diejenigen, die von den besten Plakaten angekündigt werden, nur daß sie auch die vergänglichsten sind ... Die großen Plakate kosten viel Geld. Sie haben sie anfertigen lassen, als ihnen das Glück lachte, aber nun blättern sie ab auf ihren Reisen durch die Welt. Sie lassen sie kleben an allen Ecken des Erdballs, und eines Tages dann, wenn kein einziges mehr davon vorhanden ist, bekommen sie keinen Vertrag mehr und nie wieder werden sie sein, was sie einst gewesen.

Diese Sachen, die fliegen und wiederkommen, tun das, weil man sie dazu überredet hat. Auf den Proben hat man sie liebevoll gerufen, mit zartem Vogelgezwitscher überhäuft, und schließlich kommen sie nun immer zurück, begeben sich freiwillig in die Hände des Jongleurs, der sie jedesmal ein Stück weiter wegwirft.

Sie sind in allen Ländern gewesen, außer in denen, wo es Neger und Tyrannen gibt ... Vergessen Sie nicht, daß Selim II. von Konstantinopel jenem Taschenspieler den Kopf abschlagen ließ, der sich auf die Ungeheuerlichkeiten, die er verlangte, nicht einlassen wollte ...

Im Cirkus tauchen am Rande einiger Nummern ein paar alte Generäle auf, auch solche, die ganz mit Gold bestickte Ministeranzüge tragen; aber man hat ihnen die charakteristischen Insignien abgerissen.

Im Reich der Schausteller sind die Empfänge prunkvoll. Alle kommen in ihrem Galakostüm, und vor allem die sehr geputzten Amazonen zeigen ihre Beine bis zum Herzen.

Die große Cirkusgala scheint eine Versammlung von Männern mit Dreispitzhüten und Frauen mit Schaufensterschmuckstücken und dem leichten »ésprit« eines weißen Katzenschnurrbartes auf dem Diadem zu werden. Sogar die Kinder werden mit einem Dreispitz aus Papier erscheinen und an den drei Hutecken Bommeln aus ausgeschnittenem Papier tragen müssen.

Doch nichts gleicht einer großen Gala. Es ist eine Versammlung x-beliebiger Leute in einem x-beliebigen lächerlichen Raum, mit den ewigen Verlobten, die an die Vornehmheit ihrer angeheirateten Familien glauben. Wobei sie alle die weite Welt mit einer armseligen Welt verwechseln.

Am Tag der großen Gala ist das Cirkuslicht von galahafter Beschaffenheit. Der Cirkusdirektor schaltet die Scheinwerfer mit den stärksten Kerzen ein. Er selbst zieht sich den am wenigsten benutzten Smoking und die Lackschuhe mit der breitesten Schleife an.

Doch der große Saal verfällt, sobald die heißen Tage kommen, und die dicke Luft ist wie eine frisch gemachte Tapiokasuppe.

Irgend ein *clubman* lehnt sich über seinen Sitz mit brennender Zigarre, eine zweite schaut aus der Brusttasche seines Sakkos; aber er geht bald, weil er keine von den Prinzessinnen entdeckt hat, die er gesucht hat. Es scheint, als sei die große Gala abgesagt worden.

Bei der Höhen-Nummer sieht man, wie die Frauen nach oben schauen; viele mit den schönen, aufwärts gerichteten Blicken einer flehenden Schmerzensmutter. Es ist eine Nummer, die ich nicht mit steif nach oben gerichtetem Kopf ansehen kann – es ist die weniger gefährliche Nummer, weil die Vorsehung ihnen die Hand reicht –, sondern mit Blick ins Publikum auf der Suche nach den schwarzen Augen mit dem bleichsten Weiß der Nacht. Es ist der Augenblick, die Frau auszuwählen, die am besten die Augen verdrehen kann.

Was das Publikum im Cirkus am meisten mitreißt, sind die Saltos, diese vielen Saltos, die ein Künstler oben oder unten dreht, um sich den schwierigen Applaus zu verdienen. Das Publikum wehrt sich zunächst gegen den Applaus, aber schließlich erbarmt sich einer und klatscht und ihm folgen der Reihe nach die Mitleidigsten. Was würde geschehen, wenn sich das Publikum nicht zu einem Applaus für diese unaufhörlichen Saltos entschließen könnte? Wahrscheinlich

hörte der Artist nicht auf, Saltos über Saltos zu drehen, bis
er seinen ganzen Widerstand um die Spule seines Körpers
gewickelt hätte und er Selbstmord beginge … Zweihundert-
tausend Saltos könnte ein Artist, dem man den Applaus des
»Es reicht jetzt!« verweigert, drehen, bevor er stirbt …

Die für gewöhnlich rot gestreiften Hemden der Exzentriker
sind ganz und gar ungeeignet in der warmen Jahreszeit.
Wenn der circensische Frühling kommt, ziehen alle die Livree aus, und dies nicht zum Spaß. Da hat auf irgendeinem
Sitzplatz ein hochgestellter Herr den irren Wunsch, es den
Spaßmachern gleich zu tun, und sei es auch nur, sich die
kühlere Seite überzuziehen, mit den Ärmeln nach hinten,
der weißen Innenseite nach außen, wie man es von den
Kleidungsstücken in der Reinigung kennt.

Die Purzelbaumspringer, die in jedem Jahr, das vergeht,
einen Purzelbaum mehr in der Luft machen, sind am Ende
wie Mühlenflügel oder wie in der Luft montierte Flugzeug-
propeller.

Die Manege hat etwas von einem fröhlichen Hühnerhof auf
einem Gutshof an sich, mit Hähnen, Pfauen, Enten, Hüh-
nern und Fasanen.

Welche Musik verlangt dieser Artist? Der Maestro, der
mehrmals begonnen hat, eine Musik zu spielen, die keine
ist, versteht ihn nicht und zerbricht mit trockenem Schlag
seinen Taktstock am Notenpult. Welche Musik verlangt er?
Will er vielleicht seine gefährliche Nummer mit dem Trau-
ermarsch begleitet haben?

Auf dem Grunde der großen Lichtquelle des Cirkus ruht, so scheint es, statt eines Schmetterlings tot und vergessen ein Nachtfalter der Hochtrapeze.

Der da im Frack den Auftritt des prachtvollen Pferdes dirigiert, ist der Stallbursche des Tieres. Man sieht es nicht; aber obwohl er aussieht wie der reiche Marquis und Eigentümer mehrerer Reitställe, ist es *der andere.* Die lächerlichen und angeberischen Fracks kommen wieder. Die elegante Welt weiß, was ihr fehlt und was sie zu viel hat. An ihren Schößen und ihren Schultern sind glänzende Stellen, die verraten, daß diese Fracks zur Arbeitskleidung gehören. Es entschuldigt sie, daß sie zu sagen scheinen: »Verzeiht, wir müßten einen Frack für jeden Abend haben, aber das ist unmöglich.«

Die privilegiertesten und erstklassigen Cirkusartisten sind diejenigen, welche von einem Lichtkegel begleitet werden, der sie sucht, als wäre er der Spiegel des Mondes, ein Spiegel wie ihn Kinder auf denjenigen richten, der an einem sonnigen Nachmittag vorübergeht.

Es gibt Schausteller, die blind gegenüber ihrer eigenen Frau sind. Warum lassen sie sie auftreten, um ihnen zu helfen, wenn sie doch ganz alt ist und gefärbte Haare hat? Vielleicht hat sie in ihrer Jugend an ihrer Seite angefangen zu arbeiten, und in der Anspannung der Cirkusnächte, in diesem täuschenden und immer vorteilhaften Licht, haben sie ihre Veränderung nicht bemerkt, weil sie die Veränderung in ihrem eigenen Leben nicht bemerkt haben, ihre grauen Haare, die längst nicht mehr die falschen, vom Pudern grauen Haare sind.

Wenn sie das Netz über die Zuschauer spannen, ist es, als wollten sie Wachteln mit einem Netz jagen.

Diese »römischen Gladiatoren« sind die übriggebliebenen Soldaten aus dem Heer des Cäsar Augustus. Überläufer, untreue und entflohene Diener des letzten Prokonsuls ... Ihre kurzen Fransenröckchen erinnern sehr an jene Epoche.

Die Artisten, alle Artisten, wenn sie fertig sind, gehen sie nicht, sondern nehmen Reißaus, sie entwischen. Die von der Musik verfügte trockene Pause ergreift das Publikum, das stets verlangt, daß sie wiederkommen.

Der Schlag mit dem Fächer, mit einem dieser großen Fächer, auf dem Kopf des Clowns, mit den beiden Holzkanten, die derart aufeinanderliegen, daß sie den Schlag dämpfen, ist ein Anstoß erregendes Geräusch, welches dennoch die Vorstellung belebt, nicht weniger als eine Autohupe, die unentwegt zu hören ist. Der »Säuferclown« paßt auf, daß es in seinem Auftritt eine Stelle gibt, an der er ein Glas Wein trinken kann – so ein Halunke!

Den Hüten spielt man im Cirkus den einen und anderen Streich, und sie verdienen es nicht anders; der beste von allen ist der, wenn mit einmal der Zylinderhut des Exzentrikers wie an einem unsichtbaren Faden in die Höhe steigt. Es ist von allen Hüten derjenige, der während der ganzen Aufführung in der Höhe schwebt, als trüge er die Gedanken seines Herrn und seiner überirdischen Luftgeister. Komisch anzusehen ist, wenn jemand, der zu spät gekommen ist, einen instinktiven heimlichen Blick auf seinen Hut wirft, als würde dieser davonfliegen.

Die Erfinder eines neuen ergänzenden Apparates für ihren Auftritt präsentieren ihr neues Hilfsmittel vor den Augen der verehrten Konkurrenz. Im allgemeinen sind diese Apparate aus Abfällen und Resten gemacht, aus einem vergoldeten Stück Eisen, aus dem Stab, der am Kinderwagen das Mückennetz hält, aus einer Gardinenschnur, aus einem Kinderdreirad, Gegenstände, wie man sie am häufigsten auf dem Flohmarkt findet: eine unmögliche Lampe, eine kitschige Zierkugel oder ein altertümliches und kaputtes Musikinstrument.

Die großen Turner treten auf, und wenn sie auftreten, erzittert der ganze große Tempel. Auch wenn der Cirkus am zuverlässigsten Ort der Stadt errichtet ist, widerhallen die Hauptwände und die Säulen vom Schritt der großen Turner.

Die makelloseste aller Amazonen wäre die, welche durch die Seidenpapiermonde schreitet, ohne sie kaputt zu machen oder zu beschmutzen.

Diese überaus eleganten Kammerzofen, die nur dazu dienen, dem Zauberkünstler aus dem Mantel zu helfen, sind wahrlich prächtige Luxuszofen ... Nicht einmal die des Herrn Grafen, soviel Hauben sie sich auch aufsetzen mögen, sind so.

Es gibt diese sehr hoch aufgeschossenen Cirkusmädchen, die ihren Vater, weil sie so gut Diabolo oder Kreisel spielen konnten, auf den Gedanken brachten, sie dem Cirkus zu weihen ... Was weder ihr Vater noch sie selbst wußten, ist, daß sie aus dem Alter des Schmetterlingshaschens schon lange heraus sind ... Sie werden ihr infantiles Diabolospiel ans Cirkusdach werfen, bis sie neunzig Jahre alt sind.

Im Cirkus irrt sich die Anatomie. Weder hat dieser Turner sein Herz am rechten Fleck, noch ist derjenige normal zu nennen, der seinen Magen verschlingt, seine Lungen aufsaugt und dann mit einmal verschwindet. Manchmal geht ihnen das Herz in dem Durcheinander der Eingeweide verloren und dennoch leben sie weiter. Mit der vollkommen unnützen Laterne ihrer Röntgenstrahlen suchen die Ärzte das verlorene Herz, aber sie können es nicht finden. Was die Muskulatur anbelangt, so hat der eine einen vierfachen Bizeps und bei dem anderen findet man ganz unbekannte Sehnen.

»Bringt mir einen Stuhl!« – das ist wohl der bekannteste Befehl im Cirkus.

Wie gerade getötete Stiere liegen die Fahrräder tot am Boden. Nun müßte das Maultiergespann kommen, sie zu holen.

Wenn die ganze Familie oben an den Trapezen und Trapezoiden hängt, sagt der, der losspringt, zu seiner Frau an seiner Seite: »Ich bin gleich wieder da ... ich drehe nur eine Runde ...«

Sobald der besondere Teppich ausgerollt wird, entsteigt ihm ein Duft von Teppichblumen.

Eines der Dinge, die ich am meisten bewundere und bei denen wir uns bequem zurücklehnen können, ist, wenn der Barrenturner sich an seinen »Hirtenstab« hängt, den er am oberen Laufsteg befestigt hat ... Die Geste hat das Freie und Heitere eines Affen an sich, der von den Ästen eines Baumes hängt.

Das anspruchslose Turnerpaar holt einen Teppich hervor, als wär's ein Bettvorleger.

Diejenigen, die die Hochtrapez-Künstler anschauen, nehmen das Aussehen von Leuten an, die einen langsamen Montgolfier-Ballon hochsteigen sehen.

Diese Pferde der herrlichen Frauen, die auf den Briefmarken bei der Falkenjagd abgebildet sind, sind die Pferde, die jetzt dem Cirkus zurückgegeben wurden, weil die Falkenjagd aus der Mode gekommen ist.

Es gibt eine fröhliche Grippe, die man sich am Ausgang des Cirkus einfängt und die sich durch ein spaßiges und kaiserliches Bajazzo-Niesen auszeichnet.

Man sollte immer das Cirkusprogramm kaufen ... Auch wenn man viel mehr Geld dafür verlangen würde, müßte man es kaufen, weil man sonst nicht erfährt, welche Nummer die nächste ist, wann die Pause eingeplant ist und wann wir bereits bei der letzten Nummer angekommen sind. Derjenige, der während der ganzen Vorstellung widerstanden hat, es zu kaufen, erwirbt es am Ende doch, angestachelt von dem Neid gegen seine Nachbarn, die es besitzen, und unter einem wahnsinnigen Programmdurst leidend.

Der Nachtisch des Cirkus sind die »*finflanes*«.*

Nur im Cirkus gähnt die Posaune so echt und imposant.

Die Zauberkünstler nutzen alle diese Deckel, die in den Küchen überflüssig sind, diese neuen Deckel der Tiegel und Schmortöpfe, die Löcher bekommen.

Der Orchesterdirigent muß ein extra für den Cirkus gemachter Dirigent sein, denn abgesehen von den Ohrfeigen der Clowns muß er auch ihre Witze ertragen.
  – Maestro, wie schlecht sind wir bei Gehör!
  – Maestro, weil ich weiß, daß Sie die Musik lieben, möchte ich Sie um ein einfaches Walzerchen bitten ...
  – Maestro, Sie stehen am falschen Platz!

In die Gruppe der sieben Schwestern reiht sich immer ein Siebenmonatskind; es ist die letzte in der Altersfolge.

Die Trampolinspringer bevorzugen für ihre Arbeit die Schultrampoline, wie sie in den Turnräumen die Lust aller Springer sind.

Die Bauchredner sind in jeder Lebenslage gut für böse Streiche. Ein Bauchredner zur Zeit der Postkutschen, der mit den Reisenden in der Postkutsche saß, ahmte die Räu-

---

* Wortspiel aus fin = Ende und flan = beliebter spanischer Nachtisch (A.d.Ü).

ber nach, die von draußen Börse oder Leben forderten, und da er sich den anderen als Vermittler anbot, übergaben ihm alle die Juwelen, damit er sie den Räubern aushändige.

Ein anderer Bauchredner, der Mitleid mit einer müden und von ihrem Herrn gequälten armen Eselin hatte, ließ diese sprechen und sich bitter beklagen, wodurch er die Achtung des Besitzers gegenüber seinem Tier erreichte.

Wieder ein anderer Bauchredner wollte einmal ein Schwein kaufen und weil die Besitzerin im Preis nicht heruntergehen wollte, wandte er sich an das Schwein:

– Sie werden schon sehen, daß Ihr Schwein vernünftiger ist … Was meinst du?

– Ich, sagte das Schwein, meine, daß ich diese zehn Duros nicht wert bin … daß ich Trichinen habe und meine Besitzerin Sie betrügen will.

Es erübrigt sich zu sagen, daß die Besitzerin das Tierchen ganz schnell verkauft hat.

Das sind die klassischen Erinnerungen daran, was die wandernden Bauchredner in jener Zeit vermochten, als die Welt mehr als heute ein Dorf war.

Dem Bauchredner von heute gelingen ganz andere Dinge, auch ist er einfallsreicher. Einem gelang es, sich vor einem Zugdieb zu retten, der durch das Fenster in sein Abteil eingedrungen war, indem er die Stimme des Schaffners oder der Guardia Civil auf dem Gang imitiert hat. Der sich als Redner ausgebende Bauchredner braucht bei seinen Vorführungen keine »claque«, weil er mit verschiedenen Stimmen die Bravorufe aus allen Ecken des Theaters nachahmen kann.

Ich kenne einen Cirkusturner, einen dieser Herkulesse, der
die härtesten Schläge auf einem über seinem Magen ange-
brachten Amboß ertragen kann, und außerdem stemmt er
noch freihändig an die zwanzig Personen –, der war imstande, die Cirkussäulen zu verbiegen, als er grundlos vom
Direktor entlassen wurde.

Heute ist die tausendste Nacht, in der die Amazone beim
Schlürfen des falschen Champagners in ihrer »Pferdenummer« sagt: »Ach! Es scheint, ich bin betrunken ... Mir drehen sich die Lichter ...«

Im Cirkus lernen wir, wie man sich auf einer Leiter hält
und dank dieser Erfahrung brechen wir uns nicht den Hals,
wenn wir uns auf einer schwankenden Leiter befinden, die
auseinanderklappt ...
    In der Stille des Zimmers, in dem wir auf schwankender
Leiter einen Nagel einschlagen, ohne daß uns jemand hilft,
spüren wir, daß die Gestalten auf den Bildern und die Figuren auf den Regalen uns wie ein echtes Cirkuspublikum mit
Beifall beschenken.

Instinktiv lernt der diensthabende Feuerwehrmann im Cirkus sein Leben zu riskieren, und wenn in der Stadt ein
Brand ausbricht, ist er mit seiner Erinnerung an den Cirkus
wie von Sinnen. Er glaubt sich an der Cirkusdecke und er
spürt den Wetteifer der Trapezkünstler, die er gesehen hat ...
Weil er auf den brennenden Schaukeln der höchsten Fenster ohne Netz arbeitet, glaubt er sich ihnen überlegen.

Die Gummiakrobaten sind recht eigentlich die elegantesten Leute der Welt. Den perfekten »Gummimann« haben wir im Cirkus gesehen. Dort spaziert er durch die Manege mit einem Stöckchen, das er unter dem Arm trägt oder mit dem er zwischen den Fingern Roulette spielt, wobei er das Monokel so fest in seiner Augenhöhle trägt, als hätte es ihm der Glaser angepaßt.

Im zweitrangigen Cirkus kann man den Ehrgeiz aller Artisten beobachten, ihren Namen herauszustellen und ihn zu wiederholen. Sie nennen sich ständig bei ihrem Nachnamen, Herr Soundso und Herr Sowieso. Sie gleichen den unveröffentlichten Autoren, die sich einen Namen machen wollen und in der Jugendzeitschrift mit der geringen Auflage an die Öffentlichkeit treten.

Man sitzt voller Herzklopfen und Beklommenheit zwischen den Cirkuskulissen, denn wenn die Artisten nach der letzten Vorführung und der letzten Ovation herauskommen, sehen sie so schmalbrüstig und so leidend aus wie mühevoll atmende Schwimmer, die nahe daran waren zu ertrinken.

Eine neue Nummer könnte die mit der Miss sein, die ihre Vorführungen auf einem drahtlosen Draht des drahtlosen Telegraphen macht …

Einmal wird die Welt die »Exzentriker« in die letzte Vorstellung schicken, nach welcher sie sich, der Schwerkraft beraubt, in den Himmeln verlieren werden, die bei ihrem Empfang tönen werden wie die bodenlosen trockenen Brunnen, in die man einen Stein wirft.

Die Gesten der Täuschung und der Hinterlist, die der Barrenturner oder »Viaduktturner« vollführt, bevor er seinen Auftritt beginnt und den Eiffelturm seines Apparates errichtet, beeinflussen den Erfolg seiner Vorführung … Eingehüllt in seinen russischen Morgenrock, spielt er eher die Rolle des Kulissenschiebers als die des waghalsigen Seiltänzers, und zuweilen treibt er sein listiges Spiel auf die Spitze und holt eine Wasserwaage heraus, um seine Barren zu nivellieren. So ein Halunke!

Der fröhliche Cirkus hat ein Dach wie ein großer Sonnenschirm.

Im Wörterbuch des Cirkus findet man Ausdrücke wie »Todesspirale rückwärts« oder »der Reparierte« oder »Drunter und drüber aber immer mit Gefühl« oder »Kopfball« oder »Ich bin Libero« oder »Das alles habe ich in der Nummer«.
Das Wort von der »wundertätigen Unterhaltung« verleiht dem Programm ein großes Gewicht und verwandelt es in ein Programm der gehobenen Literatur.

Die Stangenkünstler sehen aus wie Überröcke, die auf Kleiderstangen hängen, und es ist kurios zu hören, wenn sie um »Diese Stange da!« bitten.

Der Cirkus hat etwas von einem Atlas, einem Reliefatlas, einem Menschenatlas und einem pittoresken Atlas für diejenigen, die nur auf diese Weise ein wenig Geographie lernen wollen. Es ist dies eine seiner attraktivsten Seiten. Jede Nummer erinnert auf sehr einprägsame Weise an einen fremden Ort, an Völker, Berge, Städte, Meere.

Immer wenn sie ins Netz gefallen sind, waren sie des Todes. Sie sind vermeintliche Tote oder besser gesagt mutmaßliche.

In dem Bizeps dieses ungeheuerlichen Jongleurs und Turners mit Eisenkugeln haben sich anscheinend einige von den Kugeln eingenistet, die er heruntergeschluckt hat.

Hamburg ist die Mastodonden-Stadt, wo es Tiere und menschliche Monster zu kaufen gibt. Ich vermute, sie haben dort eine Fabrik dafür. Alle Cirkusse streben danach, echte Monster aus der Hamburger Fabrik zu besitzen.

Die Mauren kehren zurück und sie kehren für immer zurück. Ihr einzig würdiger Eintritt in Europa geschieht im Cirkus. Sie schreien viel. Vielleicht beschimpfen sie uns mit ihrer Schnellschreibsprache. Die Freude am Jüngsten, den wir Jahr für Jahr haben wachsen sehen, als wäre er der Sohn der Portiersfrau, ist eine gespielte Freude, eigentlich mehr ein Scherz.

Sie werfen Blicke um sich wie besessen. Ihre Musik ist absurd und monoton, und haben sie eine Frau dabei, die tanzt, ist ihr Tanz, trübsinnig und verschlossen, schwerfällig. Es ist ein Tanz wie wir ihn von unseren Tänzen kennen, und auch das Händeklatschen, das ihn begleitet, kommt uns bekannt vor. Was beweglich ist an dieser Frau, die einen großen Eindruck an Schmuddligkeit vermittelt, sind ihre Hüften, und auch wenn unsere Schlagersängerinnen sich ebenso bewegen, ist keine so gut wie sie, vielleicht weil ihre Bewegung einem religiösen Ritual folgt.

Der Mauren stärkste Nacht im Cirkus war jene, als sie zufällig vor dem Sultan auftreten konnten, der auf einem Cirkusplatz saß. Der Sultan lachte wie ein rundum zufriedenes und wohlgenährtes Kind, dem man jeden Gefallen tut. Der Cirkus war ein Spektakel ganz für ihn allein. Er klatschte mit wilder Freude Beifall, wobei er mit der Hand auf das Geländer seines Platzes klopfte. Mit seinem geröteten Gesicht sah er aus, als wollte er am Ende der nächsten Nummer auftreten. Ich wartete auf die Nummer, die es immer in unseren Programmen gibt, mit Algeriern oder Mauren oder Berbern, um das Gesicht zu sehen, das ihr Herrscher machen würde, und um die Aufregung zu erleben, mit der sie in seiner Gegenwart aufträten.

Sie traten tatsächlich mit voller Hingabe auf und entboten dem entthronten Sultan in Zivil einen liturgischen Gruß. Die Rührung war eine der vornehmsten. In dem stillen Strom von Rassen und Ständen zwischen den Sprungkünstlern und Seiner Kaiserlichen Majestät konnte man glauben, der Cirkus gäbe in Marokko eine Galavorstellung zu Ehren des Sultans und in großen arabischen Lettern stünde in den Programmen: »Seine Majestät der Sultan wird anwesend sein.« Für eine Nacht wurde, was in Ungnade gefallen war, wieder aufgerichtet und der Mond des Propheten leuchtete am Cirkushimmel. Die Königsloge, die wegen ihres Zierats, ihrer grellen Farben und ihrer Arabesken eher für den Kaiser von Marokko gemacht schien, war leer, weil Seine Majestät das Schauspiel aus nächster Nähe zu sehen beliebte.

Hoffentlich gibt es in diesem Jahr keinen von den Clowns, die sich eine große schwarze Träne unter die Augen malen!

Dieser eine Salto, den der Tänzer, ein wahrer *Saltimbanque*, vorbereitet, indem er seine sechs Hindernisse voreinander aufstellt, wird immer ein unglaublicher Salto sein, auch wenn er ihn am Ende ausführen sollte ...; aber nur eine Minute lang, während er durch die Luft fliegt, ist sein Salto Wirklichkeit. Hat er ihn einmal gemacht, scheint er uns betrogen und sich eines optischen Tricks bedient zu haben, weil es unmöglich ist, diesen Salto auszuführen.

Der Garderobenschrank voller Zylinderhüte des Zauberkünstlers, der ganz für sich in der Mitte des Cirkus steht, bevor der Zauberkünstler auftritt, läßt an eine Nummer mit Besuchern im Empfangssaal des Cirkus denken. Gleich werden sie durch die schmale Tür stürmen, aus der die Artisten auftreten und ihre Hüte holen, vier Pirouetten mit dem Spazierstock drehen und dann zu ihren Londoner Kreisen aufbrechen.

Es gibt ein Spiel des Trapez, das an drahtlose Telegraphie erinnert; denn der schlichte Apparat hoch oben auf dem drahtlosen Telegraphenmast ähnelt dem von Greifhaken festgehaltenen Trapez, mit dem der Artist es einen Moment lang ruhig hält, damit er sich nicht an ein unkontrolliertes Hin und Her verliert und sich außerhalb seiner Reichweite begibt. Es ist unglaublich, aber es verhält sich durchaus so, daß zwei so verschiedene Dinge wie der Cirkus und die moderne Telegraphie in einer so seiltänzerischen Bewegung übereinstimmen.

Eine der erstaunlichsten Cirkusnummern, die stets großen Erfolg haben und beim Publikum große Begeisterung hervorrufen, ist die, welche in der Cirkussprache auf klassische Weise »die kaputte Säule« heißt.

Die menschliche Säule wird Stein für Stein gebildet, weil es keine Säule aus nur einem Stück gibt. Alle ihre Teile werden gut miteinander verbunden und einen Moment lang ist die Treppe die Treppe der hundert Stufen. Ganz oben steht das Mädchen mit den Zöpfen, das besser als sonst jemand die Aufführung sehen kann. Die Zuschauer in der zweiten Reihe sind ganz in ihrer Nähe und mit den Musikern könnte sie sprechen, sie um die feierliche Partitur bittend, die man am Zenit dieser Nummer spielt: »Gott erhalte die Königin« – was für ein gutes Omen. Die fünf Schwestern lasten schwer auf dem armen Turner, der so jung ist und schon fünf Waisen unterhalten muß, die viel essen und ihn materiell in den Ruin treiben werden. Von der großen Last aller auf seinen Schultern ist er so viereckig und stämmig geworden wie die Fußplatte der Säule im Vergleich zu ihrer Größe.

Alle Welt bewundert die Selbstverleugnung des Turners und die Koketterie der fünf Mädchen, die mit allen flirten und frech in die Runde blicken.

Die Säule hält sich mit großer Entschlossenheit aufrecht und stabil, als plötzlich *zack* sich die menschliche Säule neigt wie damals, als die Tempelsäulen einstürzten, in der Stunde des großen Erdbebens alle Säulen in Stücke brachen, wie Büchertürme sich neigen und umfallen. Zu Beginn ist es ein leichtes Schwanken und wenig später die volle und unvermeidbare Katastrophe, zerstört und besiegt, wobei jedes ihrer »Stücke« ein lautes »Ah« ausstößt und sich eine leichte Ironie in ihre Panik mischt.

Als das Publikum den majestätischen Fall bemerkt, als ob da die ganze Fassade eines Hauses auf die Straße stürzte mit je einem Nachbarn auf einem Balkon, hebt es die Arme und wirft sich instinktiv zurück. Ein Kindermädchen gar, das der Vorstellung mit ihrem Kind auf dem Arm zusieht, läßt es völlig fassungslos fallen, abgelenkt für den Augenblick von ihren beruflichen Pflichten. Später wird sie ihrer Herrschaft zu Hause in einem ebenso bildlichen wie absurden Satz sagen: »Wenn ich meinen Vater auf dem Arm gehabt hätte, ich hätte ihn genauso fallen lassen wie den armen jungen Herren …«

Der schlimmste Floh der Welt ist der Floh, den man sich im Cirkus einfängt. Das sagt euch der offizielle Chronist, der einmal glaubte, von einem Elefantenfloh verschlungen zu werden, und der den Biß der fürchterlichen »pulga leonarum« erlitten hat.

Wie mit den Stühlen gespielt wird, das zu sehen ist ein Genuß. Immer haben die Eltern verboten, mit den Stühlen zu spielen. »Du wirst diesen Stuhl noch kaputt machen! Er wird noch zu Bruch gehen! Das ist kein Schaukelstuhl!« Im Cirkus entschädigen sich die Kinder für all diese Verbote, wenn sie sehen, wie die Clowns auf Stühle steigen, wie sie sie übereinanderstellen, sie umwerfen, wie sie ideale Bretterbuden bauen … Im Cirkus existieren die Stühle in völliger Freiheit und man genießt das beneidenswerte Privileg, mit ihnen machen zu können, was man will.

Alle Bäuche, ob von Tieren, Frauen, Männern, pulsieren wie die der Frösche. Man kann das sehr gut im Cirkus sehen und es beweist besser als irgend etwas das pulsierende Leben des Spektakels.

Was nur ist dieser mysteriöse Staub, den sie herausschütteln wie aus einer Packung Taschentücher, den sie auf den

heiligen Boden streuen, wo ihn die Füße der Artisten aufnehmen, als berührten sie einen Fußabtreter? Es scheint,
daß dieser mysteriöse Staub ihnen Schwerelosigkeit verleiht,
geflügelte Kräfte gibt, sie befähigt ... Ach, wenn wir ein bißchen von diesem wunderbaren Staub besäßen! Wie wir
springen und was wir alles machen würden!

Unerbittlich folgt ein Debüt dem anderen. Wohin mögen die
Ersatzleute verschwunden sein? Welche transsibirische
Eisenbahn haben sie genommen? Wir werden sie nicht wiedersehen. So viele Straßen gibt es in der Welt und so un-
wegsame und so viele Cirkusse auf ihrer Oberfläche. Vielleicht sehen wir sie eines Tages wieder im »Großen Cirkus
des Paradieses«, wo es jeden Tag:

2 GROSSE UND ABWECHSLUNGS-
REICHE VORSTELLUNGEN 2

gibt, in einem noch größeren Stadion, als sich in New York
finden läßt, in welchem zahlreiche Artisten gleichzeitig auftreten können, so daß das Publikum viele Tage laufen und
sich an verschiedene Orte begeben muß, um sie alle sehen
zu können.

Um diese Vorstellungen im Paradies zu sehen, ziehen die
Herren sich jeden Nachmittag und jeden Abend den Frack an
und tragen die Damen ihr Ballkleid. Hier, im Cirkus Paradies
haben alle einen Sitzplatz und wir alle werden einen haben.

Die Nummern auf der Bühne sind trist, glanzlos, sehr von
früher, sehr falsch und hohl klingend. Bei den Nummern

auf der Bühne stiehlt man uns ein bißchen sehr die Schau. Die Bühnennummern verwirren uns, machen uns traurig, scheinen sich in einem unbewohnten, verwahrlosten und getäfelten Haus abzuspielen, in welchem Leere und Einsamkeit den Artisten bedrücken. Es ist bei diesen Bühnennummern, als begäbe man sich von der frischen Luft geradenwegs in eine enge und schäbige Baracke.

Alles erwarten wir von diesem englischen Exzentriker. Selbst wenn er nichts machte, sich nicht bewegte, nicht spräche, würde er doch wie ein Mensch auf uns wirken, von dem wir wissen, daß er über alles lacht und daß er einige großartige humoristische Bücher geschrieben hat. Weil er so besessen davon ist, daß der Ernst eine komisch Sache ist, bringt er uns damit am meisten zum Lachen.

Nur im Cirkus erzeugt in wunderbarer Meisterschaft das Knallen einer Peitsche einen so wunderbaren Wohlklang … Oh, dieser wunderbare Peitschenknall, der uns von klein auf überrascht und der uns hätte glücklich machen können, wenn er uns mit unserer Peitsche gelungen wäre! Welch große strahlende Autorität, unter der niemand zu leiden hat!

»Die dänischen Brüder« sind ein Beispiel für Skepsis und Weltgewandtheit, wie sie diejenigen auf eine natürliche und elegante Weise beherrschen, die die Welt umkreist haben. Sie sind mit ihrer Botschaft in allen Manegen aufgetreten, zynisch und ausschweifend, anzüglich und überlegen haben sie internationale Cirkusnächte erlebt und mit vielen schönen und luxuriösen Frauen Blicke gewechselt. Im Vergleich zu ihnen kommen die Spanier mit weniger Proben aus, und was sie machen, tun sie »nach Art des Hauses«.

– Aber sind diese Dänen am Ende nicht Spanier? fragt uns ein Kobold, der uns verwirren will und dem wir keine Antwort geben.

Die alte Nummer mit dem zerbrochenen Spiegel hat immer Erfolg. Es ist die alte Geschichte, bei der sich der Clown in dem kaputten Spiegel abgebildet glaubt, während ein anderer Clown, der so gekleidet ist wie er, ihm einen Streich spielt und alle seine Bewegungen nachahmt. Der Wahnsinn des Unwahrscheinlichen brilliert in diesem Beispiel.

Die Turnerinnen sind etwas Merkwürdiges, sie sind weiblich und sächlich zugleich ... Ihre gezierten und gewölbten Leibchen, die sie herkömmlicherweise tragen, machen aus ihnen Puppen. Sieht man ihren Auftritt und wie sie sich bewegen, glaubt man, daß sie Kopf und Beine, Arme und Füße und die Hände mit Hilfe der Gummibänder an ihren Handgelenken mit dem Rumpf verbunden haben ... Sie tragen noch weniger als die anderen Frauen, weniger noch als die Badenixen. Sie sind ein Abbild der Nacktheit ... Ihre Haltung ist stramm und militärisch, die Beine in größter Spannung durchgedrückt; die Hände auf dem Rücken, als wüßten sie nichts mit ihnen anzufangen. An ihrer ganzen affektierten Haltung merkt man, wie verschüchtert sie sind, weil sie allzusehr im Mittelpunkt der Beleuchtung und der Blicke stehen, und da sie wie inflagranti ertappt sind, mißlingt es ihnen beinahe, kokett zu sein ... Man sieht, es sind bedauernswerte Frauen und an der Medaille ihrer Hüfte und an den Armbändern – »Sklavenketten«, die an ihren Armen hoch- und runtergleiten – erkennt man in ihnen das kleine Mädchen, das sie in ihrem Innern sind ... Sobald sie auftreten, wird der frische und rosenrote Eindruck, den sie bei ihrer Verbeugung gemacht haben, auf traurige Weise zerstört. An ihrem Hals treten wie bei einem Lastträger die Sehnen hervor; und wie ihre Körper sich mühen müssen, vor allem wenn sie ein Bein durch den hängenden Reifen stecken und sich kopfüber aufhängen. Man leidet zur selben Zeit wie sie unter einem Blutstau, indes ihre Körper wie alte Lumpen herunterhängen, wobei sie aussehen wie von ihrem Beruf geforderte Frauen. Die Ärmsten sind wie erstarrt, wie bloßgestellt, wenn ihre alberne Unterwäsche sichtbar wird, und dazu sehen ihre absatzlosen Schuhe aus wie Hausschuhe! Nur in gewissen Momenten der Panik, wenn das Orchester schweigt, entkommen sie ihrer Plumpheit und gleichen Schwimmerinnen der Luft ... Auf der Stelle aber sind sie wieder am Boden und verwandeln sich in die Frauen mit den kurzen Beinen und den langen Körpern, plump und ohne deutliche Proportionen ... Kreaturen! Wahrlich, niemals wird die trügerische Frau in ihrer Natur besser erkannt werden als im alles erhellenden Cirkus.

Es lohnt sich stets zu erkennen, woran ein Cirkusartist gescheitert ist. Jener, der als Kapitän verkleidet mit den Walrossen auftritt, ist ein gescheiterter Matrose; jener, der so elegant auftritt, ist ein gescheiterter Baron und jener, der von ganz oben in einer robusten Fliegermontur herunterspringt, ist ein gescheiterter Flieger.

Die Cirkusartisten haben die Doppelleiter unnötig gemacht. Warum wir sie am meisten beneiden, ist, daß sie auf einer

Leiter hinaufsteigen können, ohne die Hilfe einer Wand zu brauchen.

Das orthopädische »chef d'œuvre« wird im Cirkus präsentiert.

Es gibt eine spezielle Cirkusgrammatik, in der die Präpositionen kapriziös verwendet werden und die Verben sich wie Schlangen winden. »Dieser verehrte Artist«, sagt der Ansager, »bittet darum, daß das Publikum während *dessen* seines Auftritts seine größte Ruhe bewahrt …« Einmal wollte ich ein paar allzugroße Schnitzer in einer Cirkus-Eröffnungsrede korrigieren – es war die feierliche Eröffnung eines Seiltänzertribunals –, und der, der sie halten sollte, sagte zu mir: »Cirkusreden müssen so sein.« Später habe ich festgestellt, daß er recht hatte.

Die Cirkusrevolver sind die großartigsten der Welt. Revolver aus poliertem Nickel, deren strammer Kolben von allein losgeht wie Feuerwerkskörper oder der letzte Schuß einer Hinrichtung … Nach den Schüssen bleibt ein Loch im Cirkus zurück, eine schmale Öffnung im Dach.

Die Karten, die dem Zauberkünstler entwischen, simulieren ein sanftes Blätterfallen, ein Blatt vom Baum der Zauberkunststücke.

Die Cirkusprogramme mit ihren träumerischen bunten Einbänden werden in der Erinnerung zu interessanten Kindergeschichten, harmlose Geschichten nach der Wirklichkeit, voller Nostalgie.

Perfekter als jede autogene Schweißnaht ist die illusionistische Schweißnaht, die der Zauberkünstler mit seinen Kupferringen ausführt, die aus einem Stück sind und die er allen Zuschauern zur Gymnastik ausleiht. Wie in einem ständigen Wunder vermag er sie zu verknüpfen und zu entknüpfen. Es ist der beste Trick des Jongleurs, ein Trick, dessen Geheimnis er nicht einmal seiner Frau verraten hat.

Was das Publikum am besten aufweckt, ist die Peitsche, die in der Luft knallt. Wir alle spüren die Peitschenhiebe nach altem Brauch auf der nackten Schulter ... Sie lassen uns gestriemt und gestählt zurück.

Der sich da mit dem grobschlächtigen Titel eines »Grobian« ankündigt, erweist sich als ein Schattenkünstler, als ein Vorläufer des Kinos. Es ist der Mann mit den geschickten Händen eines Diebes, eines echten und uneigennützigen Diebes, der nur Schatten fängt und sich von ihnen ernährt ... Was für Mengen von Schattenkaninchen und Schattenvögeln er schon gegessen hat! Keuscher als ein Vegetarier ist dieser Mann, der sich von wahren Schattentieren ernährt.

Ständig spielen sie im Cirkus mit den Gurken vom Gurkenbeet des Cirkus. Es sind polierte Stäbe, die ich ein für allemal definieren möchte, weil sie das Gemüse des Cirkus sind, seine gurkenähnliche Frucht, seine seltsamen Beeren ... Jeder kennt diese Art von Keulen, die ich meine, und für jeden sind sie ein bißchen unverdaulich. Sie holen einen Korb voll davon hervor und schon fangen die Jongleure an damit zu werfen, wobei sie sie in der Luft mit dem Ärmel auffangen, und mit ihren Händen formen sie daraus Blumensträuße und Sterne, aus diesem Produkt früherer Cirkusse, aus diesen Fruchtständen ganz alter Cirkussamen. Wie uns der Bauch weh tut davon, mit den Augen diese ranzig gewordenen Gurken essen zu müssen!

Die Luftkegel, die ihre Richtung wie mathematische Torpedos verfolgen, scheinen dressiert und besitzen einen Gehorsam, dem die Dinge selten widerstehen können.

Diese goldenen Gurken langweilen uns ein wenig, aber dennoch geben sie dem Cirkus Echtheit. Es sind Dinge aus seinem Nähkästchen, Bestandteile eines altehrwürdigen Gymnasiums, ballistische Elemente der klassischen Gymnastik.

Sie taugen nurmehr für den Cirkus, und als einer von ihnen, der zu viel davon besaß, sie versetzen wollte, konnte er sie auf keine Weise verpfänden. Außerhalb des Cirkus und ein wenig auch innerhalb sind sie der Phantasie zuwider.

Bei den »*matinées fashonables*« des Cirkus trifft die Sonne von draußen auf die Sonne von drinnen, eine Sonne aus künstlichem Licht ... Es ist zu bewundern, daß nur der Cirkus einem Frühlingstag zu widerstehen vermag; ein Tag außerhalb seiner Tage, intim und in sich geschlossen, ein idealer Nachmittag je nach Laune ... Die Lichtritze und die kleinen Lichtfenster an der Decke lassen das Licht der Scheinwerfer, das Licht des Cirkus nicht verblassen.

Wenn wir sie mit dem Kopf nach unten sehen, haben sie den Kopf von Toten, mit den toten und qualvollen Augen derer, die gewaltsam gestorben sind, erbarmungslos erwürgt ... Wie ihnen das Blut im Kopf pochen muß! Allein in ihren Zimmern werden sie eine ganze Weile brauchen, bis sich ihr Blutdruck senkt und sie sich erholen; denn wir haben sie davongehen sehen, stolpernd in ihrer zerzausten Benommenheit, und ein wenig humpelten sie aus Angabe und ein wenig, weil sie nicht anders konnten ...

Bei den Luftsprüngen muß das Herz ein fürchterliches Auf und Ab erleiden und auch die Lungenkästen lockern sich ein wenig.

Die Cirkusregenschirme sind Regenschirme, die einem nicht im Wege sind; sie werden ganz und gar zusammengeknüllt in einen Beutel gesteckt, weil sie weder harte Speichen noch ein kräftiges und gerades Rückgrad aus Eisen haben wie die anderen ... Mein Ideal ist einer dieser Regenschirme.

Die Zuckerhutmützen der Clowns sind lustig anzusehen und man kann wunderbar mit ihnen spielen.

Wenn die Trapezturnerin am Trapez hängt, und an ihren Armen hat sie fünf ihrer Schwestern, und wenn sie vom Trapez herunterkommt, sind ihre ausgerenkten Arme und Beine alle länger geworden.

Das Netz hat etwas Gutes und Beruhigendes. Schleppend wird es von allen in ihm verstrickten Galeerensträflingen hervorgeholt. Sie sind wie die Fischer, die ihr Netz im Meer auswerfen. Stück für Stück breiten sie es aus und ziehen es unter großer Mühe hoch wie eine Hängematte. Doch ist das Netz nie so breit und weich, wie es sein sollte, und man muß fürchten, daß der Artist herunterfällt und sich den Hals bricht. Wer aber hineinfällt, der läuft Gefahr, daß ihm das Netz mit seinen gespannten Fäden einen Zeh abschneidet.

Wenn wir all diese wunderbaren Artisten, die sich am Cirkushimmel verwandeln, auf der Straße wiedererkennen, sind wir überrascht, daß sie übersehen werden. Niemand wendet sich nach ihnen um, wo sie doch den selben Ruhm verdienten, den ihnen die Toreros abspenstig machen. Einmal haben wir in einem Zug eines dieser Cirkuspaare gesehen. Sie waren verloren und schweigsam wie ein rücksichtsvolles Ehepaar. Doch am meisten überraschte uns ihre Bescheidenheit am Paßfensterchen der Polizei. Wir wußten, welch ausgezeichneter Äquilibrist vor dem Fensterchen stand, aber der Polizist wußte es nicht. Er fragte ihn: »Beruf?« – »Äquilibrist«, antwortete der berühmte Artist ganz ruhig, doch der Polizist brach weder in Begeisterung aus, noch schaute er neugierig auf diesen Mann, der seinen außergewöhnlichen und ein wenig übernatürlichen Beruf offenbart hatte.

Es gibt immer eine Nummer, die sich die »Menschlichen Adler« nennt. Diese »Menschlichen Adler« kommen ständig wieder. Sie fliegen durch ein kleines Fenster im Dach herein. Beim Blick zur Decke sieht der Direktor sie an den Hochtrapezen spielen und nimmt sie unter Vertrag.

Die Cirkusartisten imitieren einander, vor allem die Clowns. Man ist ein wenig irritiert, etwas zu erleben, was wir bereits bei einem anderen gesehen haben. Wer hat wen nachgemacht? Manchmal weiß man es nicht, aber manchmal ist die Unterlegenheit dessen, der nachahmt, derart, daß man es ganz deutlich sieht, obgleich der unschuldige Spaß so gut ist, daß er über das Publikum triumphiert. Es müßte einen Patenthändler für die Tricks und Späße der Cirkusartisten geben; so würde man ein böses Ende vermeiden; denn sieht der Plagiierte den Plagiator, kann es geschehen, daß er mit vollem Recht in die Manege springt und ihn umbringt.

Die wahren Cirkusartisten sind die Cirkuspuppen. Diese Puppe mit der roten Perücke und dem erschrockenen Gesicht ist der wahre Sohn des Clowns. Jene schwarz-rote Puppe, die auf die Fußsohlen des Ikariers klettert und auf ihrem Rücken den Sohn des Ikariers trägt, besitzt eine große Kraft, die sie Abend für Abend erworben hat, und sie versteht es ganz von selbst, ein stabiles Gleichgewicht zu halten. Ich vermute, der Tag wird kommen, an dem sie voller Leben und außergewöhnlicher Erinnerungen der Hauptbestandteil des Trios sein wird, sie wird den Meister und seinen Sohn in die Höhe heben und mit ihnen die tollsten Sachen machen … Den Bauchrednerpuppen im Cirkus eignet eine Freude und eine Geschwätzigkeit ohne Falsch und Theatralik; es ist dieselbe Freude, die das Publikum besitzt, eine Heiterkeit, als wären die Puppen ihre lebendigen Zeit- und Erdgenossen.

Ganz oben, dicht am Orchester, haben die Artisten einen für sie reservierten Platz. Jeder Cirkusauftritt entfacht so viel Leidenschaft, daß der Artist nicht nur auftreten will, sondern auch die anderen auftreten sehen muß, um sich am Spektakel zu ergötzen. Also setzen sich Männlein und Weiblein nach dem Auftritt ihre absurden und altertüm-

lichen Strohhüte auf und eilen hinauf, von wo sie sich wie
große Kinder das Spektakel ansehen, übertrieben lachend
und applaudierend, und sind dabei die Bescheidenheit
selbst, als wären nicht sie es gewesen, die dort unten triumphiert haben. Sie lassen ihre beringten Hände sehen, zeigen
ihre dunklen Gesichter, und an den Hüten der Frauen sind
große weiße Federn. Weil sie untereinander in Zuneigung
verbunden sind und ihre guten Beziehungen das einzige
sind, was sie nicht erniedrigt, freunden sie sich gegenseitig
an. Die da unten auftreten müssen, tauschen ein Lächeln
mit denen da oben aus, vor allem die Frauen mit den Männern, den sonnengebräunten Männern mit dem schwermü-
tigen Blick.

Von Zeit zu Zeit taucht in den Cirkussen eine wunderbare
Nummer auf, die der hellste Stern am weiten Cirkushimmel
ist. Es ist die Nummer einer Frau, die, sobald die Beleuchtung erlischt, in einem phosphorisierenden Ballonkorb sitzt.
Aus der Höhe zeigt sie allen Zuschauern eine große Mango-
frucht, die sie hin- und herschwenkt in einer kraftvollen Bewegung, und man ist überrascht, daß sie sie nicht zerbricht.
Dann schickt die Fliegerin kleine Luftballons aus – die wie
Sinnbilder ihrer Brüste sind –, sie wirft mit Blumen und träl-
lert undeutlich ein kleines Lied. Es ist die Frau, die auf dem
Mond reitet, und sie ist das perfekte Symbol des Cirkus,
denkt man an die schönen Frauen an den Trapezen und ihren Monden in manchen Nächten. Diese Fliegerinnen tram-
peln gleichsam mit den Absätzen auf den Köpfen der Zuschauer herum, und es ist lustig anzuschauen, wie diese
versuchen, ihre Beine zu erhaschen, die manchmal wie
zum Spott am Mund des Zuschauers vorbeikommen. Es gibt

Abende, an denen einer einen Schuh erwischt, und liebestrunken gibt er ihn nach der Vorstellung der Artistin zurück. Er offenbart sich ihr und sie liebt ihn von ganzem Herzen diese eine Nacht.

Dem einäugigen oder einarmigen oder lahmen Gehilfen, dessen einzige Aufgabe es ist, die Sachen herauszuholen, ohne die Seile, die das Trapez festhalten, zusammenzudrücken, sieht man an, daß er unzweifelhaft ein Artist ist, der verunglückte.

Was man früher einmal den »Todeslooping« genannt hat, gibt es nicht mehr. Zweifellos ist die Kaste jener Artisten, die den Looping konnten und sich weltweit umgebracht haben, ausgestorben. Jenes Automobil, das unterm Brückenbogen, der die gekrümmte Schiene bildete, seine Runden drehte, hatte etwas von einem Aeroplan an sich. Es war das Automobil, das man später einmal erfinden würde und mit dem man ohne Unterschied auf der Erde wie im Himmel fahren könnte.

Die Cirkusverbeugungen in ihrer Finesse erlebt man so nur im Cirkus. Es sind Verbeugungen mit Etikette, die nicht einmal in den höfischen Salons diese Anmut haben; sie sind besser als alle Louis-Quinze-Verbeugungen.

Es gibt Apparate, die aus den Resten von Metallbetten und kaputten Möbeln gemacht werden. Sie stellen ihre Ansprüche und besitzen eine Schönheit sui generis, eine unerwartete Schönheit, eine nie dagewesene und fremdartige Architektur.

Die Nummer desjenigen, der festgebunden wird und sich immer losbindet, ist eine Nummer, welche den brutalen Grimm des Publikums freisetzt. Es melden sich viele, die ihn festbinden wollen, und sie binden ihn mit einer zynischen und grausamen Boshaftigkeit, entzückt von ihrer Rolle als gedungene Handlanger.

Die Cirkusartisten, die im Laufe der Jahre entlassen wurden, sind diejenigen, welche die Programme durch die Straßen tragen, diese auf die beiden Seiten einer Art Krankentrage aus Pappe geklebten Programme, auf denen Frauen gemalt sind, die ihr Haar offen tragen wie kleine Mädchen. Man sieht Leiterspiele, durch die Luft fliegende Feuerwerkskörper, Clowns mit drei Toupets, rot, blau, gelb. Manchmal, wenn der Cirkus keinen Erfolg hat und abends niemand kommt, obgleich sie die Stadt von oben nach unten ablaufen, sehen wir, die wir immer alles wissen, was in den Cirkussen vor sich geht, welch nutzlose Krankentragen diese Reklameträger sind. Man sollte sie ins Städtische Hospital bringen.

Die Unterwäsche der Aragonesin, die in der Manege die Jota tanzt, ist sehr weiß, sauber und kreuzbrav, mit viel Seife und viel Lauge gewaschen, von der Sonne gebleicht, welche die auf den sonnigen Feldern zum Trocknen aufgehängte weiße Wäsche so gut bleicht. Sie sind entzückend, diese Unterkleider einer sauberen Dorfbewohnerin.

Warum kommen sie nach dem Trapez, auf dem Sachen von großer Neuheit passieren, mit diesem vulgären Trapez daher? Vorher wäre es in Ordnung gewesen, aber hinterher nicht.

Etwas hat die Manege von einem Teich. Ein Gedanke, der uns mehrmals während der Vorstellung kommt. Unter der Manege ist Wasser, eine lebendige und umfangreiche Quelle, die sich tatsächlich einmal gezeigt hat, als ein Mann, der fünf Minuten im Wasser stand, von oben in sie hineinsprang. Alle schneiden Gesichter, wenn sie ins Wasser gehen müssen. Die rings um die Manege sitzen, sitzen wie am Ufer und wissen, fiele ihnen der Hut hinein, ginge er unter. Aber keiner, mit Ausnahme des Clowns, der mit einer Peitsche tat, als würde er angeln, hat uns dieses Gefühl von Wasser, ein Wasser mit Barben und Robben, erklären können. Die lebenden Bilder und Skulpturen und die Flachreliefs der Bühne sind etwas sehr Charakteristisches für den Cirkus, der sie mit großer Naivität zur Schau stellt. Wunderbar die Ernsthaftigkeit, mit der das Bild angekündigt wird, die Lichter gehen aus, und alle erscheinen angemessen gekleidet und ganz und gar stumm. Das Licht beleuchtet lediglich ihre Augen und einige andere Details, damit wir alle, als wären wir Photographen unterm schwarzen Tuch, das Bild erkennen und ein Photo mit allen Darstellern machen können. Auf den Bildern – immer sind es Bilder von Millet – schwanken die Figuren ein wenig, doch erfüllt von der Eigenliebe unbeweglicher Bilderfiguren erlangen sie ausreichend Stabilität. Die Skulpturen sind nackt, aber offensichtlich sind es weiße *maillots*, die Gesichter aus Gips. Die Brüste der Frauen sind klein und spitz, wie es sich für Statuen gehört und wie die Behörde es erlaubt, Brüste einer Engländerin, der Engländerin, die diese Nummern leitet. Die erhobenen Arme der klassischen Krieger auf diesen Reliefs oder die Statuen in ihren imponierenden Posen bringen es mit sich, daß sie schwanken, und man sieht an der froschartigen Vibration der Bäuche, daß es falsche Statuen sind und lebende Menschen, verklemmt und gehemmt.

Eine große Vorliebe haben sie für die Billardqueues, die sie beim Billard gestohlen haben, auch für die drei Spielkugeln, die ihnen genügen, einen brillanten und geschickten Auftritt zu organisieren. Wie schrecklich wäre es, wenn ihnen eine der Kugeln, die sie auf dem Queue balancieren, aufs Auge fiele! Die schwere Elfenbeinkugel würde das Auge erdrücken und sich derart in der Augenhöhle einnisten, daß es unmöglich wäre, sie herauszuholen. Eine riesige, ständig drückende Hornhaut!

Das Kind der Athletin, das Kind, das die Athletin mit einmal in ihrem Bauch spürt, ist ein Athlet. Es dreht Pirouetten im Bauch seiner Mutter und läßt, besonders wenn es den toten Mann macht, seine arme Mama schrecklich leiden. Später, wenn es geboren ist, macht es verblüffende Sachen auf Stühlen und Tischen, klammert sich an die Lampen, die ihm als fliegende Trapeze dienen, und auf der Wäscheleine läuft es von einem Fenster des Hofes zum anderen.

Es gibt echte Erfinder von Apparaten, von überaus seltsamen Apparaten, von denen, wenn sie eines Tages zu den alten und nicht mehr gebrauchten Sachen geworfen werden, niemand wissen wird, was sie sind noch wozu sie gedient haben.

Es gibt Artisten, deren armseliger Auftritt einen nicht berührt; doch statt dessen rührt einen der treue Diener, den sie bei sich haben und der zu den treuen Dienern gehört, der sich für seinen Herrn köpfen ließe. Um seinetwillen ist man der Nummer so wohlgesonnen.

Die Artisten kommen weit weg ums Leben, in weit entfernten Cirkussen. Sie sind wie die Sterne, die in der Nacht herunterfallen, weit weg herunterfallen.

Wenn es heißt: »Sie sind außergewöhnlich!« oder: »Ich werde Ihnen eine außergewöhnliche Sache zeigen!« Oh! Was für ein schönes Wort ist dieses »außergewöhnlich« und mit welch übertriebener Feierlichkeit man diese Silben ausspricht au-ßer-ge-wöhn-lich. Und wie ein prächtiger Luftballon steigt dieses schöne Wort in den Cirkushimmel.

Es gibt eine Sorte Artist, der sich manchmal »König des Mutes« nennt und manchmal »Mann ohne Furcht« oder »Der Geheimnisvolle«. Er springt von einer Reihe von Tischen herunter, mit allen Tischen hinterdrein. Das ist der Verzweifelte. Sein Auftritt ist aus nichts anderem als aus Verzweiflung gemacht; denn als er keine andere Möglichkeit zu leben fand, fand er eines Tages diese, die ihn rettete.

Einmal haben wir in einem Cirkus einen Stierdompteur gesehen, der zu Pferde mit zwei großen Stieren auftrat, die er sich verbeugen und sich kapriziös bewegen ließ. Welcher Stierkämpfer hätte dies vermocht.

Unter allen Balanceakten gibt es einen, den wir gesehen haben und der alle anderen überragt. Es ist der Balanceakt, den die Flaschen und Dinge auf dem Mond vollführen, der sich an der Schauseite befindet. Ein Balanceakt, der unglaublich ist und vor dem alle anderen verblassen.

Ist es eine Frau, die einen Mann mit den Beinen hochhebt, dann tut sie es mit Hilfe eines weichen und samtigen Apparats, eines obszönen Apparats, auf dem sie ruht und die Beine hebt.

Es gibt einen Cirkusartisten, der so mysteriös und fürchterlich aussieht, daß man vermuten kann, er ist der Mann, der einen anderen umgebracht hat.

Die Trios sind perfekt. Alles fügt sich bei diesen Nummern, an denen drei Artisten mitwirken, zum Dreieck. Sie ergänzen sich gegenseitig und alle ihre Kombinationen besitzen eine wunderschöne Symmetrie.

Trotz ihrer Erfahrung und ihrer Kunst droht eine Gefahr, wie sie der große Schwimmer kennt und ihn ertrinken läßt: Es ist der Krampf, der jeden bedroht, der über dem Abgrund schwingt.

Viele von den Medaillen, die die Artisten an ihrer Brust tragen, sind unechte Medaillen. Aber wer wird ihnen die Medaillen streitig machen? Sie können so viele nachmachen und verwenden, wie sie wollen.

Es gibt Artisten, die keine ausschließlich für sie gebaute Gegenstände brauchen. Ihnen genügt ein Autorad, eine Straßenlaterne, ein Spiegelschrank.

Die im Cirkus auftretenden Kinder werden nicht größer. Ein Sturz hat ihr Wachstum zunichte gemacht. Sie sind wie platt gedrückt, ihre Rücken sind breit und wirken ein wenig bucklig.

Die alten Cirkusteppiche haben eine Besonderheit, sie sind wie Teppiche aus einem verarmten Schloß, glanzlos aber feierlich. Einst sind sie wunderschöne Mittelpunkte des großen Salons gewesen, aber sie haben eine grausame Behandlung erlitten und das ständige Aus- und Einrollen hat sie zerschlissen.

»Salto à la Richard«. Das ist ein angesehener Salto, weil die Richard eine große Artistin war, blond und üppig, und sie hat eine ganze Epoche geprägt.

Es stimmt, daß die »Stangenartisten« so heißen, weil sie eine echte Garderobenstange hervorholen, an deren Haken für den Hut sich eine Person hängt. Zur Garderobenstange gehörte ein Garderobenstangenartist, der dem Cirkus etwas brachte, das dieser verwenden konnte.

Im Cirkus merkt man sich angesichts der Turner das Gesicht und den Typ, mit dem man auf der Straße keinen Streit anfangen darf.

Es gibt den Clown, der einmal Turner war. Ein Unfall hat ihn unfähig für jede Kraftübung gemacht und so ist er Clown geworden.

Unter den Artisten gibt es keine großen Faustkämpfer, weil sie wissen, wer die meiste Kraft hat. Untereinander haben sie sich längst auf den Zahn gefühlt.

Bevor der Zar entthront wurde, genossen alle, die in Rußland gewesen waren, ein großes Ansehen. Dort wurden sie von den großen Grafen in ihre Logen bestellt, um beglückwünscht zu werden.

Die Cirkusartisten kommen, wenn sie sterben, in den Cirkushimmel, und dort können sie ihre Meisterstücke weiter aufführen.

Am Ende einiger Nummern sieht die Manege aus wie ein Schlachtfeld, wie wenn nach einem Kampf mit Prügeln und Ohrfeigen die Beteiligten vor der anrückenden Guardia Civil Reißaus nehmen ... Zurück bleiben auf dem kleinen Manegenplatz ein loser Kragen, ein Hut, ein Stock, ein Schuh ... Die rosafarbenen Cirkuskostüme sind von einem Rosa, wie man es nur im Cirkus sieht, ein echtes Rosa aus der Farbe natürlicher und wild wachsender frischer Rosen.

Viele dieser Artisten fanden ihre Ausbildung im Stadtpark, wo sie über Bänke sprangen und die einsamen Wege benutzten, die einen Platz umfrieden ... Die Madrider haben sich an den Stangen des Prado ausgebildet, die einzig zur Ausbildung von Barrenturnern angebracht worden sind ... Fallübungen und außergewöhnliche Luftrollen lassen sich auch bei Ausgrabungsarbeiten erlernen, indem man sich von oben auf den weichen Sand oder auf die Düngerberge fallen läßt.

Es scheint unwahr, aber das Geschirr in den Cirkussen hält viel länger als das von den Köchinnen mißhandelte.

Eine Nummer sollte ein- oder zweimal daneben gehen. Auf diese Weise wird, was zunächst nur lauwarm beklatscht wurde, dann eifrig beklatscht.

Die Pailletten im Cirkus haben ihr eigenes Licht, sie sind sternengleich und funkeln, wie die Pailletten der Coupletsänger im Theater niemals funkeln werden.

Den Artisten schwitzen zu sehen, ihn ausgiebig schwitzen zu sehen, ist etwas, das das Spektakel verdirbt, als flössen da reichliche Tränen, die das Lachen oder die Gleichgültigkeit einschränken. Oh, wenn sogar die Perücke schwitzt.
Die Tücher, mit denen sie den Schweiß abwischen, sagen etwas von der Mühsal ihrer Vorführung und von der Notwendigkeit, sich die Stirn zu wischen, um ihr weißes Bluten zu stillen … Diese kleinen Tücher, die sie an die Schaukel binden oder auf den Stühlen liegenlassen, machen ihnen die Eleganz streitig, lassen sie ein wenig zu Aufziehpuppen oder Schwerarbeitern werden oder zu kleinen Dienstmädchen, die ihr Taschentuch in der Hand halten und sich den Schweiß von den Handflächen und von der Stirn wischen.

Es gibt eine, die hart arbeitet und bis zum letzten Augenblick lächelt, um sich danach krank ins Bett zu legen, abgerackert, mit vierzig Grad Fieber, das sie in der Nacht kuriert, um am nächsten Tag wieder auftreten zu können und es erneut zu bekommen und es erneut zu kurieren.

Wenn sich die Artisten ihre Jacketts ausziehen, müßten die Westen, die dazu gemacht sind, in der Öffentlichkeit getragen zu werden, Westen aus dem Stoff ihrer Hemden sein oder wenigstens aus prachtvoller Seide.

Man könnte meinen, daß bei den Proben, an deren Ende dieses Kind auf dem langen Stab, den der Äquilibrist mit den Füßen hält, balanciert, fünf ebensolcher Kinder den Tod gefunden haben.

Die Vorführungen am Plafond werden von den Schutzengeln beschützt, die oftmals denjenigen, der bereits am Herunterfallen ist, an den Haaren oder an irgend etwas anderem Greifbarem festhalten. Auch die Schutzengel sind Cirkusartisten, obschon ihre Flügel ihnen ein höheres Ansehen verleihen.

Mit welchem Mißtrauen gibt der Herr, der nicht zum Unternehmen gehört, seinen Hut her, um den man ihn gebeten hat! Aber wie soll er sich weigern? Er hat ihn hergeben müssen, und entspannen wird er sich erst, wenn er ihn wiederbekommt, auch wenn er meinen wird, der Hut kehre ramponiert in seine Hände zurück und man habe ihn zu Gaunereien und Albernheiten angestiftet, die bislang nicht zu ihm paßten. Wie oft wird er sich von nun an auf komische Weise verbeulen, ohne daß man es sich erklären kann!

Was für eine gute Turnerin würde manche von den Frauen abgeben, die hereinkommen und im Publikum Platz nehmen! Aber es ist so schwierig, den Weg zu diesem Beruf zu finden!

Über einen Regentag, besonders über einen verregneten Sonntag, kann man sich nur im Cirkus hinwegsetzen. Nur so gelingt es, den Regen und das Grau da draußen zu ver-

gessen, wo die Dunkelheit und die Regenwolken die Lichter
schon am Nachmittag angehen lassen. In den Theatern
macht ein Regentag die Komödie dramatischer, und man
spürt die über dem Gebäude lastende schwarze Regenwolke.

Es scheint, daß es in der Tiefe des Cirkus einen Weiler gibt,
einen Ort im Inneren, einen Ort für die Ankunft, die spezielle Ankunft der Cirkusartisten.

Man sollte einmal die Schreie und die Musik außerhalb der
großen Backsteincirkusse hören; doch alles wird verschluckt
in ihrer Tiefe, in der großen Tiefe dieser Cirkusse. Nur durch
die Plane der armen Cirkusse entwischen ein paar von diesen stets verwirrenden Rufen, hört man viel Applaus und
die Musik, die uns begierig macht, hineinzugehen.

Ich würde den Autoritäten, schrecklichen Magistraten und
hohen Präsidenten keine gewichtige und schallende Ohrfeige verpassen, sondern etwas Schlimmeres, etwas, das ihre
Bedeutung mehr untergraben würde: Es ist eine Cirkusohr-
feige, die schallen würde, ohne sie berührt zu haben, und
die der perfekteste Witz ihrer Amtsperiode wäre.

Die Luftakrobaten und -springer wissen schon nicht mehr,
welche Luftsprünge und Saltos sie machen sollen. Man wartet darauf, einen zu sehen, der sich hintereinander in der
Luft überschlägt wie ein Windmühlenflügel ohne Achse
noch Stütze, wie ein verrückt gewordener Propeller, wobei
das Publikum ihm zurufen müßte: »Genug!«, damit er aus
der Luft, in der er sich dreht, herunterkäme.

Manchmal kneifen wir die Augen zusammen, um das Spektakel wie ein Sternenfeld zu sehen, Sterne überall, als ob es sich dank der Freude, der Pirouetten, der Frauen, der Musik und der verschwenderischen Glühlampen um einen Platz in der Milchstraße der himmlischen Gefilde handle.

Die Frau mit den wunderbarsten Beinen, die es je gegeben, ist im Cirkus aufgetreten. Sie fühlte sich dank ihrer wunderbaren Beine zum Cirkus berufen wie die Novizin, die sich, im Besitz eines vollkommen mystischen Herzens, dem Klosterleben und Gott weiht. So gingen die wunderbarsten Beine nicht unbemerkt vorüber und traten ans Licht. Es war ein Ruf des Schicksals, das sich in diesen Dingen auskennt, was jene Frau bewog, sich dem Cirkus zu widmen.

Im Dunkeln hat das Spiel mit den Fackeln im Cirkus einen sonderbaren Effekt, denn man sieht nur die brennenden Fackeln, die die großen Festlichkeiten erleuchtet haben. Das Feuer erleuchtet alle, und hübsch ist es, das Gesicht eines jungen Mädchens von dem rötlichen Schein erleuchtet zu sehen, entflammt wie in der Hölle. Wie schön müssen die Frauen im höllischen Feuer sein!

Die Pistole des Clowns ist vollkommen ungefährlich. Ihr Knall versetzt uns einen sehr großen Schreck, weil wir im Cirkus am wenigsten darauf vorbereitet sind. Ach, wenn es wahr wäre, daß der Teufel sie ihm geladen hat! Stellen wir uns den entsetzlichen Schmerz des Clowns vor, der tatsächlich seinen Gefährten umbrächte. Er würde sein ganzes Leben nicht aufhören zu weinen.

Es gab einen, der etwas Wichtiges gemacht hat, wenn es auch nicht gerade aufregend war. Wir werden uns immer an denjenigen erinnern, der im Sitzen einen Finger auf den Marmor eines Nachttisches legte und dann aus eigener Kraft auf die Stütze dieses Fingers kletterte und erstarrte, als hielte er sich auf einem zuverlässigen stählernen Radkranz. Es schien etwas zu sein, das jeder in einem Kaffeehaus vollbringen konnte, und weil er nichts weiter als das machte und dabei eine Zigarette rauchte, wurde er sofort wie ein Erfolgloser vergessen.

Verdammt sei das Publikum, das den Applaus, nachdem er seinen Schlußschrei ausgestoßen hat und um diesen bittet, nicht gibt.

Die ausgestopfte Puppe oder was es ist, das vom Cirkusdach fällt, kann uns nur scheinbar täuschen. Sie war lebendig und vorhanden. Etwa wie ein Artist, der sich in Gegenwart aller das Genick gebrochen hat und dessen Unglück niemand bemerkt hat, weil es schwer ist, Zusammenhänge zu verstehen, und man daher nicht begreifen kann, daß der Tote, in den sich jeder Cirkusartist verwandelt, tatsächlich eine ausgestopfte Puppe ist.

Neben dem Cirkus gibt es immer ein Kaffeehaus, in dem sich die Artisten versammeln, bevor sie losgehen, und durch dessen Fenster man sie vorübergehen sieht. Für einen Moment machen sie große Schritte, und dann sehen sie nicht aus wie Artisten, sondern wie Cirkuspublikum, das eilig seinen Platz einnehmen will. Sie bewegen sich mit aller Heftigkeit und rudern mit den Armen. Das Kind, das mit ihnen auftritt und das ein großartiges Kind ist, sieht aus wie jeder beliebige Bengel mit seiner weiten Bluse oder seinem kleinen Jackett mit dem großen gestärkten Kragen, der herausguckt. Keiner würde in ihm das schreckliche Kind ahnen und niemand sollte über ihn lachen; das Kind würde ihn packen und weit weg über den Zaun eines Grundstücks schleudern, als würde man in die Schublade zu den Kasperpuppen geworfen werden.

Die Artistinnen sind in Begleitung eines Hündchens, das sie an der Leine führen, als wäre es lediglich ihr kleiner Begleiter, und niemand ahnt, wie wichtig dieses Hündchen ist, zu dem sie wie eine Mutter sind. Die nicht mit kleinen Hunden, aber mit exotischen und ausgefallenen Nummern auftreten, tragen eine große Tasche, die ihnen ein gewichtiges Aussehen gibt, wenn sie sie immer wieder hin- und herschaukeln; eine große Tasche, darin sich einige der wichtigsten Geheimnisse ihrer Auftritte sowie einige ihrer besten Juwelen befinden.

Nach der Vorstellung gehen sie wieder ins Kaffeehaus und bilden im Hintergrund eine geschlossene Gesellschaft wie von Degas oder Renoir gemalt. Die Diwane zeigen sich äußerst zufrieden, so außergewöhnlichen Erscheinungen Platz zu geben. Das Kaffeehaus füllt sich mit dem Licht einer circensischen Atmosphäre, die sie in seinen Räumen verbreiten. Wie im Cirkus brennt hier eine Gaslaterne, es gibt viel Gefunkel von den Juwelen und die Börsen liegen auf den Tischen. In ihren Sitzen versunken sieht man sie ausruhen und viele Flaschen leeren, um den großen Durst zu stillen, den ihr Auftritt bei ihnen geweckt hat.

Eine große Anrufung des gesamten Universums geschieht, wenn mit einmal die Fahnen entfaltet werden oder sich alle zusammen in den Händen der Artisten öffnen. Wenn sie in der Höhe wehen, erscheint der Cirkus wie ein geflaggtes Schiff, und immer erregen sie das schöne Gefühl von friedlicher Verbrüderung aller Nationen, von totaler Brüderlichkeit.

Dürfen Priester in den Cirkus gehen? Zweifellos, obgleich sie eine Eva wie im Paradies sehen werden. Ihre Idealvorstellung vom Paradies wird hier erfüllt, und wenn sie davon zu den Betschwestern reden müssen, bedienen sie sich ihrer Erinnerungen an den Cirkus.

Die über alles erhabenen Cirkusartistinnen sind Frauen, die ihre Liebhaber ruiniert haben und die keine bessere Kompensation als den Cirkus gefunden haben. Wieviel Tausende von Francs haben sie in einer Nacht ausgegeben! Ihre ruinierten Liebhaber kommen aus dem Paradies in die Vorstellung, und wenn sie einen Freund bei sich haben, dem sie es erzählen können, zeigen sie mit der Hand auf sie: »Die da, das ist sie, die mich ruiniert hat!«

Der Artist, der eine phänomenale Leistung vollbringt, ist ganz und gar von dem Gefühl durchdrungen, phänomenal zu sein, er ist geblendet und weder sieht er noch versteht er etwas anderes, er schaut niemanden an, er sieht den Cirkus in seiner Gesamtheit und berauscht sich daran, wie phänomenal er ist.

Unter den Fahrrädern gibt es Mißbildungen, unbegreifliche

Naturphänomene, wie die ersten Schritte zu Maschinen einer anderen Art.

Jener Kranke, dem man die Knochen einer Krankheit wegen mit einem Platinfaden zusammennähen mußte, erinnerte mich an diese Artisten, die so ausgerenkte Sachen machen ... Als hätte ich ihr Geheimnis entdeckt. Ihre Knochen sind, falls es haltbar ist, mit Platin zusammengenäht.

Den Athleten in der Runde ist wenig Glanz beschieden. Es mag der Cirkusdirektor noch so sehr ihre Verdienste rühmen und die Medaillen aufzählen, die sie bekommen haben, als könnten sie selbst nicht davon sprechen, es gelingt ihm nicht, ihre plumpe, wie ausgestopfte und fettleibige Erscheinung zu polieren. Sie unterwerfen sich den Cirkus mit ihrem Vorschlag, demjenigen fünftausend Francs zu geben, der ein Gleiches zu tun vermöchte wie sie, und wir alle warten vergebens, daß ein unbesiegbarer Held auftritt und tut, was man für unmöglich hält. Ach! Sie würden dann vorgeben, die fünftausend Francs nicht dabei zu haben, und wegen Betrugs kämen sie ins Gefängnis ...

Es gibt einen Schritt, bei dem sich die Artisten, wenn sie auf einen Teppich fallen, der ein wenig federt und die Höhe ihrer Saltos mit einem guten Auftrieb begünstigt, nicht weh tun.

Zur Stunde des Cirkusbeginns sieht man auf den Straßen Türkenmützen mit langem Seidenkegel. Es steht im Vertrag, daß sie mit diesen Mützen durch die Stadt wandern müssen, und tatsächlich denkt man, wenn man sie sieht, an den Cirkus und an die konzentrierte Kraft der Nummern, in denen kein Muskel zuckt, die aber anstrengender sind als die Nummern der brillanten Athleten. Auch wird man erinnert an die exotischen Schreie, Kostüme und Haarschnitte dieser Orientalen. Wir haben oft an den Fall eines Zauberkünstlers gedacht, der seine Kaninchen, seine Enten und Tauben, klopft der Hunger an die Tür, essen muß. Welch köstliche und unerwartete Speise für zwei Tage! Aber dann, welch schlimmerer Hunger, wenn er keinen Vertrag bekommt, weil er einen Teil seines Arbeitsmaterials aufgegessen hat!

Der Springer, der am höchsten springt, ist derjenige, der sich einen Moment lang selbst vergessen kann, und nur so schafft er es, leichtfüßig emporzusteigen, auch wenn alles, was er tut, unwahrscheinlich ist ... So ein Vergessen ist sehr schwierig, aber wem es gelingt, der hat ausgesorgt.

Die großen Lampen mit einem Schirm in Pagodenform und Kristalltrotteln, die Petroleumlampen verleihen der Nummer eine Altertümlichkeit ganz neunzehntes Jahrhundert. Sie sind die letzte Erinnerung, die von den altmodischen, reizvollen und intimen Kabinetten bleibt.

Wer auf seiner Habenseite die meisten Cirkusnächte hat, kommt bestimmt als erster in das Himmelreich. Deshalb kommt er immer wieder in den Cirkus mit einem Eifer, den er selbst nicht versteht, aber er gewinnt ja, er gewinnt einen rettenden Sündennachlaß nach dem anderen.

Den sich der Cirkusarbeit widmenden Jungfrauen raubt die Arbeit mit ihren gewaltsamen Bewegungen ihre Jungfräulichkeit, und wenn sie es eines Tages zu ihrer Überraschung feststellen, werden sie ihr ganzes Leben darüber weinen … Diese jähe Bewegung beim Aufsetzen auf das Fahrrad …; der Sturz einer anderen auf das Drahtseil wurde zum Ritt, der die Äquilibristin, dank ihrer Hände, die die Kraft hatten, es zu verhindern, nicht in zwei Hälften teilte …; bei einer anderen, die sich verrenkte, war es der Spagat und so weiter und so fort.

In den Schaukästen bleibt, wenn der Cirkus weiterzieht, kein einziges Plakat hängen; alle sind abgerissen worden. Von den Stein- oder Blechrahmen, an den sie klebten, sind die Cirkusplakate abgeschnitten worden. Ist das nicht schade? Nicht eine Erinnerung bleibt, nicht ein leserlicher Name, nicht ein Löwenkopf. Nichts.

Wer blond ist, taugt besser zum Clown als ein Dunkelhaariger.

Das Schema dieser Kraftnummer, die darin besteht, daß ein Mann auf dem Brett über seiner Brust neun Männer aushält, hat eine mathematische Formel:

Enten-Nummer:

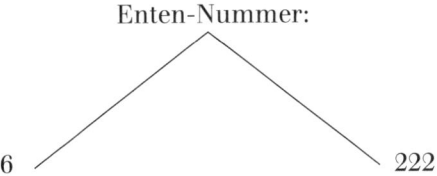

6   222

Wenn das große Cirkuspferd seine Runden dreht, ist die Manege hinterher überall voller großer runder Ces
        C   C
    C   C

Es heißt, wenn die Cirkusfrauen privat eine Vorstellung besuchen, machen sie die verrücktesten Sachen. Sie bewegen
sich voller Ungestüm, machen einen Handstand auf ihren
Sitzen, während sie sich ganz normal über alltägliche Dinge
unterhalten und derlei mehr.

Die Turner machen auf uns den Eindruck kranker Menschen; so herrlich und so krank! Alle sterben sie an der
Schwindsucht. Alle leiden zu sehr an Kopfschmerz, welcher
bei ihnen stark ist wie der Schlag, den sie sich auf den Kopf
geben. Ein Schnupfen wirft sie nieder wie ein überlegener
Feind, will sagen, ein Feind mit unüberwindlicher und bru-
taler Macht. Auch ihr Tod ist gräßlich, weil das Leben so an
ihnen festhält, daß der Tod, um es ihnen zu entreißen, auf
furchtbare Schwierigkeiten stößt wie ein Zahnarzt, der an
einem Backenzahn, der nicht heraus will, zieht und zieht.
Doch oh, auf eine furchtbare, entsetzliche und grausame
Weise zieht ihnen der Tod den Zahn des Lebens in einem
letzten ungeheuren Ruck mitsamt der Wurzel heraus!

Die Turnerinnen haben eine Geste, die man sich merken muß: wie sie sich die Träger ihrer Mieder zurechtrücken! Sie rutschen über ihre runden und glatten Schultern wie die Träger eines Nachthemdes und lassen sie ziemlich nackt dastehen; stets passen sie gut auf, daß ihnen die Träger nicht entwischen wie die Frauen im Nachthemd oder die Damen mit dem tiefen Ausschnitt im Operntheater am Tag der großen Modenschau, zwei dünne Trägerchen, die ihre langen Kleider halten, und wenn sie herunterrutschten, stünden sie nackt und bloß da.

Die Cirkusartisten sehen ihr Publikum wie ein Meer voller Haie und bei manchen Gelegenheiten wie die Menschenmenge auf einem Flugplatz.

Dank eines dieser Phänomene von Optik und Weitsicht lassen sich die Theaterzuschauer sehr gut unterscheiden, so daß die Cirkusleute alle, die zur Vorstellung kommen, mit größerer Deutlichkeit wahrnehmen.

Überraschender ist das optische Phänomen, daß wir für denjenigen, der mit dem Kopf nach unten auftritt und uns in seinen Blick nimmt, alle auf dem Kopf zu stehen scheinen, als bewirke er, daß uns die Schwerkraft nach oben anstatt nach unten zieht, und als würden alle Zuschauer in seinem Bereich spüren, wie ihnen das Blut in den Kopf strömt durch einen umgekehrten und schwer zu erklärenden Druck im Gehirn.

Sogar seine Gedanken sind Gedanken auf dem Kopf, deren richtige typographische Darstellung so aussähe:

»Ihr begreift nicht, daß meine Körperhaltung eine absolut
religiöse ist. Man sollte nur auf diese Art beten! Vom Kopf
zu den Füßen orientiere ich mich himmelwärts.
Alle betrachten sich in mir wie in einem Spiegel und machen ein Gesicht, als würden sie sich nicht wiedererkennen,
denn es erstaunt sie sehr, die Augen dort zu finden, wo sie
den Mund haben, und den Mund an der Stirn.
Ich bin der abgestürzte Flieger.
Man betrachtet mich, als sei ich ertrunken. Wer läßt sich
nicht täuschen!«

Man sollte einen öffentlichen Gebrauch von den Automobil-
hupen machen, sie besonders beachten, wenn sie getrennt
werden von ihrem niedrigen Dienst im Verein mit dem
Automobil … Die Automobilhupe ist heiter, originell, per-
sönlich … Die Clowns und die Exzentriker haben das be-
griffen, in ihren Händen ist die Hupe zu Späßen aufgelegt
und erfährt ihre humoristischen Höhepunkte.

Wenn die Cirkusartistinnen an windigen Tagen über die
Straße gehen, läßt der Wind beim Hochheben ihrer Straßen-
kleider ihre rosafarbenen *maillots* sehen, und voller Stolz
und Eifer offenbaren sie ihr Geheimnis.

Die Cirkusturner werden von vielen Dingen gefürchtet: Es
fürchten sie die Stühle, die sie in den öffentlichen Kaffeehäusern mit Gewalt einnehmen. Es fürchten sie die Maschinen in den Erholungsparks, denen man einen Faustschlag versetzt, und ein Hebel markiert die aufgewendete
Kraft; am Ende ist die Maschine verbeult, der Ball hat Fal-

ten, die Kugel ist ohne Glas, der Hebel fällt ab. Es fürchten sie die Onkel Sam, die ihre Hand hinhalten, damit man sie ihnen drückt, und wer sie am besten drückt, bekommt ein Geschenk – ist es ein Turner, der ihnen die Hand gibt, tun ihnen die Knochen weh, und sie drücken ein Auge zu, und alle Gewinne gehen ihnen reihen- und serienweise zu.

Sie ist sympathisch anzusehen, diese Ente, die die Schachtel des Zauberkünstlers verläßt oder die der Clown dressiert hat ... Sie schüttelt sich wie ein Mensch, läuft mit ihren schwimmhäutigen Füßen, Füßen eines Exzentrikers, eines Kindes, das noch nicht laufen kann oder ziemlich starke X-Beine hat. Argwöhnisch reckt sie den Hals, ahnt gar manches, und mit ihren kleinen Mäuseaugen und ihrem geschwollenen und gefräßigen Schnabel – eine echte Karnevalsnase – läuft sie wie ein Nachzügler und sich immer auf die Fersen tretend ...

Der Herr, den sie mit Schmutz bewerfen, scheint jemand aus dem Publikum zu sein; aber es ist einer vom Unternehmen ... Das ist kein Spaß, er beschwert sich, die anderen stimmen ihm zu, sie sagen »diese unerträglichen Cirkusspäße ...«, doch wer acht gibt, könnte sehen, wie er kurz nach dem Vorfall still und heimlich verschwunden ist.

Im Cirkus können die Kinder weinen und niemand wird schreien: »Ab ins Findelhaus!«, wie in den richtigen Theatern.

Von Panik ergriffen sind die Hüte der rings um die Manege sitzenden Damen! Wie aufgescheuchte Vögel möchten sie in eine der Manege entgegengesetzten Richtung fliegen, und sie ziehen an dem Kopf, an dem sie festgebunden sind, und versuchen so, der Bedrohung des rot-gelb gestreiften Balles zu entkommen oder dem Clown, der über den Plüsch der Bande rennt.

Die Bühnen-Nummern liegen sozusagen obenauf. Sie betreten die Bühne wie Gitarrenspieler und kleben an der Dekoration wie Abziehbilder.

»Sie können bestimmt nicht tanzen! Wie schade!« denkt man, wenn man sie so schwerfällig auf der Tribüne der Tänzerinnen sieht, mit deren Beweglichkeit sie nicht konkurrieren könnten. Sie sind wie Henker ihrer selbst auf dem Schafott. Am Ende wird keinem gefallen, was sie machen.

Während sie mit den Händen nicht wissen, wohin, sehen sie ein Publikum, das keine Ähnlichkeit hat mit dem offenherzigen Cirkuspublikum, und das sich lieber in den Schutz der Dunkelheit im Saal flüchtet. Sie sind die Don Tancredos des Publikums, während sie ihre Symphonie spielen, die Sinfonie der Couplet-Sängerin, auch wenn der Dirigent bemüht ist, diese in eine Cirkussinfonie zu verwandeln und er ihnen mit dem Taktstock wie mit einem Zauberstab winzig kleine Schläge auf die Glatzen gibt. »Fangen wir an?« fragen sie, sich untereinander anschauend. Der Älteste von ihnen, der das Zeichen zum Aufbruch gibt, ist wie ein Vater, der seinen Kindern in den Meerbädern Mut macht, sich ins Wasser zu stürzen.

»Alle ins Wasser!« sagt er und zack! stürzen sich alle ins Element, in die Aktion, und im Handumdrehen vollbringen sie mehrere Saltos übereinander. Diese Kette, diese Kugel, diese Brücke, die ihre Hände bilden, damit der Springer des großen Saltos seinen Fuß hineinstellt, ist das stabilste Geflecht, es könnte den Sturz Merkurs vom Himmel auffangen.

»Sie haben keine Zuschauer auf der anderen Seite«, denkt man. Sie sind begrenzt durch die Dekoration des Hintergrunds und werfen ihre Schatten, weil sie sich ihr zu sehr nähern, auf die Landschaft. Es ist der Schatten eines Alkovens oder eines Dielengangs.

Angesichts dieser Landschaft sind sie wie *Saltimbanques* auf der Durchreise vor den Toren eines Dorfes im Frühling ohne dessen Neugier. Absurder und einsamer Auftritt in einsamer Landschaft. Ein Publikumschor verkleideter Claqueure gäbe diesem Spektakel Farbe, wenn er in den Momenten der Angst tuscheln und zum Schein protestieren würde bei den unechten Stürzen und applaudieren, wenn es angebracht wäre.

»Pum!« klingt das Podium, als sei jemand bei einem Sturz zu Tode gekommen. »Pum!« und als ob es ein Kanonenschuß gewesen wäre, steigt die entsprechende Rauchwolke auf. »Pum!« und das ganze Theater erbebt. »Pum!« und man spürt den ganzen Schmerz, den sich die Füße beim platten Absturz zugefügt und als sie ihren Abdruck auf dem Podium hinterlassen haben.

Die Nummer mit den Luftvorführungen, bei der außerdem Balanceakte an der Stange ausgeführt werden, kommt auf der Bühne nicht zur Wirkung, denn wie bei den Fliegerinnen gibt es hier einen Haken, der sie hilfreich am Bauchnabel hält. Der Blick, den sich die Schwestern während der Vorstellung auf der Bühne einander zuwerfen, ist nicht der Blick hoch zum Cirkusfirmament, sondern ein einfältiger Blick von unerklärlicher Gleichgültigkeit. Es reicht, wenn sie wissen, was ihre Schwester macht, und sie sich nicht nach einem kurzen Blick vergnügt dem Publikum zuwenden! Sie tun es nicht, um ihrer Nummer nicht das herkömmliche Interesse zu nehmen sowie die erstaunliche Koketterie, die darin besteht, nach oben zu blicken, während sie es dem Publikum überlassen, ihre Formen zu überprüfen und die Chancen zu erwägen, die sie als Modelle für jene Dolorosas mit nach oben verdrehten Augen haben. Man sieht, daß ihre Hüften eingefallen sind, wie ausgerenkt von den vielen Füßen, die sie bei der Formation einer menschlichen Pyramide schon ertragen haben – wie heruntergedrückte Autopedale.

Die Bühnenartisten laufen ständig Gefahr, in eine Glühbirne der Rampenlichter zu treten. Welch überaus unangenehmes Geräusch wäre dieses Zerplatzen einer Glühbirne! Man meint, daß diese Artisten einen Souffleur brauchen, weil ihre Auftritte so nah am Souffleurkasten stattfinden.

Ihr Auftritt wirkt ein bißchen gewöhnlich. Der Stuhl ist ein schmaler Stuhl aus einem durchschnittlichen Arbeitszimmer. Der Akt, sich die Füße im Fußwichskasten eincremen zu lassen – der wie ein Karton Taschentücher voller Gips ist –, ähnelt dem ordinären Akt, sich die Füße an einem Fußabtreter abzuputzen.

Alles nimmt dieses unsympathische, alte Ambiente an, ein Treppenabsatz voll unnützem Kram und voller Querbalken, wie sie die Schulturnhallen im Nachmittagslicht besitzen. Ach!

Sie bedrängen einander, berühren sich mit den Schultern, erdrücken die arme Bühne.

Einzig ihr Abschied hat Würde, wenn sie den Kopf neigen, was beinahe unmöglich ist wegen der Stärke des Halses. Es ist eine Verabschiedung ohne Herzlichkeit, weil man von dieser kalten und gewöhnlichen Tribüne keine Kußhände werfen kann ... Um Kußhände zu werfen, braucht man die ganze paradiesische Unschuld des Cirkus vor dem Feigenblatt.

Immerhin haben wir uns, zurückgelehnt in der Tiefe des hinterhältigen Theatersitzes, an die Manegenturner der Cirkusarena erinnert, wo die Erde das gewaltige Ausschreiten der Füße erträgt und die von allen Seiten beleuchteten und gesehenen Artisten viel lebendiger sind.

Die Ankündigung der sechs Turnerinnenschwestern verspricht eine herrliche und erfrischende Nummer. Im Gänsemarsch auftretend und nach Art kindischer Mädchen eine Runde drehend, erinnern sie an ausgelassene Schulmädchen, die baden gehen, mit roten Wangen und voller Lust mit dem Wasser zu spielen. Nach einer Weile lassen sie sich besser unterscheiden und im übrigen sind sie keine Schwestern.

Weder ist die eine die Schwester der anderen, und auch diese nicht und nicht die andere. Mit einem Wort, keine ist eine Schwester der anderen fünf. Vielleicht waren es am Anfang sechs wirkliche Schwestern; aber sie sind an verschiedenen Orten zurückgeblieben und man mußte sie nacheinander ersetzen. Heute ist von allen nur die älteste übrig geblieben, diese Dicke da, die sie anführt. Betrachtet man sie näher, findet man, daß nur eine ziemlich hübsch ist, wenngleich in allen ein Anflug von Schönheit steckt. Man entdeckt die kapriziöse Anmut des Kostüms und die Art und Weise, wie sie von ihrer Rolle überzeugt sind, ihr Getue kleiner Mädchen und ihre Arbeit, die sie miteinander verbindet.

Dem »Exzentriker« sind die Schuhe gewachsen und also auch die Schuhsohlen; fünfhundert Peseten teure Schuhsohlen!

Den Peitschen ist wie den Scheren bei der Weinernte ein neues Knallen gewachsen ... Zur Eröffnungsnacht wird mit großem und wunderbarem Peitschenknallen aufgewartet.

Wir werden einen Mann sehen, dessen Kunst darin besteht, mit dem Halfter der Pferde und den Glocken der Kühe klangvoll zu spielen. Das ist keine Nummer, die uns anzieht. Schöner klingen die verqueren und echten Halfter des Kremsers, der ins Dorf fährt, und die Glocken beim echten Kuhtreiben.

Von den Garderobenstangen, die es in einigen Restaurants gibt, Garderobenstangen von der Größe eines langen Mannes, die sich den Hut aufsetzen, als wären sie Herren anstatt Garderobenstangen, wimmelt es im Cirkus. Sie tauchen auf mit den fünf Hüten eines einzigen Besitzers, die sich plötzlich alle an einer Garderobenstange verewigen ...

Immer neue Programme, blaue, rote, gelbe, dunkelviolette, werden meine Sammlung vergrößern, und mit meinen roten, gelben, grünen, violetten Stiften werde ich für einen neuen Band dieses lebendigen und fröhlichen Werkes, in welchem die Abende aufgehoben sind, die wir nicht vergessen wollen, weiter aufschreiben, was jeden Abend geschieht. Meine Programmsammlung ist bereits umfangreich und wird oft von mir konsultiert. Sie bleibt sich gleich, doch sieht man genauer hin, ist sie immer anders! Jeden Abend machen alle Artisten andere Sachen. Immer drehen sie sich auf die eine anstatt auf die andere Seite. Sie ändern ihre Worte. Sie irren sich auf andere Weise.

Das Programm, so denkt man, wird ewig sein. Niemand will glauben, daß die letzte Nummer kommen wird, so wie niemand erwartet oder damit rechnet, daß plötzlich die Trompeten des Jüngsten Gerichts erschallen. Deshalb zeigen sie uns dieses wachrüttelnde Plakat, auf dem es heißt:

LETZTE

NUMMER

Die Musik der letzten Nummer ist herzerweichend, und wenn die letzte Nummer auftritt, blickt sie nicht allzugenau ins Publikum, denn wer kein Gedränge liebt und den Königen gleicht, die abtreten müssen, bevor die Lawine der Anarchisten hereinbricht, zieht sich bereits den Mantel an.

Die letzte Nummer läuft ab, und wenn sie zu Ende ist, entsteht ein Augenblick der Verwirrung, eine stumme Pause, während der alle einen Moment lang sitzen bleiben, bis alle es kapiert haben und aufstehen, und wie am Schluß der Stierkämpfe die Zuschauer in die Arena springen, stürzen sich im Cirkus alle voller Zufriedenheit in die Manege. Sie alle würden gern irgendeine Nummer probieren, die Arena hat sie hitzig gemacht. Endlich sind alle aufgestanden und ziehen sich ohne viel Aufhebens an. Sobald wir den Schlitz im Vorhang öffnen, der zum Ausgang führt, streicht ein kühles Messer über unsere Hüften.

Die Damen mit dem tiefen Ausschnitt und die, die ihre

Arme entblößt haben, nehmen ihre Mäntel in Empfang, welche die *écuyères* und die anderen Artisten in der Manege abgelegt haben. Die Geste, sich zu bedecken, beherrschen sie nun besser und auch die zweideutige Art, ein wenig zu verharren und dabei die bebenden Schultern für einen Augenblick zu entblößen.

Wir laufen durch die Gänge, wobei wir uns umdrehen, um durch Türen zu blicken, die in die Tiefe des Cirkus führen, in seinen unermeßlichen weißen und erleuchteten Bereich.

Wir sehen im Hinausgehen die Ausschnitte der Frauen, ihre weißen und blonden Nacken, die konkaven und die konvexen. Sie drehen sich um, weil sie den Kitzel unserer Blicke spüren.

Im Hinausgehen sehen wir der einen nach, sehen die Ankündigungen in den Gängen, und die Tatsache überrascht uns, daß man den Ausgang in so vielen Sprachen ankündigt, die dem Betrachter ins Auge springen:

☞ SALIDA, SORTIE, EXIT, AUSGANG, USCITA

– als ob die armen Ausländer, die nicht zu fragen wagen, den Ausgang sonst nicht finden könnten. Man könnte angesichts dieses Überflusses an Sprachen, die ein und dasselbe Wort bezeichnen, und angesichts des Überflusses von Händen, die auf den Ausgang weisen und alle aus einem anderen Land sind, meinen, daß die Ausländer wie Nachzügler und Sitzenbleiber im Cirkus herumirren würden, ohne sich an das Land ihrer Herkunft erinnern zu können. Allein die Chinesen wissen noch immer nicht, wo sich der Ausgang befindet, weil »Ausgang« auf Chinesisch fehlt.

☞ WC
DAMEN

☞ WC
HERREN

☞ AUSGANG

☞ AUSGANG
BEI FEUERALARM

☞ AUFGANG
ZUM BUFFET

☞ VORVERKAUFSKASSE

Wenn man aus dem Cirkus kommt, sieht man ein bißchen blaß aus, als ob sich das weiße Licht, der weiße Staub
und das Bleiweiß des Cirkus in den Gesichtern festgesetzt
hätte.

Wir verlassen den Cirkus, als hätten wir gerade einen ho-
möopathischen Scheinwerfer verschluckt.
  Man kommt heraus mit einer tiefen Melancholie, mit einer fast unstillbaren Wut angesichts der Kürze des Aufent-
halts in dieser lunarischen Welt, sorglos und überrumpelt
von einer Welt halbseidener Weiblichkeit, die verdächtig

lauter und strahlend ist … Welch trauriger Abgang aus dem Paradies!

Verlassen wir den Cirkus am Tag seiner Eröffnung, erleben wir die offizielle Erklärung des Frühlings, und betreten wir ihn in einer wolkenverhangenen Nacht, hat diese sich unter dem Einfluß des Cirkus mit Sternen gefüllt. Zweifellos beeinflußt der Cirkus die Gezeiten wie den Wechsel des Mondes. Im Verlauf der Vorstellung hat die Zeit ein Zeichen des Tierkreises durchschritten, der auf den falschen Zeichnungen, die den »Zodiakus« darstellen, vergessen wurde; sie hat das ausdrucksvolle, glückliche, segenbringende und frühlingshafte Zeichen des Cirkus durchschritten.

Cirkus

Epilog

Einige historische Nummern

(Nach dem Zufallsprinzip wähle ich hier ohne große Vorbereitung einige meiner Notizen aus, und ich möchte einen Eindruck tatsächlicher Cirkusprogramme geben samt ihrer ausländischen Namen und unterschiedlichen Darbietungen.)

Clothilde und Alexander, *jongleurs*, dem Tennis entkommene Ballspieler; besonders sie zeigt diese Rundlichkeit, die die Mädchen auf den Tennisplätzen erwerben.

Baldó, ein arabisches Trio, das nicht arabisch ist, es sei denn, weil ein spanischer Politiker im Vertrauen gesagt haben soll: »Was hier geschah, ist, daß wir die Christen rausgeworfen haben und die Araber geblieben sind.«

Die schöne López, die mit einem großen spanischen Steckkamm auftritt und einem Schultertuch aus acht Maschen, dazu einen Volantrock, ist die Pastora Imperio des Cirkus.

Fabra? Das ist eine Nummer, die uns an die Agentur Fabra denken ließ. Einen Moment lang vermuteten wir, sie habe sich aufgelöst, weil bei gekappten Telephonverbindungen Fabra uns vielleicht nichts zu sagen hatte. Doch Fabra trat auf, imitierte eine Grille, eine Nachtigall, eine behäbige und aufgeschreckte Ente und ein weinendes Kind – wobei bei der Ankündigung, er würde ein weinendes Kind imitieren, ein richtiges Kind im Publikum tatsächlich zu weinen anfing, und so stand er eine lange Weile schweigend und unschlüssig da, weil er sich nicht traute, mit dem echten Weinen in Konkurrenz zu treten.

Miss Denise mit dem hübschen Kostüm eines Kaffeehauspianisten und ihren Liliputanerpferden, Kinderwagenpferdchen mit Federbüschen auf dem Kopf, zeigte eine Nummer, die mit einem von diesen Jockey-Affen gerittenen Pferderennen endete, die sich am Kopf des Pferdes festklammern und sich, wenn sie den Stall erreichen, verzweifelt wie ein Kind in die Arme der Kinderfrau in die Arme desjenigen werfen, der sie dort erwartet.

Pompoff-Thedy-Emij, humorvolle Bajazzos mit großer Persönlichkeit, Verbreiter des guten Humors, Spaßimprovisateure, Spontanredner, mit einem Wort: »Die Clowns aus Granada«.

Stanley, der englische Karikaturist, war die erste Bühnennummer, für die der Direktor eine alte Dekoration wieder hervorkramte, auf welcher der Cirkus mit seinem Publikum und einer Königsloge in Rot dargestellt war, eine alte Dekoration voller vergangener Moden, die Herren mit Zylinder, die Damen mit Florentinerhut und einige trugen diese Pinsonhüte, die jetzt wieder zu sehen sind. Dieses nicht zu beeindruckende und altmodische Publikum auf der anderen Seite sah dem Auftritt gleichgültig zu. Es war ein Publikum, das »durchfiel«, ein Publikum von vor vierundvierzig Jahren! (Nebenbei gesagt, sollten die Sitzplätze, um zu vermeiden, daß das Publikum vor der Bühne sich jeden Augenblick umdrehen und seine Stühle rücken muß, Drehstühle und Klavierhocker sein.)

Elrado Ott, ein sehr bekanntes Sprung-Trio. Der kleine Bruder ist dünner, der große Bruder dicker, die Schwester ein wenig schlanker, aber so jungmädchenhaft wie immer. Zum Zeichen der Freude tanzt sie am Anfang wie am Ende jedes Auftritts diese verrückte, zerrissene und stockende Seguidilla, die ihre Spezialität ist.

Le Tumillet – der menschliche Kreisel –: Tanz auf Rollschuhen in gefährlichen Wendungen voller Stürze, die die Nummer mit einem Rollschuhlauf schwindelerregender Drehungen auf dem elektrischen Roulett beenden.

E. P. Lee (warum nicht schon E. P. L) ist der reife und elegante Mann aus den Cirkussen von einst, der kein Monokel herausholt, weil er es verloren hat. E. P. L (es ist einfacher, ihn so zu nennen als bei seinem richtigen Namen) vollbringt die klassische Cirkusnummer, eine in Maßen deutsche oder englische Nummer. Seine Verbeugungen, seine leidenschaftlichen Handküsse für die Dame, die seinen Auftritt begleitet, sind die eines Wärters, der anstatt Selbstmord zu begehen, sich mit dem Leben abgefunden hat und Cirkusartist geworden ist.

E. P. L reproduziert die klassischen Muster des Cirkus, und nachdem er galant einen Blumenstrauß auf dem Piano seiner Dame liegenläßt, hebt er ihn einzig mit der Kraft seiner Zähne zusammen mit dem Piano hoch, auf welchem sie spielt, indes sie, vertrauensselig und als stünde sie auf festem heiligen Boden, eine hastige französische Arie mit Arpeggios singt und spielt, die in dem Maße immer höher werden, wie sie dank eines Flaschenzuges, der beide Artisten hochzieht, zum Cirkusdach emporsteigt.

Diese Nummer von E. P. L ist eine echte Nummer des brillanten theatralischen Cirkus voll guter Manieren. Alles, was der Cirkus an Arriviertheit hat, verkörpert sich auf überraschende Weise im glänzenden Auftreten dieser grauhaarigen Herrn in Frack und kurzen Hosen eines Des Grieux.

In ihrem Abendkleid, in welchem sie auf diesem rauschenden Fest singen und spielen muß, ausgestaffelt mit ein paar eleganten, feinen und strammen Beinen, die denen ihres Galans Konkurrenz machen, hüllt sie sich in die musikalische *écharpe*, die sie mit altmodischer Eleganz anlegt. Wieviel Liebe und wieviel Bewunderung sie diesem Herrn entgegenbringt, der seine schwere Arbeit mit Würde vollbringt – schreckliche Bestrafung in einem unerbittlichen Pfänderspiel –, sie hochzuheben, und das ganze Piano mit ihr samt Bouquet auf dem Deckel!

Es ist recht eigentlich die Geste eines Mannes, der für die Ausgaben seiner Frau, einschließlich ihrer Luxusdinge und des Pianos aufkommt. Es sind vor allem die Redner im Unterhaus, die auf diese Weise ihre Ehefrauen unterhalten.

Bei der Nummer von Nieves Alonso findet im Innern eines Doms die Hochzeit zweier Hunde statt. Sie in Weiß und er mit Zylinder, den er beim Betreten der Kirche nicht abnimmt. Der Priester, ein anderer Hund, ermahnt und segnet sie, wobei er zum Ehemann sagt: »Du wirst deine Ehefrau nicht beißen.« Am Schluß tritt klein, korpulent und mit einem niedlichen Kindergesicht Nieves Alonso auf, mit ihrer Peitsche und ihrem besten Hündchen, die wie begabte Schulkinder ihre Kunststückchen zeigen.

Gills, der Mann mit Fingern aus Stahl, erscheint in der Manege und zerreißt vier, sechs, acht Kartenspiele: Dann holt er mit der Kraft seiner Lungen vom Grunde eines Bechers eine Peseta-Münze herauf, dann eine von zwei Peseten und schließlich einen Duro, bei dem er Mühe hat, ihm das Fliegen beizubringen, aber es gelingt ihm nach wiederholtem, sehr beeindruckendem Pusten. Nebenbei gesagt, die Nummern des zweiten Teils durch ein Gitter sehen zu müssen, ist bedauerlich, weil sie, derart eingeschlossen, weit weg sind und die Artisten eingesperrt wie wilde, gefährliche Tiere erscheinen.

Rico und Alex, die gefeierten Parodisten, fabulieren fröhliche Szenen und auch lose Nummern voll lunarischer Harmonie.

Augustin und Hartley, Wirbelwindspringer, ein »er« und eine »sie« von echt englischer Grazie, besonders sie, die Karikatur eines Mädchens, das zuweilen an der Tupfenschleife zieht, die in ihrem Haar steckt und an einem Gummi befestigt ist und manchmal fällt sie beinahe herunter und dann hält sie wieder.

»Professor« Manzano und seine freigelassenen Stiere. Ich hatte ihn vor Jahren in Oviedo gesehen. Das Orchester spielte Stierkampfmusik und nach dem Öffnen des Zwingers kamen drei echte Stiere heraus und umringten Manzanos prächtiges Reitpferd. Vor allem der schwarzgescheckte ist ein Stier für die Corrida, tapfer, agil, ohne die bourgeoise Resignation der anderen. Diese der spanischen Erde gewidmete Nummer ist eine würdevolle Nummer, weil sie für etwas eintritt, das es verdient hat. Beherzt und aufgeräumt benimmt sich Manzano wie einer jener rustikalen Lanzenreiter, die sich in den andalusischen Stierherden verlieren.

Búfalo Maciste schien nicht der echte zu sein, aber am Ende war er es doch. Er ist wirklich ein außergewöhnlicher Athlet und wie jener Cirkusartist, von dem ich vorher gesprochen, der kein Gewehr braucht, um ins Ziel zu schießen, braucht er keinen Hammer, um die Nägel einzuschlagen; diesen immer unauffindbaren Hammer, von dem man entweder nur den Kopf oder nur den Stiel findet. Er schlägt die Nägel einzig mit dem Schwung seiner starken Hand ein.

Maciste könnte viel mehr Geld als im Cirkus verdienen, wenn er sich der Radspur schwieriger Kurven widmete. Beim Bau einer strategischen Eisenbahn wäre er unbezahlbar.

Doch ist Macistes durchdringendster Akt der, wenn er unter großer Mißachtung der Nächstenliebe zehn Céntimo-Münzen zerbricht und man ihm aus allen Ecken und allen Höhen des Cirkus Kleingeld zuwirft ... Verwirrt und scheinbar wütend angesichts dieser demütigenden Beleidigung zerkratzt Maciste die Münzen, versetzt sie in einen Zustand, daß man sie keinem Bettler mehr geben könnte. Wer mit diesen kaputten Münzen beglückt würde, könnte sie vorweisen wie einer, der einen Klumpen verschmolzenes Kleingeld zeigt, der unter den Trümmern eines abgebrannten Hauses gefunden wurde. Wetten, wenn man ihm eine fünf Peseten Münze zuwürfe, würde er wohl mit dieser nicht so umgehen, sondern sie unbeschädigt aufbewahren!

Den Cirkus bedroht das Boxspektakel, es erstickt ihn. Es ist ein Spektakel mehr für die geometrische Stadt oder bestenfalls für eine Stierkampfarena.

Diese vom Leben so hart geprüften Männer, die mit deutschem Badeanzug am Cirkusstrand entlangspazieren, vermögen sein Programm zu unterbrechen, ziehen bestenfalls ein Publikum an, das beim ersten unvermeidlichen Teil des Programms keine Miene verzieht, weil es ungeduldig auf den zweiten Teil wartet. Ein Publikum, das die Fäuste ballt und sich mit schwerem Rücken gewaltbereit über das Geländer beugt. Sowohl das Publikum wie die schrecklichen Kämpfer sind »Menschen mit Karbunkel am Hals«, schreckliche Karbunkel, die ihrem Genick Steifheit verleihen, es anschwellen lassen, ohne jedoch zu reifen oder aufzubrechen. Bei all ihren Bewegungen haben diese Männer das Gebaren des »Mannes mit einem Karbunkel«, riesig und lästig, und er verleiht ihren Köpfen eine gebeugte und zugleich militärische Haltung.

Wieso merkt keiner, daß diese unangenehmen Kämpen die Vorstellung durcheinanderbringen, daß sie uns alle mit ihren Furunkeln anstecken? Immer wenn ihre Stunde herankommt, sieht man ein paar Damen ihre Ausgehmäntel überwerfen und erschreckt das Weite suchen, als hätte jemand einen Mordskandal im Theater angekündigt. Es ist, als stiege da jemand aus dem Paradies herunter, um sich in der Arena zu prügeln. Weil es so heiß ist und weil der Wasserverkäufer nicht Gläser für alle hatte, sind sie zunächst mit Worten aneinandergeraten.

Ihr Aufmarsch, dieses *Platz da!* der Toreros ohne Capa und ohne Paillettenanzug ist unvergeßlich, auch wenn es so aussieht, als würden sie sich vom Pasodoble bewegen lassen und wären arschharte Toreros, so geschieht alles mit echt elefantenschwerer Anmut.

Der Schiedsrichter, der sehr an einen Kegelspieler erinnert, gleicht einem Dompteur, der zu verhindern weiß, daß sie sich bei einem Streit im Gästehaus am Tisch einen Stuhl oder den ganzen Tisch an den Kopf werfen. Seine Pfeife eines Nachtwächters ist bedrohlich und mächtig, sie ist das einzige, das diese riesigen Männer besänftigt, die sich von Gewichten ernähren, großen Fünfzig-Kilo-Gewichten, deren Kugeln ihnen durch den ganzen Körper rollen und bald in einem Arm, bald in der Brust oder in einem Bein auftauchen oder die Nuß in der Backe desjenigen sind, der sie sich mit den Zähnen knackt.

Was für ein absichtsvoller Kampf ihr Kampf ist! Jeder will dem andern die Luft abdrücken, indem er ihm Nase und Mund zuhält. Und welch ein schwerfälliger Kampf langsamer Bären! Ihre Hände heften sich wie Saugnäpfe oder Gummis an die Stelle, die sie berühren, was dem Spektakel die Möglichkeit nimmt, sich zu entfalten. Schwierig ist es für sie, sich von den klebrigen Händen zu lösen, die ihnen am Arm, auf dem Rücken, an einer Schulter, an einer Hüfte haften bleiben.

Es sieht aus, als widmeten sich ein paar ungeheure Gendarmen einer Spezialbrigade in ihrer Freizeit diesem Tun.

Am Hochtrapez sieht man ein Paar, das angst macht und das ohne Netz arbeitet. Was für ein Händedruck, wenn sie an seiner Hand hängen bleibt! Er ist inniger als der, den sich die beiden Hände im Wappen von Argentinien geben, und inniger als der, den man auf Friedhofstafeln eingraviert sieht, auf denen es heißt »Du meine Gattin«!

Dort oben in der Höhe sieht sie aus wie eine von einem Flieger geraubte Frau oder wie eine Schiffbrüchige, mit der er herabsteigt, ohne ihren Fuß loszulassen. Die Perezoff heißen eigentlich Pérez und sind Komiker einer artistischen Tradition, die sie in den Manegen der Welt als Russen auftreten läßt. Hier erklingt ihr Name mit patriotischer Sympathie, denn Madrid ist die Heimat dieser falschen Moskowiter.

Die Perezoff sind ein Mythos, der in seiner unbezwungenen Kühnheit lebendig geblieben ist.

Dies »Perezoff & Co.« ist wie die Unterschrift von Bankiers des Humors, deren Nummer immer eine vollkommene Nummer sein muß, sie setzt sich durch, sie ist eine runde Sache.

Die Nummer der Perezoff ist vor allem die Nummer des »beglückten Speisezimmers«, das heißt, eine von diesen Nummern, in der ein Tisch mit sehr langer Tischdecke, Geschirr, Obstschalen, Aufsätzen, funkelndem und einladendem Besteck, einer Unmenge Teller und sogar ein Büffet erscheint.

Die Perezoff verstehen es, die große Cirkuspaella vorzubereiten, bei der alles Flügel bekommt, die Teller klingen wie bei einem prächtigen Hochzeitsessen, bei der die eleganten Gäste unter dem Gelächter einer schwarzen Pancha und eines einfältigen Dieners in gestreifter Weste und mit rebellischem Federwisch leiden. Großer Namenstag der Perezoff!

Am Tag danach, wenn man die großen Perezoff gesehen hat, versucht man sich zu erinnern, auf welchem großen Fest mit Champagner und zerbrochenem Geschirr man am Vortag gewesen ist.

Great Carmo, der auf seine zahlreichen großen Koffer CARMO in Großbuchstaben schreibt, als ob ihn auf der Welt alle Bahnhofsgepäckmeister kennen würden. Alle

Gänge des Theaters sind mit seinen Käfigen, weiten Körben, Kisten vollgestellt. (Einmal wäre das Schiff, auf dem Carmo mit seinem ganzen Gepäck reiste, beinahe wegen Übergewicht untergegangen; doch Carmo ließ es verschwinden und am Ende der Reise wieder auftauchen.)

Carmo ist ein großer Illusionist, der vielleicht einmal der Maharadscha vom Karpurtala war. Es scheint, als reise er mit seiner Arche und weil es für ihn sehr teuer wäre, die Fahrkarte für all seine Frauen verschiedener Größe, die dem Spektakel Glanz verleihen, zu bezahlen, reisen diese im Gepäck von einem Ort zum andern.

Carmo hat das Problem gelöst, wie man die großen Koffer und Kisten durch den Zoll schmuggelt. Sie sind leer und später tauchen mit einmal die Frauen, Tiger, Löwen, sogar ein Elefant auf. Sein reizvollstes Experiment ist, die Kiste, in die er die junge Frau gesteckt hat, mit einer Lanze und sechs Schwertern zu durchbohren, damit man sieht, daß sie nicht mehr drin ist. Auf dem Grund der Kiste stößt sie jedesmal einen Schmerzensschrei aus, die arme junge Gefangene, wenn sie von einem Schwert getroffen wird, ein Schrei wie aus einem Märchen mit Stiefmüttern und bösen Riesen. Dann öffnet er die Kiste und man sieht, daß sie leer und an den Seiten von den Klingen der hineingestoßenen Schwerter durchbohrt ist. Schließlich macht er die Kiste wieder zu, zieht die Schwerter heraus und unversehrt erscheint das junge Ding.

Carmo, ein prachtliebender Engländer mit orientalischem Brimborium und wie den Märchen von »Tausendundeiner Nacht« entstiegen, ist außerdem der Mann, der die schönsten Löwen der Welt besitzt, mit einem frisierten Kopf, über den man sich wundern kann. Es ist der Löwe, der ruhig auf den Podesten der Akademien sitzend von denjenigen kopiert wurde, die die großen prächtigen Löwen gemalt haben.

»Das Rätsel der Detektive« gehört zu einem zersetzenden Typ, der die Gerechtigkeit an ihrer Basis in Gefahr bringt; denn wie kann ein Mann existieren, den man unmöglich fesseln kann? Sogar die Unfehlbarkeit der Zwangsjacke scheitert an diesem Mann, der sie sich vor den Augen aller auszieht, derart, daß es bei diesem Artisten, der weder in ein Gefängnis noch in ein Irrenhaus gesperrt werden kann, Momente gibt, in denen es scheint, als nähme er sich die Hände ab, um sich die Fesseln abnehmen zu können. Die schöne Turnerin und Äquilibristin Ruth Ryle mit stark jüdischem Einschlag, in welcher sich Stattlichkeit, Stärke und Profil vereinen, liest die Zeitung auf einem Stuhl, der auf zwei Gläsern balanciert – jenen altmodischen und geschliffenen Gläsern, wie sie Wasserverkäufer benutzen –, welche genau auf dem Rand der Trapezstange stehen. Sie beweist die Widerstandsfähigkeit der Gläser, die nur in den Kaffeehäusern allzuoft kaputt gehen.

»Las Evelynas« sind verspielte Engländerinnen, die wir später gekleidet als Fräuleins von der Insel auf der Straße treffen. Sie sind echte Schülerinnen aus Doña Evelynas Schule. Gemeinsam machen sie eine ansehnliche und unvergeßliche Nummer.

Der Goldfischglasmann ist eine sensationelle Nummer.
   Zuerst stellt man zwei Tische hin, den einen voller Biergläser und einem großen Goldfischglas; den anderen mit einer Gummibadewanne wie für das Kindlein des Hauses.

Die Musik rollt ihm einen musikalischen Teppich aus, damit er herauskommen und eine glänzende Runde drehen kann – und es erscheint Mac-Norton, der Mann, der sich selbst den großartigen Titel »Aquarium-Mann« gibt, wo er doch eigentlich nur der Goldfischglas-Mann ist. Was wir an ihm zuerst sehen, ist der Bauch, der uns ziemlich übertrieben scheint. Der Mann gleicht einem französischen Schauspieler, einem windigen und vergnüglichen Bänkelsänger.

Sollte das derselbe Mann sein, den Colette Willy vor Jahren auf einem Bahnhof getroffen und der ebenfalls Fische heruntergeschluckt hat? Vermutlich. Man muß wissen, daß er damals zu Colette gesagt hat: »Die Röntgenaufnahme hat gezeigt, daß ich einen Magensack habe, und mein Magen nach meinem Tod von der Pariser medizinischen Fakultät gekauft werden wird, und ich kann alles essen, was ich will, so schwer verdaulich es auch sei, aber es darf nur eine einzige Mahlzeit am Tag sein.«

Mac-Norton trank zuerst alle zwanzig Glas Bier auf das Wohl des Publikums. Ein schönes Kompliment, wirklich sinnvoll und gesund für alle! Danach trank er die Hälfte des Wassers aus dem großen Goldfischglas. Alles hastig und ohne Luft zu holen. Als handle es sich um eine Wette. (Welche Wetten mag er in Hotels und Cafés mit denen abschließen, die nicht wissen, wer er ist, und es für unmöglich halten, was er aus Prahlerei vorschlägt!)

Es gibt einen Augenblick, da meint man, er würde Selbstmord begehen, indem er sich von innen nach außen ertränkt anstatt von außen nach innen oder als wolle er sich mit Wasser vergiften.

Nachdem er das Wasser und das Bier getrunken hat, läßt er einen Strahl aus dem Mund fließen, als wäre er ein Selters-

Siphon, wobei er schließlich an seinem Ohr dreht, als würde er so den Wasserstrahl oder den Hahn des Siphons abdrehen.

Wenn man ihn sieht, denkt man, er könnte einen brauchbaren Gartensprenger abgeben oder Brände löschen oder als »Feuerlösch-Hausmeister« in einem Museum stehen.

– Die Art, die Herr Norton hat, sich auf Reisen die Hände zu waschen –, sagt der Cirkusdirektor, wobei er mit Bindestrichen und Pausen andeutet, was er meint, als würde er diktieren.

Herr Norton gießt ein wenig Wasser aus der Gummibadewanne über seine Hände, läßt die Seife schäumen bis zur großen Schaum-Arie; am Ende spült er alles ab mit einem gewaltigen Wasserstrahl. Nachdem er sich mit einem Handtuch abgetrocknet hat, öffnet er den Topf mit den Fischen und den Fröschen und gießt ihn in das Goldfischglas. Sogleich nimmt das Wasser diese Trübe an, wie wir sie von den Goldfischgläsern kennen. Wie in einem gefüllten Goldfischglas sieht man jetzt die lebhaften Zick-Zack-Bewegungen seiner Bewohner.

Mit einer Kelle wie für die Fischsuppe holt Herr Norton die ersten Fische und Frösche heraus, wie einer, der nach den besten Stücken angelt, und ohne sie zu schmecken, schluckt er sie mit einem Schlag herunter, doch sie hören nicht auf, ihre Runden zu drehen.

– Aber –, möchte man ihm zurufen, – entfernen Sie nicht vorher die Gräten?

Einige entwischen ihm wie ein Stück Seife aus den Händen, und da man sie vom Boden aufgehoben unmöglich schmutziger herunterschlucken könnte, taucht er sie ein wenig in das Wasser, das ihnen gehört, und schluckt sie dann herunter.

»Nun hat uns das Krokodil verschluckt«, denken die Fische, wenn sie Nortons doppelte Zahnreihen passieren; aber sogleich entdecken sie Nortons inneres Goldfischglas und fangen an, sich zu amüsieren, manchmal finden sie eine Brotkrume vom Frühstück, die schon ein paar Tage alt ist, und manchmal trinken sie von den Magensäften des großen Goldfischglas-Mannes.

Die Unterhaltung der Frösche und der Fische da drinnen muß kurios sein. Übrigens, da sie sich nun auf irgendeine Weise innerhalb der menschlichen Seele befinden, nehmen sie Intelligenz an, lassen sich vom Gedankenstrom ihres Gastgebers imprägnieren, und wenn sie herauskommen, werden sie klug und wie seine eigenen Kinder sein. Und da sie in dieser Nacht nicht zum ersten Mal diese Erfahrung machen, sind sie schon ein gutes Stück weiter und kennen die Geheimnisse der Seele ihres Herrn und verstehen die Ironie, von der er so viel hat.

Alle diese Witze, die Mac-Norton auf Französisch erzählen wird, kennen sie schon, und so lächeln sie vor sich hin.

Immer mehr Fische holt er mit seiner Kelle heraus und schlingt sie in aller Ruhe herunter, wobei er zu ihnen sagt: »Mit Gott!«, wie man denen nachruft, die man unter die Erde bringt.

Durch den Bauchnabel wie durch das Bullauge eines Schiffes schauen die Frösche nach draußen und hören das Gelächter des Cirkus.

Manchmal kitzeln sie ihn, damit er bald Schluß macht. Norton raucht eine Zigarette und schwatzt noch eine Weile. Wir möchten ihm von unserem Sitzplatz aus zurufen: »Ihnen wird schwindlig werden!« Aber vielleicht schluckt er den

Rauch herunter, um das Kribbeln in seinem Bauch dadurch zu besänftigen, daß er die Unruhestifter betäubt.

Wir können es kaum noch erwarten, die verschwundenen Tiere, von denen wir befürchten, daß er sie bereits verdaut, wieder auftauchen zu sehen.

Er zeigt keine Eile. Die Frösche spielen auf dem Grund der Finsternis Fangen und Verstecken. Die Fische sind verwirrt. (Wer Würmer hat, geht es dem nicht auch so?)

Und er holt sie wieder heraus, wobei er den Fröschen mit einer Eleganz die Hand reicht, mit der man den Damen zur Zeit Ludwigs XV. aus den Kutschen half.

Die Fische kommen wie Schlangen heraus, deren Zug immer wieder unterbrochen wird, weshalb man über diesen Mann vulgärerweise sagen könnte, daß er »Kröten und Schlangen aus dem Munde speit«.

In dieser Stunde der Auferstehung scheint die Zahl der Fische und Frösche zugenommen zu haben. Einmal aber geschah es, daß er einen Frosch vergessen hatte, und als er in der Nacht allein in seinem Schlafzimmer war, begann dieser in seinem Magen zu quaken, sehr tief drinnen, sehr weit unten, und er mußte ihn mit einer Schnur und einem Fetzen roten Tuchs an der Spitze herausangeln, wie man das sonst an den grünen Teichen tut.

Das ist der ganze Auftritt von Mac-Norton, einem Mann, der ohne Applaus abgeht, aber wegen dem alle Welt in den Cirkus strömt. Ein außergewöhnlicher Artist, der den Groll menschlicher Heuchelei auf sich zieht, den theoretischen Ekel der dekolletierten Damen, die sich den Mund zuhalten, und den Herren im Frack, die empfindlicher als die Damen ihre höflichen Einwände geltend machen.

Cooke, ein ganz und gar in cremefarbenes Flanell gekleideter junger Mann, Anzug und sportliches Hemd, von zerbrechlichem Aussehen: Sein Auftritt verspricht ebenso frivol wie schüchtern zu werden. Er stellt sechs Tische mit dünnen Beinen übereinander und auf die sechs Tische noch sechs Stühle und vollführt die schwierigsten Balanceakte, die Tollkühnheiten eines jungen und eleganten Selbstmörders, indem er sich auf den letzten Stuhl setzt, der nur auf zwei Beinen auf dem schwankenden Turm steht, ein Stuhl, der wie ein Stock auf der Nase schwankt, mit einem nervösen Zittern seiner Beine, dabei nutzt der Mann mit einer seltenen Gelassenheit den natürlichen Gleichgewichtssinn aus, der zweifellos vorhanden ist, wenn man angstbebend über dem Abgrund steht. Applaus belohnt seine bewundernswerte Kaltblütigkeit, die er am Rand eines schwankenden Viadukts gezeigt hat, ein Barmann, der in aller Ruhe auf einen dieser hohen stelzbeinigen Hocker in einer amerikanischen Bar gestiegen ist.

Gardey und seine Dame. Mit Gardey ist die Nummer von echt englischer Grazie und Präzision nach Jahren der Abwesenheit in den Cirkus zurückgekehrt. Was Gardey macht, ist unerklärlich, unübersetzbar, es ist der präzise, stille, pantomimische Auftritt, der selbst dann nicht aus seiner Stummheit herauskäme, wenn dem Artisten ein Riesengewicht aufs Hühnerauge fiele. Die große Schnarre des einstimmigen Applauses erklingt schwindelerregend eine lange Weile nach dem letzten Auf Wiedersehen von Gardey und seiner Dame.

Paul Stephens ist ein noch überraschenderer Artist als die anderen beiden, er ist der erste Herold der neuen Artisten des Krieges. Wie ein flügellahmer Vogel tritt er mit kleinen Hüpfern auf, wobei der Stumpf des Beines zittert, das er im Krieg verloren hat. Das Publikum ist verblüfft, als es diesen Mann sieht, der vollkommen sicher auf nur einem Bein steht, ohne Krücken oder einen Stock zu brauchen, und seine Rührung wäre größer noch gewesen, hätte es gewußt, daß er ein echter Kriegsinvalide ist.

Mit diesem einen Bein macht Paul Stephens lange Sprünge über drei in einer Reihe stehender Stühle und über einen Tisch, wobei er am Schluß mit seinem einzigen Fuß in kleinen Sprüngen über ein Drahtseil geht, während der Stumpf seines amputierten Beines sich in der Luft bewegt wie ein weiterer Arm, und so verwandelt er sich in den Mann mit drei kurzen Extremitäten und einem langen Bein. Auch für Paul Stephens prasselt der Beifall. Und er ging und er kam mehrere Male auf seinem einzigen Fuß wieder.

Der Cirkusdirektor müßte mit seiner lauten Direktorenstimme und seiner Art, stoßweise zu sprechen wie die Truthähne, verkünden, daß dieser Artist von einer Granate auf dem Camino de Las Damas in der Nacht des 25. Mai 1916 verstümmelt worden ist.

(Er könnte uns auch als große Novität einen echten Bolschewiken bringen.)

Der Clown, der in diesem Augenblick die typischen Eigenschaften des feierlichsten, verschwiegensten und komischsten Clowns Spaniens in sich vereint, ist Seiffert.

Er ist ein Clown mit dem Aussehen eines alten Mannes, der sich in seiner Zimperlichkeit verstellt, niemals auf das hört, was man ihm sagt, und der jedesmal mit Sorgfalt den Platz abstaubt, auf den er sich setzt.

In Seiffert erreicht die verschmitzte, zögerliche, zerstreute Grazie ihren Höhepunkt in einer schwerfälligen und durchtriebenen Tollpatschigkeit, die den Exzentriker auszeichnet.

Er ist und bleibt der große Clown, ein wackelnder Methusalem-Clown, Prototyp eines altmodischen schüchternen Clowns, der sich zerstreut gibt und im Cirkus wie ein Bauer in einem strahlenden Salon mit offenem Mund dasteht.

Diese dummen Auguste, die sich in neunzigjährige Frauen verwandeln, in überängstliche, mißtrauische und zimperliche Doñas Manolitas, wirken spaßig allein durch ihre abwartende Haltung, als warteten sie darauf, daß der Kaiserliche Augustus ihnen Beachtung schenkt, indem sie alle Fragen wiederholen, die dieser ihnen stellt.

Seiffert, ein eleganter, junger blonder Mann, imitiert bewundernswert einen müden Alten, der zahnlos ist wie der Totenkopf eines Clowns, ein lustiges Großväterchen, einen Veteranen. Fast schon wie ein Skelett hat er die Vollendung erreicht, und man lacht über seine treuherzigen Fragen, weil sie aus dem Mund der letzten Kindheit kommen.

Ein gebrechlicher Clown mit einem Lächeln voll Häme und Abneigung; ein verzagter Herr, der den Einfältigen und den Dummen spielt, mit seinen langen Händen, die zuweilen von weißen Handschuhen bedeckt sind, mit Fingern wie Spargelstangen, Finger, wie sie Maeterlincks Vogel hat, der den Zucker symbolisiert.

Mit diesem Auswuchs eines blühenden Radieschens auf seinem Kopf und mit seinem Aussehen eines Bauern, der gerade in der lärmenden und hell erleuchteten Cirkusstation ausgestiegen ist, ruft Seiffert die Heiterkeit des Publikums hervor.

Er ist weit weg von den Brutalitäten, den Eigensinnigkeiten und hochtrabenden Großmäuligkeiten, die die anderen dickköpfigen und nicht geläuterten Clowns zeigen.

The Morandini – dieses »The« ist ein echt englisches »The«, ein »The Hornimans«! – sind drei Schwestern, gelb gewandet und mit einer Fransengardine über den Oberschenkeln scheinen sie an drei Angelhaken zu hängen, und auch die Bambusstange, auf die die Korpulenteste der drei klettert, ist länger als im vergangenen Jahr und schaukelt besser. (Nichtsdestoweniger sollte man nicht zu viel Vertrauen zu ihrer Biegsamkeit haben, wie man auch einem Florett oder einem Rohrstock nicht vertrauen darf, das man verbiegt, denn wie oft sind diese schon durchgebrochen!)

Die Lecusson sind und werden immer diese jungen Damen sein, die in ihren Kinderschuhen die circensischen Stationen der Osterwoche ablaufen. Ihre Trikots und ihre Mützchen verlieren nie die leuchtenden Farben und den pittoresken Erfindungsreichtum der Frühlingskostüme und der Hüte dieser Damen, die am Gründonnerstag ihre größte Schau entfalten. Es sind, um es so zu sagen, Kostüme, die sie in der Vogue gesehen haben. Immer, wenn ich die Lecusson debütieren sehe, sitze ich neben einem, der ihr Verlobter gewesen ist, einer von diesen romantischen Verlobten auf Zeit.
   – Welche von ihnen war Ihre Verlobte? – frage ich, und er antwortet:
   – Die da, die jetzt neben dem Teppich steht.
   Oder:
   – Die da, die jetzt neben jenem Herrn mit der großen Brille steht.

Aber da sie in diesem Augenblick alle zu einem Luft-
sprung ansetzen oder sich zu einer Schleife winden, wie
man es mit Bonbonpapier macht, weiß man eine ganze Weile nicht, welches die Verlobte dieses sympathischen Jungen
war, der für sie Verse schrieb, akrobatische Verse, einer auf
dem anderen stehend, der Kleinste – ein ganz winziger
Vers –, oben und danach die normalen und schließlich der
Längste, in der gleichen Balance gehalten wie sie, wenn sie
die Säule bilden, die gleich darauf einstürzt.

Beby begann schon als ganz kleines Kind ein Cirkusartist
zu sein. Sein Vater, ein Florentier von denen, die an der Seite Garibaldis gekämpft haben, kaufte später einen großen
Cirkuswagen und gab Vorstellungen in ganz Italien, so daß
Beby im Alter von vier Jahren zum ersten Mal in der Manege auftrat, als Clown verkleidet und in einer Art Glocke
steckend, die ein großer Clown hervorholte, eine wundersame Glocke, die der Clown auf einen Apfel oder auch ein
Tuch stellte, welche sofort verschwinden, wobei das Publikum den Trick so lange nicht begriff, bis der kleine Beby
aus der Glocke trat und mit den verschwundenen Gegen-
ständen in der Hand davonrannte.
   – Mein Vater ist dreimal bei Fortuna gescheitert –, sagt
Beby zu mir, und er will sagen, sein Vater habe sich dreimal bei der ehrenwerten Cirkusarbeit ruiniert.
   – Wir hatten vierzig dressierte Pferde und mußten sie in
Sizilien um jeden Preis verkaufen –, fügt er hinzu. Und
philosophisch sagt er:
   – Die meisten Väter werden vor ihren Kindern geboren,
unser Vater nicht ... Wir haben vom ersten Tag an unseren
Lebensunterhalt verdienen müssen ... Unser Vater ist ent-

weder nach uns geboren oder er wurde zumindest zur gleichen Zeit geboren ...

– Wann hatten Sie Ihren größten Erfolg? – frage ich ihn.

– Bei der Weltausstellung in Paris 1900 ... Als ich mit meinem Bruder auf einem Pferd reitend die unwahrscheinlichsten Sachen machte.

Beby erzählt mir von all den Cirkussen, in denen er aufgetreten ist, darunter die beiden bedeutendsten der Welt: Busch in Berlin und Barnum & Bailey, in welchem vierhundert Pferde und zahlreiche Nashörner, Löwen, Giraffen usw. gleichzeitig auftreten.

– Und welche war die außergewöhnlichste Nummer, die sie in all diesen Cirkussen gesehen haben? – frage ich ihn und möchte mir ein Bild machen von all diesen wunderbaren länderübergreifenden Cirkussen.

– Es waren zwei Nummern – antwortet Beby: eine wegen ihrer Brutalität und die andere wegen ihrer Komik ... Die schlimme Nummer bestand aus einer großen Rampe, auf der zwei Automobile mit voller Geschwindigkeit dahinrasten, bis der Augenblick kam, in dem eines der beiden einen doppelten Salto mortale machte, dabei in die Luft abhob und hinter dem, das an zweiter Stelle des Rennens fuhr, herunterfiel ... Eine Besonderheit der Nummer ist, daß die Automobile immer von anderen Frauen gesteuert werden; denn der Eigentümer der Autos veröffentlichte eine Anzeige in den Zeitungen, darin eine junge Frau gesucht wurde, die für dreißig oder vierzig Dollar die Woche das Risiko eingehen würde, und nie fehlte es an Freiwilligen, die am Abend ans Automobil fest angebunden wurden ... Die Spaßnummer dagegen lag in den Händen des größten Clowns der Welt, von Biliagden, einem englischen humoristischen Naturtalent, der akrobatische Spielereien mit vier Gliederpuppen machte, die er selbst konstruiert hatte und die, wenn sie hinfielen, von selbst aufstanden und mit denen er diskutierte und redete.

Ich bewunderte ihn um so mehr, weil er ein Clown war, der allein auftrat, »allein« … ALLEIN.

Und Beby betont dies »allein«, als läge darin, in diesem Spaß verbunden mit der Unannehmlichkeit des Alleinseins, der große springende Punkt seines Berufs.

– Und wann fallen Ihnen ihre Sachen ein, Ihre neuen Nummern, Beby?

– In der Nacht, wenn ich schlafe –, antwortet mir Beby; und als ich das höre, stelle ich mir vom Cirkuslicht erhellte Träume vor, im größten Cirkus der Welt, welcher der Cirkus der Träume ist. Großartige und glückselige Träume!

– Aber meine Anregungen hole ich mir, indem ich mir die Verrückten ansehen und anhören gehe … Es gibt sehr lustige Verrückte … Ich habe viel von ihnen übernommen und auch von den Betrunkenen, wie man sie in einem Zug treffen kann, wenn sie sich eine Zigarette drehen wollen und eine halbe Stunde brauchen, um sie zu drehen, sie auszuwickeln und erneut zu drehen, und wenn sie um Tabak bitten, bis sie am Ende nur das Papier anzünden, das sich beim Inhalieren im Nu auflöst und ihnen den Mund verbrennt.

Ich schweige einen Augenblick und denke an diese kuriose Vision der Verrückten, an die großen würdevollen Spaßmacher, mit ihren unverhofften Gesten, überraschenden Pointen, unüblichen Paradoxen, unpassenden Erwiderungen wie jene, die Beby von einem Verrückten zur Antwort bekam, als dieser ihn nach dem Weg zum nächsten Ort fragte:

»Warten Sie einen Augenblick … Gleich kommt ein Flugzeug vorbei und Sie können darin Platz nehmen …«

– Und was gedenken Sie in Zukunft zu tun? – frage ich ihn.

– Fürs nächste möchte ich weiter dumm sein … Mein Vater wollte nicht, daß ich in diesem Beruf weitermache … Das ist ein Beruf für Tagediebe, sagte er zu mir, aber ich halte mich an Antonel, der ein großer Clown ist und immer sehr gute Dummköpfe um sich gehabt hat …

– Also ist es ein Aufstieg, Clown zu sein und zugleich das Ende für einen Dummkopf?

– Das glaube ich wohl –, antwortet mir Beby.

Als möchte er sich entschuldigen, den unglücksschweren Weg eines Turners und Akrobaten nicht fortsetzen zu wollen, erzählt er mir davon, wie man sich die Finger brechen kann mit einem fürchterlichen Schmerz, wenn man auf den Schultern desjenigen ausrutscht, der den auffängt, der springt, was oft genug passiert. Er zeigt mir das gebrochene Handgelenk, aus dem ein spitzer, wie im Gelenk steckengebliebener Knochen herausragt:

– Den Arm gebrochen … und vom Springen Wasser in den Knien –, sagt er, wobei er auf die Gelenkergüsse zeigt, die einen Abdruck von gestautem Wasser hinterlassen.

Und dies ist Beby, der ganze intime Beby eine Viertelstunde nach seinem Auftritt. Der Beby, der einem makellose Visitenkarten gibt, auf denen nichts weiter steht als »Beby-A. Frediani«, ohne daß sein Beruf auf ihnen auftaucht. Es gibt nichts mehr, was ich fragen könnte. Was noch bliebe, sagt er nicht, vielmehr er macht es. Wenn man darauf besteht, ihn nach lustigen Begebenheiten in seinem Leben zu fragen, fängt er höchstens wieder an, von seinem Vater zu reden, von seinen Anfängen, als er über die Straßen zog und

die Pferde antrieb, die nicht weiter laufen wollten; als er all
das tat, als sei es das Spaßigste in seinem Leben, die Ohrfeigen, die ihm sein Vater verpaßt hat und über die er sich lustig macht, auch wenn sie echt waren. Wenn er sich an sie
erinnert, wird es ihm unendlich warm ums Herz, als hätten
sie sich in die Ohrfeigen verwandelt, die der oberste Trottel
von einem Ober-Clown bekommt.

Wir sagen Lebewohl

In Spaniens Hauptstadt endet der Cirkus in den letzten
Sommertagen. Wer an diesem letzten Cirkustag auf einer
am hohen Brustbein zu tragenden Tafel das Cirkusspektakel
angekündigt hat mitsamt den Bildern der Artisten und damit durch die Stadt gelaufen ist, tut es wie in einer Laien-
prozession zu Ehren des Heiligen Grabes.

Der Cirkuschronist, der sich für diese letzte Vorstellung
der Saison ankleidet, wählt unter seinen fröhlichen Cirkus-
krawatten eine dunkle, vielleicht schwarze Krawatte aus,
und aus dem Schrank mit der weißen Wäsche holt er das
größte Taschentuch. Danach eilt er in den Cirkus. Denn
kann man auch am Tag der Eröffnung die erste Nummer
in der Gewißheit verpassen, sie nach wenigen Tagen zu erleben, so ist es am Tag des Abschieds nicht mehr gut zu
machen, wenn man die erste Nummer nicht gesehen hat.

Beim Betreten des Cirkus vergißt man ein wenig den Gedanken an den Abschied. Er ist so hell erleuchtet wie im-

mer, sogar ein bißchen mehr, weil die Scheinwerfer in dieser Nacht alle ihre Lichtreserven hergeben. Jedoch wenn man sich erinnert, falls man es tut, daß es der Tag des Endes ist, hält man alles, was passiert, für einen Glanz ohne Wiederkehr, für eine Einkehr in ein anderes Leben, für die Hellsichtigkeit des Todes.

Der stets sehr schwarz gekleidete Direktor scheint noch schwärzer zu sein und sein gestriger Smoking war eher blau im Vergleich zum heutigen, am Tag des aufgeregten Abschieds. Es sieht aus, als zähle er die Häupter seiner Herde, um ihnen allen einen Sprudel zu spendieren.

Das Orchester spielt den Walzer »Wenn der Cirkus stirbt« – traurig, langsam, von unendlicher Tristesse. Die Baßtuba weint wie ein Kind, das sich darauf versteht, die ganze Nachbarschaft in Mitleidenschaft zu versetzen. Ein neuer Apparat, eine Mischung aus Mörser und Reibe, gesellt sich an diesem letzten Tag zum Orchester. Man merkt, daß dieses Instrument für die Touren durch die Provinz, wenn hier Schluß ist, ausgesucht worden ist.

Die Clowns treten traurig und mit hängenden Köpfen auf, ein bißchen unpaniert, weil die Tränen ihr paniertes Gesicht zerstören. Dies ist die einzige Nacht, in der die Clowns an Dinge denken wie an »die Vergänglichkeit des Menschenlebens« oder daran »wie schwierig es ist, an morgen zu denken« und: »werden wir wiederkommen oder noch am Leben sein im kommenden Jahr?« Während auf den ernsten und angesehenen Theatern die Schauspieler am Tag des Abschieds ihr Drama spielen, ohne an den Abschied zu denken oder ihn wahrzunehmen, beschwören die Cirkusschauspieler ihn herauf, sie schicken Abschiedsgrüße mit der Stimme und mit dem Taschentuch, sie improvisieren gar lange Reden voller Feuereifer, Reden wie sie die Schüler an den Lehrer richten, wenn sie sich von ihm bis zum nächsten Schuljahr verabschieden. Großes Schulfest des Cirkus!

Den Bajazzos fallen keine neuen Sachen ein, aber sie wählen das Beste aus ihrem Repertoire, das Bleibende, wie zum Beispiel die ewige Geschichte des Sohnes, der sich mit einer Witwe vermählt, während sein Vater die Tochter dieser Witwe heiratet.

– Ich sagte zu meinem Vater! – sagt der Clown, heirate sie. So bleibt alles in der Familie. Und er heiratete sie, und seit jenem Tag bin ich verrückt, weil mein Vater jetzt mein Sohn ist, weil er mit der Tochter meiner Frau verheiratet ist. Sie ist gleichzeitig meine Tochter und meine Schwester und die Mutter meiner Tochter, das heißt, meine Frau ist die Mutter meines Vaters und gleichzeitig seine Tochter, während ihre Tochter ihrerseits ihre Mutter ist. Der Sohn, den mein Vater bekommt, wird mein Enkel und mein Bruder sein, während der Sohn, den ich von meiner Frau bekomme, der Bruder meines Vaters und meiner Stiefmutter sein wird, und gleichzeitig wird er der Bruder von ihm und sein Enkel sein und so weiter und so fort.

Die Turner, die Äquilibristen, die Akrobaten strengen sich an wie noch nie, sie holen, was sie können, an Applaus heraus, und manchmal setzen sie alles auf eine Karte, weil sie glauben, der Applaus am letzen Tag garantiere ihnen die Rückkehr im nächsten Jahr.

Es gibt Nummern, die in dieser Nacht fehlen, weil man sie schon für die Provinz verpackt hat, wo das nächste Debüt der ganzen Kompanie stattfinden wird.

Die Hunde der Hundenummer bellen mehr denn je. Sie geben einen wütenden Abschied. (Nebenbei gesagt, als wir im Programm etwas von einer »Meute« lasen, haben wir dies für ein übertriebenes Wort gehalten, um ein paar Hunde zu bezeichnen, und gemeint, es wäre besser angebracht für eine wütende und heißblütige Gruppe von Löwen oder Leoparden.)

Während des Spektakels weinen die diensthabenden Wärter und der Feuerwehrmann vor Kummer still vor sich hin. Für sie wird der Cirkus erst wieder im kommenden Jahr an der Reihe sein.

Jede Nummer zeigt sich mehrmals in der Manege, wo sie nichts Neues zeigen will, sondern sich nach zwei oder drei einfachen Luftsprüngen erneut verbeugen möchte, bis zum letzten Augenblick, wie Reisende, die den Arm aus dem Zugfenster halten und allen Zurückbleibenden »Auf Wiedersehen!« sagen, bis der Zug sich in einer Kurve, einer Schlucht oder in einem Tunnel verliert.

Der Trapezkünstler ist risikofreudiger denn je in dieser Nacht, die seine »letzte Nacht« sein kann. Mit dem Taschentuch, mit dem er sich den Schweiß von den Händen wischt, grüßt er ins Publikum, das ihm Beifall klatscht. Dort oben scheint diese letzte Nacht wie die Gondel des Ballons, mit dem er bis zum nächsten Jahr davonfliegt. Bis zum nächsten Jahr! Die Künstler des Wortes, die Theaterartisten verabschieden sich von April bis September oder Oktober. Sie kommen mit dem Herbst wieder und deshalb ist ihre Abwesenheit nicht lang. Diese Artisten aber verabschieden sich bis zum anderen Jahr!

Inmitten dieser Abschiedsatmosphäre treten nur die San-Hoo, die japanischen Jongleure, mit der großen Ernsthaftigkeit auf, die charakteristisch für sie ist. Das europäische Publikum läßt sie kalt, obgleich sie mit ihren unnachahmlichen Verbeugungen alle Höflichkeit wahren. Sie treten weltweit auf und sind unabhängig vom Lokalcirkus. Ihre Tränen scheinen aus einer Wunde zu kommen, aus ihren wie mit einer Lanzette eingeritzten Augen, als sie aus einem Cirkus in Japan fortgingen, wo es Akrobaten gibt, die bis zum Mond springen können und wundersame und unergründliche Geheimnisse haben.

Wir sehen uns im Publikum um. Das Publikum ist eher hausbacken und ärmlich. Die Creme, schlimm genug, diese dekolletierten und sehr eleganten Schönheiten an der Seite der Männer im Frack, ist schon vor vielen Tagen an die Strände gefahren. Der »elegante Tag«, der die Artisten zu unermeßlichen Heldentaten animiert, weil sie sich an den prunkvollen »Höfen« der Vergangenheit wähnen, findet schon fast einen Monat nicht mehr statt. Nun bleibt ihnen nur »die Familie«, die, obschon sie sie animiert, nicht so große Anstrengungen verdient.

Das kühle Entzücken für ihre Kunst kennen sie von dem gemischten und interessanteren Publikum am Beginn der Saison. Heute sind sie für Beständigkeit dankbar, sie sind bekümmert, aber sie fühlen sich nicht angespornt von dem kalten Hauch, der sie in den Blicken der Laien, der frivolen, der Gleichgültigen antreibt.

Die letzte Programmnummer ist angebrochen. Es ist die nächtliche Corrida. Sie gefällt uns nicht. Es ist eine Nummer, die man in den Cirkus gebracht hat, indem man den Cirkus betrogen hat. Sie gehört nicht in den Cirkus, aber in seiner Billigung ist der Cirkus oft treuherzig wie ein Kind. Angesichts dessen suche ich den Cirkusdirektor auf und dringe in die große Vorhalle ein, die etwas von einem »Turnsaal« hat, darin die Artisten und er sich aufzuhalten pflegen.

– Und der Direktor?

– Der junge Herr?

– Ja, der junge Herr.

Die alten Diener, die seinen Vater den Herrn nannten und den amtierenden Direktor von Kind an den jungen Herrn, machen sich auf die Suche. Die alten Diener haben keine Ahnung, seit wann das Herrchen der Herr ist.

In der großen Vorhalle spielen die Artisten miteinander, ein wenig fremd und ohne große Kameradschaft. Der mit der tragischsten Nummer sitzt in sich gekehrt und schweigsam auf einer Kiste. Die Mamas der allerjüngsten Artisten beaufsichtigen die Spiele ihrer Töchter, weil sie befürchten, man könne ihnen Schaden zufügen oder sie in der Mitte durchbrechen. Alles geschieht hier wie in der alten Vorhalle eines Schulinternats an Regentagen.

Der Direktor erscheint mit seinem Seidentüchlein zwischen gebügeltem Hemdkragen und verschwitztem Hals. Er kommt, als hätte ihn ein Artist um Arbeit gebeten; er kommt in Begleitung eines Mannes, der seine Schwerter handhabt, ihre Biegsamkeit prüft, sich schminkt und feststellt, bevor er sie holen läßt, daß sie gut temperiert sind.

– Ach! Sie sind es? – sagt er zu mir, als er den treuen Chronisten seines Cirkus sieht.

Er ist traurig. Er sagt, er wolle nicht weggehen, doch habe er einem Provinzunternehmen sein Ehrenwort gegeben und sein Wort sei ihm heilig.

Der lächelnde Mann, der mit den Bajazzos im Cirkus seine Späße macht und welche einsteckt, ist eigentlich ein sehr ernster, sehr kluger Mann, der keine Späße macht.

– Nächstes Jahr. Sie werden schon sehen. Nächstes Jahr. Ich stehe bereits mit großartigen Artisten in Verhandlung.

Das Kalenderblatt, eingepaßt und eingeheftet im Programm dieses Abends, wird liegenbleiben, wird überdauern mit seinem finalen Datum, wie das Kalenderblatt am Todestag in einem Trauerhaus.

Morgen wird man in aller Eile die großen Apparate in der Cirkusmanege verpacken. Furchterregende Hämmer werden das Stakkato trockener Schläge erklingen lassen, wie sie charakteristisch sind für die Nägel an den Holzkäfigen, in die man die sperrigen Möbelstücke verpackt.

Die großen Überseekoffer, die größten aus den Kofferläden mit ihren Gepäckriemen, aus denen die enormen Stäbe und erschlafften Regenschirme der Manege hervorragen, werden einen Zug vollstopfen. (Die Turner werden furchtbar viel Übergewicht bezahlen müssen, weil sie ihre Gewichte im Koffer mitnehmen.)

Die Clowns werden Späße auf dem Bahnhof treiben und den Leuten auf den Feldern, die erstaunt zurückbleiben, auf unnachahmliche Art zuwinken. Kein Fenster wird sich verquollen und widerspenstig sperren, weil die Turner es wie geölt herunterschieben werden.

Und der ganze Zug wird mit Gebell seine Fahrt antreten, weil man ihm am Ende drei zusätzliche Hundewaggons hat anhängen müssen.

Beiseite gesprochen

Und jetzt zum Schluß eine Erinnerung an den guten William Perish, jenen fünfundsiebzigjährigen Alten, der zum Cirkus in der anderen Welt aufbrach, sich dort auf ewig zu amüsieren, nachdem er hier seine goldene Hochzeit gefeiert hatte.

Wir werden ihn nicht mehr in dem Gang sehen, wo die Artisten im Überziehmantel herauskommen, im Frack, mit einem Seidentuch um den Hals, mit einem nach vorn gekippten Zylinderhut, wie ein Schornstein, der gleich umfallen wird. Er war keiner von den raumfüllenden und lärmenden Cirkusdirektoren – er war der feine und stille Direktor.

Perish wurde in Stradford (England) geboren, er kam 1868 als Cirkusartist hierher und zeigte zwölf prachtvolle freilaufende Pferde. Von dem berühmten englischen Unternehmer Thomas Price, dem Besitzer des Cirkus auf der Plaza del Rey unter Vertrag genommen, heiratete er dessen Tochter Matilde, die ihm Leonard und Victoria schenkte – ihn kennen wir von der Manege, wenn er mit seinen in Handschuhen steckenden Händen auf dem Rücken gestikuliert –; und sie zeigt sich mit einem Blumenstrauß am Eingang, wo der Portier die Eintrittskarten aushändigt.

Weil er ein Artist war, lächelte William, wenn die Pferdenummer an die Reihe kam und ein Kutscher sie in Freiheit vorführte. Wie er seine zwölf prachtvollen Pferde bewegte und sie auf der Hinterhand standen, wie man es sonst nur auf Wandfriesen oder Standbildern sieht; wie sie übereinanderstehend eine Art Treppe bildeten wie die übereinandergestellten Finger einer Hand, das gelang nur ihm. (Haben wir nicht als Kinder mit den Fingern derartige Spiele gemacht?)

Am Tag, an dem die kleinen Prinzen und die kleinen Infanten kamen, stieg er zur Königsloge hinauf, die an ein Zimmer in ihrem Alcázar in Sevilla erinnern sollte, und er überreichte ihnen ganz spezielle Programme, die auf Atlaspapier gedruckt waren. Später, in der Zwanzig-Minuten-Pause, kam er zurück, um sie zum Büffet zu führen, damit sie einen Imbiß zu sich nähmen. Er schien der alte Mentor seiner Hoheiten zu sein, der meist geliebte ihrer Lehrer.

Wie traurig war seine Beerdigung! Sie führte über die Plaza del Rey, gegenüber von Perish's Cirkus, gefolgt von einem vielköpfigen Trauerzug, in dem die Clowns die Betrübtesten waren. Kummervoller denn je senkten die Pferde des Totenwagens – Cirkuspferde – ihre Köpfe, weil sie ihren berühmten Lehrer zu seiner letzten Ruhestatt führten.

Jetzt steht in den Programmen bei der Aufzählung der Truppe ganz oben nicht mehr »Unter Leitung von William Perish«. Jetzt ist er nur noch der Gründer und neben seinem Namen steht in Klammern ein englisches Wort: »late«, das »weit weg« bedeutet. Und ob der gute Don William weit weg ist! Sie haben gut daran getan, dieses Wort zu verwenden. Es ist das Passende und es vermeidet den Gebrauch der Worte »tot« oder »verblichen«, die das fröhliche Cirkusplakat verdunkeln würden, das nicht von schwarzen Rändern gesäumt werden darf, sondern wie immer bunte Ränder haben muß.

Die kleinen Cirkusse

Wenn ich König wäre, ginge ich mit Vorliebe in die kleinen Cirkusse, damit sie von den großen Cirkussen, die immer mit dem Besuch von Königen rechnen können, nicht so klein gemacht werden können. Die kleinen Cirkusse würden verrückt werden vor Freude, wenn sie den König empfangen dürften, und überschäumend vor Wichtigkeit würden sie auf ihre manchmal handgeschriebenen Plakate schreiben:

»Seine Majestät der König wird die Vorstellung mit seiner Anwesenheit beehren.«

An die hölzerne Fassade der kleinen Cirkusse werden jede Menge pittoresker Plakate angebracht, die man in aller Welt von den Ankündigungstafeln abgenommen hat und auf denen Artisten angekündigt werden, die hier auftreten sollen, obgleich später keiner von ihnen auftritt, der mit Namen und Hinweis in echtem Englisch angekündigt wurde.

Die kleinen Cirkusse sehen mit ihrer Eistütenform, mit ihrem Zeltplandach aus wie große Zelte in einem Feldlager, die von einer großen Menge Stoff bedeckt sind, der in locker gebauschten Formen fällt. Drinnen kommt es uns vor, als befänden wir uns in der Gondel eines halb aufgeblasenen Flugballons, welcher, käme eine große Windböe, losfliegen und uns – wer weiß wohin – mitnähme.

Von draußen läßt sich einiges vom Spektakel erkennen. Die Zeltbahn schließt nicht überall gut und man sieht das glänzende Licht, das einen so sehr blendet wie das violette Licht in manchen Jahrmarktsbuden, wo es heißt:

ZUSCHAUEN VERBOTEN
GEFAHR FÜR DIE AUGEN

Im Hintergrund ertönt Musik, die zum Tanzen animiert wie im Haus einer Taufe oder einer Hochzeit.

Wer vorbeigeht, sagt: »Wie die sich da drinnen amüsieren!« Manchmal hört man von draußen unzusammenhängende Schreie und laute Rufe, eine sich kreisförmig ausbreitende Heiterkeit oder einen Applaus, warmherzige Beifallstürme ohne Ende, als geschähe dort etwas Wunderbares, das den Lärm der Musik übertönt, die man wie durch das Prasseln eines heftigen Regengusses vernimmt.

Irgendein Kind entdeckt eine Ritze, durch die man alles in der geschlossenen Bude sehen kann, eine nach den Proben übrig gebliebene Ritze, die der geizige Unternehmer nicht hat schließen lassen. Das derart begünstigte und schlaue Kind saugt durch die Ritze das ganze Spektakel ein, mit mehr Genuß als ein Blutegel. Dieses Kind ist ganz und gar Herr über das ganze Spektakel, und vielleicht würden auch wir auf ganz andere Weise zu Zeugen des Schauspiels, wenn das Kind ein Guckloch am Genick hätte, ein Objektiv, das uns die strahlende Vision des Cirkus zu sehen erlaubte.

Ein bißchen peinlich ist es schon, die Nummern des großen Cirkus in den kleinen Cirkussen zu sehen ... Diese Nummern wirken wie weiterverkauft, wie von zweiter Hand ausgebeutet, Nummern, die zu fallen beginnen, die immer weniger wert sind, bis sie beim großen Ausverkauf auf dem Flohmarkt landen, in dieser größten Rumpelkammer, größtem Keller, darin die Cirkusutensilien aufbewahrt werden, die Bruchstücke einer Apparatur, deren Herkunft nicht einmal die Trödler kennen, die sonst sogar wissen, was eine

Fräsmaschine oder ein Elektroapparat oder ein Röntgen-
apparat ist.

In den kleinen Cirkussen hat man immer das Gefühl,
behütet wie unter einer Zeltbahn zu sein, es ist die wunderbare Einrichtung eines großen Bretterschuppens, der lebendiger ist als die fabrikmäßig hergestellten Gebäude aus Be-
ton; in diesem Verschlag gelingt es uns, über das Meer der
Erde zu schiffen, er verleiht uns die Sicherheit von Reisenden, die jeder anderen Sicherheit vorzuziehen ist, lebhaft
und dennoch nicht gefährlich, denn kein Wind, der die Zeltbahnen auf illusionäre Weise bläht, wird uns zum Kentern
bringen können. Damit sie noch mehr wie echte Segel aussehen, sind die Zeltbahnen geflickt und ausgebessert. Wir
betrachten die große Segelfläche des Cirkus, ihre stattliche
Höhe und die Kraft der Maste und des Takelwerks, die die
Zeltbahn und sogar die Trapeze halten. Es scheint, daß alle
diese Artisten in ihren Anfängen eine Bootsbesatzung waren, tapfere und verwegene Matrosen, die an Deck und bis
zur Spitze des Bootsmastes kletterten und über die *stages*
liefen, sich dabei auf den Cirkus vorbereiteten, der ihre Bestimmung und bessere Zukunft war, und die für den Cirkus
all die vielen Dinge ausnutzten, aus denen sich ihre Kara-
velle zusammensetzte, und ihre Nützlichkeit für den Cirkus
begreift man nur, wenn man ihre Namen kennt: der Bug-
sprit, das Gaffelsegel, das große Vorbramsegel, der Hinter-
besan-Mast, der kleine Klüver, das Achterzelt, die Stage, die
Marssegel, der Sprungriemen, der Besan-Mast, der Höhen-
mast, der Toppmast, die Bagienrahe, der große Toppmast,
das Bugspritsegel, das Kreuzbramsegel usw. usf.

Was für eine schöne Sammlung von Cirkusdingen! Alle
sind sie erfinderisch umgewandelt worden und alle bilden

die Grundlage für die Cirkusapparaturen. Noch immer läßt der kleine Cirkus an ein großes Schiff denken, weil da immer ein als Schiffskapitän oder als einfacher Matrose verkleideter Artist aufzutauchen pflegt, und wird ein Netz gebraucht, ist es das Netz eines echten Fischers, eines armen Fischers.

Von außen betrachtet täuschen diese kleinen Cirkusse ein wenig. Sie sehen flach und altmodisch aus, aber im Innern sieht man, wie das Licht ihnen Höhe gibt und was alles darin vor sich geht, und wenn zehn Brüder sich übereinanderstellen, bleibt oben noch eine freie Stelle.

Die Zeltbahn ist oben ein wenig geöffnet, und so können die Sterne hereinschauen, und es ist ebenso angenehm wie praktisch, daß sich der Cirkus mit dem Himmel verbindet.

Die kleinen Cirkusse sind Glocken-Cirkusse. Der Direktor läutet mit der Glocke und zeigt so den Beginn jeder Nummer an.

Die Glocke klingt in den Herzen und bringt etwas von der Verzauberung, die ein Magier hervorruft. Die Glocke hat nur einen Nachteil, und der besteht darin, daß sie nicht schweigen will, bei jeder Unachtsamkeit des Direktors ertönt sie von neuem. Der Direktor ergreift sie am Klöppel, wie jemand, der denjenigen bei der Zunge packt, der nicht aufhört zu schreien.

Fast immer haben die kleinen Cirkusse schöne Pferde. Sie sind ihre Könige, ihr Reichtum, sie wirken unwahrscheinlich, wenn sie auftauchen, nicht so sehr ihrer großen Schönheit wegen, sondern weil sie es vermocht haben, durch die kleine Tür zu kommen, die den Artisten als Ausgang dient.

Am Kassenschalter der kleinen Cirkusse gibt eine Artistin mit Hütchen die Eintrittskarten aus, eine Artistin, die auf Französisch radebrecht und Falschgeld herausgibt.

Diese Cirkusse sind so schwierig zu finden, so abgelegen im Irgendwo, daß man sich im Ausland verläuft, wenn man sie sucht. Will man sie in der eigenen Stadt finden, muß man im Programmheft sagen, gegenüber von wo sie sich befinden. Durch die Öffnungen in der Zeltbahn der kleinen Cirkusse kommen auf der Suche nach dem unwiderstehlichen Licht Schwärme von Motten herein, farblose Schmetterlinge, bleich, dicklich, winzig, flatternde Schmetterlinge, welche die Theaterscheinwerfer umkreisen und mit der Seiltänzerin spielen und ihr behilflich sind, sie festhalten, anspornen und inspirieren.

So wie Musikklänge aus den Zwischenräumen des großen Regenschirms, der diese Cirkusse bedeckt, nach außen dringen, kommen auch Musikklänge von draußen herein, Glockentöne, Musik großer lärmender Karussellorgeln, Geschrei und Glockengebimmel vom Jahrmarkt. Und so kann es geschehen, daß die Pause, die ein Artist dem Orchester befiehlt, um den gefährlichsten Augenblick seines Auftritts zu gestalten, vom Klang einer entfernten Blechmusikkapelle, von einem einsamen Trommelwirbel oder vom Scheppern einer Glocke zerstört wird.

In den kleinen Cirkussen geschieht etwas sehr Schlimmes – sie haben keinen Arzt, wenn sich irgendein Artist den Kopf aufschlägt, und falls unter dem Publikum kein Doktor ist, wird man den unglücklichen Artisten in die Erste-Hilfe-Station bringen müssen.

Im Publikum dieser Cirkusse sieht man neben herausgeputzten Bauerntrinen ausgefallene elegante Damen von größter klassischer Eleganz. Auch die Männer mit ihren feierlichen Krüger-Hüten zeigen eine große Eleganz. Die Brillanten der vornehmen Leute, welche die kleinen

Cirkusse besuchen, glänzen stärker als in den königlichen Kolosseen und erleuchten das Spektakel. Kauft zuweilen jemand einen Logenplatz, den es für alle Fälle gibt, ist es das wunderschönste Paar. Er trägt Monokel und Frack, wobei sein Hut ein großer »claque« aus matt schimmernder Seide ist, mit einer breiten und hochgewölbten Krempe, den er zusammendrückt und unter den Arm steckt. Sie ist tief ausgeschnitten, mit einem dieser sehr eleganten Dekolletés, die wie ein leichtes schlichtes Mieder sind, wie schwarze Blusen aus feinen Fasern. Den Mantel zieht sie erst einmal nicht aus, damit man nicht alles sieht; denn sie kommt vom Empfang im Schloß und will nur für einen Moment den armen Cirkus besuchen. Erst am Schluß, wenn sie überzeugt ist, daß hier die größte Eleganz und der größte Ausschnitt erlaubt sind, wirft sie ihren Mantel, der immer wieder aufging, nach hinten. Jetzt sieht sie aus wie eine Artistin ehrenhalber.

Es gibt in den kleinen Cirkussen einen Artisten, der von allen sehr verwöhnt wird und den sogar der Direktor mit besonderer Aufmerksamkeit und Sanftmut behandelt. Er bringt die Zugnummer des kleinen Cirkus, die, wenn sie fehlte, den Cirkus ruinieren würde.

Im kleinen Cirkus erleiden die Artisten viele Unpäßlichkeiten, die man schriftlich auf einem Zettel mitteilt, den man am Kassenschalter befestigt. Sie sind ein wenig kränklich, wehleidig und schwach, diese Artisten. Das kommt in den anderen Cirkussen fast nie vor. Vor allem wenn es heißt: »Wegen Erkrankung von Miss Soundso wird an ihrer Stelle der ehrenwerte Zauberkünstler Chua-Che auftreten«. Ein abscheulicher Betrug, weil diese Miss, die wir nicht kannten, unersetzbar ist. Jetzt am Abend wird diese Miss

Soundso fehlen und es wird ein verlorener Abend für uns sein, weil wir wiederkommen müssen, um sie zu sehen. Was ist mit Miss Soundso passiert? Eine simple Erkältung, die sie am Auftreten hindert, weil eine Erkältung in der Manege so schlimm ist, wie mit einer Erkältung baden zu gehen; es könnte daraus eine Lungenentzündung werden. Nur wenn es statt dessen hieße: »Weil sich Miss Soundso umgebracht hat, wird sie ersetzt«, würden wir uns geschlagen geben. Ach! Aber dann würde sie nicht ersetzt werden, sondern der Cirkus schlösse seine Pforten. Würde er dies wirklich tun? Möglicherweise nicht. Das hat im Cirkus keine Bedeutung, es wäre das Finale, die Vervollkommnung des Salto mortale, etwas wie der Triumph, wie der höchste Salto, als ginge man zum endgültigen Cirkus, stiege auf zu seinem höchsten Punkt, von wo aus wir stets von den toten Artisten beobachtet werden.

Der ständige Cirkus

Natürlich brauchen unsere großen Städte ständige Cirkusse. Die ständigen Cirkusse machen aus den großen Städten große Hauptstädte. Wegen seines ständigen Cirkus ist Paris Paris, Berlin Berlin und St. Petersburg St. Petersburg. Der ständige Cirkus wird mit der Zeit so reich an Geheimnissen, er findet Mittel und Wege und Hilfsquellen für die Artisten, daß er auf lange Sicht wunderbar mit einer Vielfalt funktioniert, die aus ihm selbst kommt und im Überfluß seiner fest verankerten Gebäude gedeiht. Man weiß nicht, was ein ständiger Cirkus ist. Er beeinflußt die Literatur, das Theater, alles.

Das ganze Leben, das tragische Leben, die sich in der großen Stadt ereignenden Todesfälle, alles hebt sich mehr ab und erlangt eine größere Bedeutung vor dem Hintergrund des Cirkus, weil es mit der Tatsache kontrastiert, daß es jeden Abend Cirkus in der Stadt gibt. Wir sehen die riesigen Ohrringe aus Licht, welche das Cirkusportal schmükken und das an keinem anderen Ort so hell ist. Brillanten, die so rein in keinem anderen Spektakel sind und die unruhiger funkeln und ihr Licht reflektieren.

Der ständige Cirkus würde es möglich machen, daß sich hier Tiere und Insekten akklimatisieren, die es woanders nicht könnten und die ihre Zeit brauchen. So könnte es in einem Schwimmbecken Krokodile und andere Tiere geben, welche die Aufregung der Reisen, die schnellen Engagements nicht ertragen. In den Tiefen des ständigen Cirkus könnte es auch einen wunderbaren Hühnerstall mit klugen Hähnen geben sowie Enten, Kaninchen und vieles mehr.

Der gute ständige Cirkus hat sein Raubtierhaus, seine Pferdeställe im Stil königlicher Zeughäuser, mit vielen Boxen und den Namen der Pferde an den Kopfleisten. Und weil der Besitzer alle diese Pferde ständig um sich hätte, würde er in phantastisch verlängerten Kutschen mit Strohgeflechtapplikationen ausfahren, die von zehn Pferden gezogen und vom schönsten Reittier angeführt werden, mit prachtvoll gewölbtem Hals und wunderschönen Schwüngen und Schlängellinien.

Wer einen ständigen Cirkus hätte, würde etwas stattfinden lassen, was die provisorischen Cirkusse nicht improvisieren könnten. Er würde einem Löwen erlauben auszureißen oder den Elefanten und die Giraffe jeden Nachmittag eine Runde auf der Promenade der eleganten Damen drehen lassen.

Der ständige Cirkus würde, da er jeden Abend stattfindet, die Eleganz befördern und die Frackmoden abwandeln. Die Abendessen an teuren Orten wären häufiger und großartiger, und am Schluß könnte man die Zigarre, die man in einem köstlichen Balanceakt angeboten bekommt – schon das wäre eine großartige Cirkusnummer – und unter den fünfundzwanzig Schachteln auswählt, im Cirkus rauchen. So daß die Geldleute einander zuraunen könnten: »Nach dem Abendessen gehen wir in den Cirkus.« Die Nacht würde sich mit Zylinderhut, Pelzmantel und weißen Schal tragenden Typen bevölkern.

Aber da wir keinen ständigen Cirkus haben, haben wir den des Frühlings und den des Winters. Der Wintercirkus ist notwendiger als der Frühlingscirkus. Er preist mit seinem strahlenden Licht auf würdevolle Weise das große, wenn auch transzendente Kunststück des Winters.

Der Wintercirkus

Wir brauchen den Wintercirkus. Wie angenehm sind an kalten Tagen die Vorstellungen im Wintercirkus. In den Logen trägt man die großen Pelze für vierzigtausend Franken und man sieht viele Mardermützen einer vergangenen, aber sehr cirkuswinterlichen Mode.

Die Scheinwerfer sind Scheinwerfer mit einem verschneiten Dezemberlicht. Das Orchester ist verdoppelt worden, damit es die Kälte der Umgebung überstehen kann, und wenn es im Frühling vierundzwanzig Meister des Potpourri gab, sind es jetzt deren achtundvierzig.

Der große Saal nimmt das Aussehen eines Winterpalais an, und oben auf den Bögen, die das Zentrum des Amphitheaters und des Paradieses trennen, hängen Stalaktiten, und unten gibt es Stalagmiten.

Die Manege hat etwas von einer Eislaufbahn. Und wenn sie leer ist, ist sie leerer denn je, weshalb es im Unterschied zum Frühling fast keine Pause zwischen der einen und der anderen Nummer geben darf. Nicht eine Minute lang darf das Spektakel unterbrochen werden. Es ist mehr Eile, mehr Schnelligkeit, mehr Beweglichkeit erforderlich.

Die Artisten erscheinen wie Känguruh-Männer und Känguruh-Frauen in einen Übermantel aus Pelz gehüllt, den sie in der Manege ablegen.

Die Cirkusdiener tragen ihre »Winterpyjamas« mit Manschetten und Kragen aus Astrachan und schwerem geschmacklosen Besatz.

Es gibt Artisten, die sich in einem mit Kordeln verzierten Gehrock voller Pelz präsentieren, welcher ihnen einen Anstrich von russischen Fürsten gibt; andre wieder zeigen sich im klassischen Samtjackett.

Ihre Verbundenheit mit der Oper sieht man daran, daß die Artisten im Wintercirkus etwas von Divas haben ... von Divas, die nicht singen und sich dennoch am Ende ihres Auftritts verbeugen, als hätten sie in allen Höhen gesungen.

Mit eng über der Brust verschränkten Armen – verkreuzt wie die von einem Lederband gehaltene Haube – schützen sie sich vor der Kälte, die sie in ihren Seidentrikots ertragen müssen, weil ihnen Doktor Rasurels Unterwäsche verboten ist.

Die schöne Whilma – so ihr Name im Programm – hat einen brillanten Auftritt; wie zwei große Frostbeulen zeigt sie ihre Hinterbacken. Auf diesen Augenblick hat der Karikaturist, dem sonst nie etwas gelingt, mit seiner Zeichenkohle und seinen vorbereiteten Blättern gewartet. Die Hunde bellen. Die Clowns, die innen gelbe Kostüme aus grobem Flanell tragen, warten an die Reihe zu kommen ... Alle bekannten Cirkusnummern sind wie ein wenig erneuert durch den Winter und man sieht sie aus einem anderen Blickwinkel.

Eine Nummer aber taucht nicht auf – oder zumindest dürfte sie im Wintercirkus nicht auftauchen –, es ist die des Schlangenmannes, der, wie die Schlangen, in Winterstarre verfallen und verloren zu dieser Zeit schläft, obgleich er manchmal merkwürdig wach im Winter auftaucht, wie die Eidechsen und Schlangen, die in der herzstärkenden Wärme der Laboratorien zum Leben erwachen.

Alle ziehen sich erst während der Nummer aus und suchen die Kleiderstange, ihre Mäntel aufzuhängen. Im allgemeinen kann ein Turner oder ein Cirkusmensch nicht im Mantel arbeiten. Man hielte sie für Betrüger, die außergewöhnliche Hilfsmittel unter der Kleidung verbergen, und das Publikum würde es als Mißachtung oder als Wunsch ansehen, schnell ans Ende zu kommen, um so rasch wie möglich wieder gehen zu können. Es wäre doch allerhand, würde ein Artist im Mantel am Trapez oder auf dem Barren auftreten. Diese Nummer wäre eine Frechheit und man würde herauskriegen, was in ihm von einem Diener oder einem Eckensteher steckt.

Es ist gut, daß sie in leichter Kleidung erscheinen, und damit ihnen nicht kalt wird, blasen wir ihnen freiwillig die Wärme unserer Lungen zu und applaudieren noch kraftvoller, als wir es sonst in guten Zeiten tun, damit sie reagieren. Auf diese Weise bekommen auch wir etwas Wärme ab, denn ein kräftiger Applaus ist eine bessere Wärmequelle als heißes Wasser.

Glänzender ist das eisige Funkeln der Brillanten, und sie sind wie große geschliffene oder von den Kronleuchtern abgerissene Kristallstücke. Auf der schönsten Frisur ganz oben leuchtet der Winterstern.

In großer Zahl erscheinen die Amazonen, wie eingefaßt von einem Hufeisenrahmen, sie kokettieren mit einem Kopfschmuck, während sich die Hände mit täppischer Geste am Boden bewegen. (Es sind Reitlehrerinnen mit einem altmodischen Zylinderhut, der flach ist und eine faltige Krempe hat, ein Hut viel zu klein für ihre »eingerollten« Damenfrisuren.)

Die Gräfinnen sind echter im Winter. Auf ihrem Weg in den Süden, wo sie an wärmeren Orten die Saison verbringen wollen, machen sie hier halt wie Schafe auf der Weide der Jahreszeiten. Sie sind auf der Flucht vor ihren verwahrlosten, kalten und verkommenen Ländereien. Es kann passieren, daß sogar eine enttrohnte und hungerleidende Prinzessin auftaucht. In den großen und bedeutenden Cirkussen Nordeuropas mögen die Lampen heller leuchten, der Ruhm glanzvoller sein, aber hier sind sie zur Lungenentzündung des Ruhms verurteilt.

Sommercirkusse

Die Sommercirkusse unterscheiden sich von den Wintercirkussen vor allem dadurch, daß sie eine leichte und kühle Sommerkleidung tragen. Sie haben fast ein Gebäude über sich, und das ist ein wenig so, als hätten sie nichts an. Die Sommercirkusse scheinen den Winter- und Frühlingscirkussen unterlegen zu sein; aber sie sind es nicht. Die Sommercirkusse sind die Cirkusse der Wiesen, der Täler, sie haben mehr Pferde als die anderen, freilaufende Pferde, die wirklich wie Pferde aussehen, womit ich sagen will, daß sie nicht denen des Wintercirkusses gleichen, die ein bißchen wie aus Pappe sind, wie diese riesigen Pferde, welche von den genäschigen Kindern geliebt werden, und ein bißchen sind sie wie aus Stein, wie die Pferde auf den Denkmälern. (Sie erinnern mich, ganz ohne Absicht, an Dachpappe.)

Es sind die Pferde der Sommercirkusse, die den großen Lastwagen des Cirkus ziehen. Frühmorgens befassen sie sich damit, die Wasserfässer oder Sattelsäcke voller Milch oder Brot zu tragen. Ihre Augen haben das Aussehen großer Tintenfässer, einer schwarzen Tinte der Marke »Noir«, das die Augen der echten Pferde auszeichnet. Es sind Pferde, die Klage erheben und mit einem Schlag ihrer Hufe töten können; die etwas von großen Banditen an sich haben mit ihrem in die Stirn fallenden Haarbüschel.

Die Schimmel in diesen spanischen Sommercirkussen haben einen Anstrich von maurischen Pferden – Pferde, die den Berbern das Schießpulver gebracht haben und die sich auf den Boden legen mußten, wenn die Schießerei begann, lauter Don Tancredos angesichts der Kugeln oder tapfere Opfer, die sich dazu hergeben, einen Apfel auf dem Kopf zu tragen, während der große Schütze schießt.

Diese Pferde würden das Publikum wie ein leichtes Hindernis überspringen und dann in die Pampas laufen, weil sie Jagdpferde sind, so wie es Jagdhunde gibt, Pferde, um andere Pferde mit dem Lasso zu jagen.

Die Amazone geht behutsam mit ihnen um, und sie tut es, ohne sie aus den Augen zu lassen, indes sie selber unentwegt aus dem großen Augenwinkel beobachtet wird, den diese Pferde haben. Man sieht, daß sie mehr Dompteuse als Reiterin ist.

Wenn man diese Pferde an einen Fiaker anschirrte, würde man ein Getöse hören, wie es ein Auto auf dem Straßenpflaster macht, das den Auspuff verloren hat. Es klingt auch wie der Lärm, den eine an den Schwanz einer Katze angebundene Kasserolle macht. Für den Stierkampf könnte man sie nicht einmal im Alter verwenden, weil sie den Stier mit ihren auffällig deformierten Zähnen beißen würden.

Die Amazonen bestehen auf einer kompliziert-koketten Nummer, obschon es sie große Mühe kostet, ihre Pferde am Zügel zu führen. Auch in den Sommercirkussen sind es stets adelige Damen, die ein Kostüm für die große Jagd tragen, an der sie einst in Begleitung des Königs teilgenommen haben. Sie müßten mit ihrem Pferd spielen und viele weiße Hunde zwischen seinen Beinen hindurchlaufen lassen. Dann wäre die Illusion phantastisch.

Im Cirkus »Hipódromo« hat es eine junge, vornehme, stolze und ernste Amazone gegeben, die das Publikum fasziniert hat, und wortlos hat es sich von ihr erniedrigen lassen, wenn sie eine freundliche Miene aufsetzte, die nichts weiter war als eine deutliche Miene der Geringschätzung. Als Tochter vom großen Cirkusartisten Frediani und Nichte des anderen Frediani, der sich hinter seinem Spitznamen Beby verbirgt, ist sie der Star des Cirkus, aber einer, der in keinem Film auftreten wird, sondern ein Star des echten Cirkus, ohne Sentimentalitäten, ohne Falschheit.

In den Programmen des Sommercirkus heißt es immer:

GRANDIOSE REITERTRUPPE

Diese REITER stehen offenbar über dem Stand der Land- und Erdtruppen, die für gewöhnlich eher bescheiden als grandios sind.

In den Programmen der Sommercirkusse, winzig wie Kalenderblätter, liest man so seltsame Sachen wie: »Akrobaten und Kaskadeure«.

Im Sommercirkus bekommt man einfältige Dinge zu sehen, wie etwa den Spaß mit dem »verschwundenen« Finger. »Sehen Sie diesen Finger« (einen gerade ausgestreckten Finger). »Nun sehen Sie ihn nicht mehr.« Und dann folgt eine Bewegung, als wolle man ihn greifen und man simuliert, daß man ihn in der geschlossenen Faust hat, und da man ihn an die Handfläche preßt, ist er nicht mehr da, wenn man die Hand öffnet.

Das Spiel »wie habe ich die Hände hinter mir, geöffnet oder geschlossen?« Auf die Frage antwortet der Clown, und er kann antworten, was er will, immer wird der zweite Clown, der seine Hände hinter dem Rücken versteckt hat, sie so hervorholen, daß er ihm widersprechen kann. Verärgert, weil er verloren hat, und an Revanche denkend, will »Clown Grobian« unbedingt gewinnen und versteckt seine Hände; aber der andere, der immer der Schlauere ist, sagt: »Geöffnet!« und droht ihm mit einem großen Knüppel, bis er die Hände vor Schreck aufmacht und sie geöffnet vorzeigt, so daß er erneut verliert.

Die Sommercirkusse kleben ihre vergrößerten Telegramme an alle Ecken, die vorher nur Leonard Parish benutzt hat. Seit es diese preiswerten Morgen-Telegramme gibt, machen sich die Direktoren der Sommercirkusse die Preissenkung zunutze und schicken Nachrichten an sich selbst, die sie dann vergrößern lassen, als wären sie ein durch eine Lupe betrachtetes Telegramm.

Schlecht bestellt ist es in diesen Cirkussen mit den Clowns. Da sie nicht aus dem Ausland kommen, sind sie nur »schlecht und recht«, ziemlich durchschnittlich, immer großmäulig und den Hintern für ihre Anspielungen benutzend, für ihre gereimten Späße, für das Zucken ihrer Nase. Man merkt oft, daß es Steineklopfer sind, die plötzlich Clown geworden sind. Das Gesicht haben sie wie billige Dienstmädchen mit Mehl gepudert, ihre Hände sind schwarz, finster und schmutzig. Das fällt in den Sommercirkussen mehr auf. Peinlich ist, sie unter dem übertrieben wirkenden Unterrock – der des wahren Clowns ist ihnen zu groß – eine Frauenbluse tragen zu sehen oder eines dieser futterleinenfarbenen Korsetts, das sogar das Dienstmädchen auf den Hof geschmissen hat. Außerdem machen sie immer dasselbe, sie versuchen über dem, der sich duckt, Bock-

springen zu machen; aber sobald sie die Hände auf ihn stützen, fängt dieser an zu schwanken und nach hinten zu kippen; darauf holt er einen Stock, den er sich an die Stelle
steckt,»an die man den Fußtritt bekommt«, und auf diese
Weise wird sich der Unglückspilz abstützen. Was für ein
großartiger Clown in Maurerschuhen.

Aus den Sommercirkussen ist es angebracht, Sand mitzu-
nehmen; sie haben viel davon, der rötlich schimmert, eine
ausgezeichnete und gehaltvolle Erde, die wir nicht nur in
den Schuhen und im Hut finden, sondern, kurioserweise
und typisch Cirkus, in allen Anzugtaschen. Aus diesem
Grund scheint es, als wären wir am Strand gewesen, ist
doch der Cirkus der Strand der Großstadt, der kleine
Strand am Rande, den es hinter dem gibt, der von allen
besucht wird. Es ist wie ein Spiel, mit Sand zu werfen,
als erster fängt das Pferd an, das mit seinen großen Hufen
große Klumpen um sich wirbelt.

Auf den Plakaten sieht der wunderbare Springer ziemlich
infantil aus. Kann es sein, daß dieser junge Bursche seit seiner Kindheit mit einer solchen Arbeit befaßt ist? Das Plakat
hat eine widersprüchliche Wirkung.

Der Zuschauer, der die lichtstarken Glühlampen dieser Cirkusse aushält, ist ein wahrer Lichtgymnast.

Die Sommercirkusse, die mit dem Prestige der großen
Wintercirkusse kämpfen sowie mit ihren Senatoren auf Le-
benszeit und ihrem so bekannten Präsidenten, versuchen,
die Namen ihrer Direktoren unvergeßlich zu machen. Wir
hören sie immer und immer wieder, und auch die Direkto-

ren kündigen mit ihrer halb katalanischen und halb nach
leerem Zimmer klingenden Stimme, mit der sie diese Echo-
Namen ausrufen, ihre Artisten an. Aber weil es so albern ist,
nützt ihnen diese Werbung gar nichts, wie es gar nichts
nützt, die einfältigen Zeitungsartikel zu unterschreiben, die
man am Ende mit nach Hause nimmt, wo sie vergessen und
verloren werden.

Jetzt ist der Cirkus auf dem Weg zu den Stränden des Nor-
dens, und es wird eintreffen, was in irgendeinem intimen
Tagebuch am Rande stehen könnte:

UNTER DEM AZETYLENLICHT

(»Am soundsovielten August irgendeines Sommers«)

Das Dorf war langweilig. Jeden Tag dieselben Leute, sich
einer um den anderen drehend. Natürlich konnte man kleine Täler und Wegstrecken auf dem Land entdecken, aber
das reichte nicht aus. Die Gegend schien sehr unbewohnt,
und auf den Feldern hatte niemand Angst, weder vor
Schlangen noch vor sonst etwas.

Der Sonnenuntergang? Die Sonnenuntergänge? Es war
schon eintönig, besagte rote Scheibe im Meer versinken zu
sehen. Ja, wenn sie sich in andere Töne kleidete, in Streifen
oder Punkte! Das Schauspiel glich einer Theatervorstellung,
bei der sich nie der Vorhang hebt und nie jemand auftritt.
Die Betrachtung eines schönen roten Vorhangs und Stille
im Saal.

Am Strand ließ sich längst keine bequeme Position mehr
einnehmen. Er glich einer Matratze ohne Roßhaar, er war

ein Bett ohne Kissen. Der Sand verriet den Stein, den er in sich hat, aber auch gemahlener Stein ist Stein. Und die Rippen des Sandes stießen gegen unsere Rippen.

Der Sommer wurde allmählich lästig. Unbedingt mußte etwas passieren, was die Gegend verschönern würde, den Tag oder die Nacht verbessern, und das zu einer Abrechnung mit den Plagen des Landlebens führen würde. Vielleicht würde der Mond heller leuchten als sonst und von Silber und Bengalfeuer sprühen, oder es gäbe ein Froschkonzert mit einer größeren Komparsenzahl, bei der die einzelne schlammbeschmierte Note ins Erhabene aufstiege. Etwas! Und da geschah die Ankunft des armen Cirkus.

Der arme Cirkus ist das schlichte Bahnwärterhäuschen mitten auf dem Land. Ohne Zweifel, schon die primitiven Stämme und Nomaden besaßen ihren armen Cirkus und sie hatten Tiere, immer geheimnisvoll und ein wenig wild, welche die Freude des armen Cirkus waren.

Der zweispännige Lastkarren des armen Cirkus, der große Umzugswagen, der ihn transportiert, steuert unter großem Schlingern über die Wege.

Manchmal muß man die Tiere an die Deichseln anbinden, und der Turner hilft aus, das im Schlamm feststeckende Schiff aus der Untiefe herauszuholen.

Bei ihren Fahrten über Land kann es geschehen, daß zwei Lastwagen unterschiedlich armer Cirkusse sich begegnen. Dann tauschen sie ihre Eindrücke aus und halten sich gegenseitig auf dem laufenden, was jedes Dorf abwirft und welches das elendste Dorf ist, das man weit umfahren sollte, und in welchem Dorf in diesem Winter mehr Leute als sonst gestorben sind und wo man demzufolge auf keinem Cornett blasen sollte.

Wenn sie denselben Weg haben, werfen sie eine Münze, wer zuerst fahren darf.

Diese »schwankenden Güterwagen« der Wege sind ein wenig wie die letzten Arche Noahs, die es noch gibt, und sie haben etwas Biblisches an sich im Rankenwerk der Ereignisse. Sie haben keine Angst, weder vor der Nacht noch vor dem Dickicht, weil die wildesten Tiere, denen sie begegnen könnten und die sich längst nicht mehr in den Wäldern finden lassen, die Tiere in ihrem Waggon sind, und sie wissen, daß sie nicht gefährlich sind. Im Gegenteil, sie könnten die harmlosen Wälder, in denen es kaum noch ein Kaninchen gibt, für die anderen mit Angst erfüllen, wenn sie eines ihrer Raubtiere freiließen; denn es wäre nicht das erste Mal, daß einer ihrer großen Affen oder einer ihrer behäbigen oder bedrohlichen Bären ausreißt und einen ganzen Landstrich in Panik versetzt.

Sie fahren langsam, die kleinen Entfernungen zwischen den Dörfern können sie nicht beunruhigen. Sie sind froh, ihr Gepäck nicht abfertigen und nie eine Bahnfahrkarte bezahlen zu müssen.

Ihr Haus bauen sie in jedem Ort, eine Art kleines Hotel mit mehr Garten als Gebäude. Gleich fangen sie an, ihre Pfähle, ihre Bänke, ihre leeren Zuber aufzustellen und sofort die große Laterne, die den ganzen Ort erleuchtet, und ihr Platz ist wie ein Stück vom Mond.

Die Kiste mit den Einkünften aus der Theaterkasse gähnt. Die erste Vorstellung muß dazu dienen, neue Einkäufe zu machen. Ist das ein Programm-Dorf oder ein Trompeten-Dorf? Es ist sehr wichtig herauszukriegen, welche Art von Dorf es ist; denn das Programmdorf wäre bestimmt beleidigt,

eine lärmende Trompete zu hören, bei deren falschen Tönen einem das Gebiß klappert.

Der arme Cirkus macht aus dem Bürgermeister des Ortes
etwas mehr als einen Bürgermeister, fast einen Nero oder
zumindest einen Prokonsul mit großer Autorität. Für einen
Tag hat der Ort einen Bären und manchmal sogar einen
Tiger – eine sehr gut genährte Katze –, und das verändert
sogar seine geographische Lage.

Wie Matrosen, die ihre Netze flicken, bereiten die Männer
der Kompanie ihre Schwanzriemen vor oder reparieren die
Havarien an ihren Geräten. Die Frauen zeigen dieselbe Haltung wie die Frauen der Fischer, die ihre Männer arbeiten
sehen und sich nicht einmischen. Eingemummelt in ihre
dicken Mäntel treffen sie ihre Vorbereitungen für den Fisch-
zug am Nachmittag oder am Abend.

Die Affen, als wären sie kurzsichtig, nehmen alles in
Augenschein, geblendet vom leuchtenden Himmel der spanischen Ebenen. Manchmal heben sie den Blick nach oben
und lassen ihn wie vom Blitz getroffen beschämt fallen. Wie
Kinder vergnügen sie sich damit, ein Stück trockenes Brot
zu knabbern.

Die Kabine, aus der die Artisten auftreten werden, ist ein
irgendwie zusammengezimmerter und schief gebauter
»Hangar«. Irgendwo muß ja das Mysterium bis zur letzten
Minute gehütet werden.

Die Bären dürfen erst gesehen werden, wenn das Schauspiel beginnt. Während die Affen Darsteller sind, die sich in
der Menge aufhalten dürfen und denen es nichts ausmacht,
wenn sie von den Leuten gesehen werden, müssen die Bären in ihrem Versteck bleiben.

Der Bärenhüter ist fast schon selber ein Bär. Nur er kann

sie besänftigen, und auch wenn ihnen der Nasenring fehlt, der seine Sicherheit ist, können sie nicht anders, als ihm gehorsam zu sein.

Mit der Zeit wird aus dem Bärenhüter ein Eingeborener des Ortes, aus dem die Bären stammen. Er könnte das Land aufsuchen, das er nicht kennt, und bestimmt würde er die fernen Landschaften wiedererkennen, von denen die Bären ihm in den langen Pausen erzählen oder wenn sich ihre Träume auf demselben Lager vermischen.

Im vertrauten Umgang mit den Bären hat er sich verändert und das Schweigen und das Insichgekehrtsein eines Bären angenommen. Er schneidet ihnen die Nägel und stellt sich wie ein Schiedsrichter bei ihren Streitigkeiten zwischen sie, wenn sie anfangen, auf eine Weise zu kämpfen, die der des Boxers und der des griechisch-römischen Kämpfers ähnelt, aus denen am Ende ein schmutziger Kampf wird, bei dem alles erlaubt ist.

Der Bärenhüter ist ein Mann mit Haaren auf der Brust, und Handschuhe aus Haaren bedecken seine Hände. Daß er Pfeife raucht, unterscheidet ihn von den Bären, es ist die Pfeife, nach der sich die Bären so sehr sehnen und um die sie ihn beneiden, die Tabakspfeife, die ihnen so gut zu Gesicht stünde bei ihrem Phlegma und den langsamen Bewegungen ihrer Pranken und den krummen Armen eines Pfeifenrauchers.

Sobald die Ankunft der Cirkusspieler bekannt geworden ist, heißt es:
– Heute abend gibt es Cirkus!
– Es gibt Cirkus!
– Komm, wir wollen die Artisten ansehen!
– Es wird Cirkus geben!

Wer vermöchte zu zählen, wie oft die Nachricht wiederholt worden ist? Ausschwärmende Kinder ohne Zahl, ausschwärmende junge Damen und junge Herren, schwärmende Frauen und sogar Schwärme würdiger Herren, sie alle wiederholen diese Neuigkeit. Auch wenn das Dorf keine Zeitung hat, gleicht diese wiederholte und unermüdliche Werbung der umfangreichen Ausgabe einer kleinen Dorfzeitung.

Noch ist nichts zu sehen und man weiß kaum, wo sie sind. Sie ruhen sich aus. Sie kauen Kieselsteine. Richten noch ihre Kostüme her. Vielleicht bringen sie noch ein Stück Flitter am Kostüm des Clowns an, das wie ein Himmels-Atlas ist.

Wir haben den ganzen Tag nichts anderes tun können, als uns auf die Cirkusvorstellung vorzubereiten, die mitten in der Nacht stattfinden wird. Eine kleine Weile noch, die man ohne Ungeduld verbringen muß. Den selbstmörderischen Wunsch, daß die Tage vorbeigehen mögen, kann man jetzt unterdrücken. Der heutige Tag wird alle zurückliegenden Tage besser machen und uns Mut geben, die kommenden zu ertragen. Wenigstens zwei Wochen wollen wir es ohne Vorstellung aushalten. Wir sind die Herren der großen Städte!

Der Dorfplatz wird zum Strand für Vagabunden. Er richtet sich ein wenig her für das Fest, die Fenster verwandeln sich in Logen und die Stadtväter versammeln sich auf dem Balkon der »Casa Consistorial«. Der Wandercirkus hat uns einen Jahrmarkt außer der Reihe gebracht, ein Feiertag, mit dem man nicht gerechnet hatte, ein Donnerstag, der nicht im Kalender stand.

Die Artisten sind wie Lakaien ihrer selbst, arme Diener in Pluderhosen, bis zu dem Augenblick, da die Vorstellung beginnt und die Affen an ihren Schaukeln hängen. Sie schminken sich und ziehen das kurze Jäckchen an, ihren großen Luxuskasak, halb Torero halb Clown.

Sie springen was das Zeug hält und klammern sich an die Ringe, wobei sie die Cirkusneulinge ins Fach einführen und das Publikum grüßen wie Soldaten ihre Generäle.

Manchmal taucht die Amazone auf dem weißen Pferd auf, das den Lastkarren zieht, und man hat ihm die Krenoline oder den Schwimmgürtel des Amazonentums angelegt, was ihn breiter macht als er ist.

Wenig später treten die Clowns des armen Cirkus auf, um Almosen bittende Bettler, wahrhafte Straßenbettler, welche die Mehlbestäubung noch schmutziger macht. Vielleicht sind sie auch weiß maskierte Kohlengräber aus dem Berg. Ihr Streit ist ein Streit unnachgiebiger Männer, die durchaus imstande sind, sich anstelle einer Ohrfeige einen Messerstich zu verpassen.

Als rührende Schlußnummer tritt ein Kind mit verdrehten Korkenzieherbeinen auf. Nachdem es einen Purzelbaum imitiert hat – eher eine Brezel als ein Purzelbaum –, läßt es einen Hut als Sammeltablett durch das Publikum gehen, einen Zylinderhut, den es sich am Schluß der Subskription aufsetzt, wie um die Vorstellung zu beenden, die tatsächlich so endet. Armer, armer Cirkus!

Das Schlimme an diesen Jahrmarktscirkussen ist, daß sie ziemlich oft untergehen. Wenn auf den Eintrittskarten für den feierlichen Aufzug im großen Cirkus zu lesen steht: »Wir können nicht garantieren, daß der Zuschauer einen Sitzplatz bekommt«, müßte es auf den Eintrittskarten der

Jahrmarktscirkusse heißen:»Wir können nicht garantieren, daß die Sitzbänke zusammenbrechen.«

Die Jahrmarktscirkusse sind wie von Minderjährigen improvisierte Cirkusse, menschliche Hühnerställe, Regale zur Archivierung.

Zu oft müssen sie von einem Jahrmarkt zum anderen transportiert werden, als daß die Schrauben richtig fest sitzen könnten und alles zueinander paßt. Eine Widerstandsprobe läßt sich nicht mehr durchführen und eine Generalprobe mit Sandsäcken anstelle von Zuschauern, wie man sie vor jeder Theatereröffnung macht, kann man mit diesen Cirkussen, die so oft an verschiedenen Orten eröffnet werden, nicht durchführen.

Wie oft brechen bei diesen Wandercirkussen die Sitzbänke zusammen, und der Cirkuschronist kann seinen Protest nicht unterdrücken. Es mag ihm widersprechen, wer da sagt, daß die Artisten einen tödlichen Sturz und ein Zerquetschtwerden, wie es das Publikum sehr oft zu sehen bekommt, nicht vermeiden können, und so ist es gut, wenn das Publikum dasselbe gefährliche Risiko durchmacht wie der Äquilibrist und der Trapezkünstler – aber ich bin nicht einverstanden mit dieser Theorie.

In meinen vielen Jahren als Cirkuschronist habe ich den Moment nicht erlebt, in welchem das Publikum eine Katastrophe erlitten hätte, wie sie der kühnste Balanceartist zu fürchten hat. Es müßte ein Augenblick von großer Gemütsaufwallung sein, wie bei einer Eisenbahnkatastrophe oder einem Schiffsuntergang. Die ganze circensische Freude würde mit einem Schlag enden und die in Rote-Kreuz-Helfer verwandelten fröhlichen Bajazzos würden dabei ganz traurig aussehen.

Les Saltimbanques

Die Saltimbanques sind diejenigen, die auf den öffentlichen Plätzen auftreten. Es gibt ihrer nur noch wenige. Sie sind nach und nach, fast ohne Essen, über ihren Anstrengungen gestorben. Andere haben große Dinge machen wollen, größer noch als in den großen Cirkussen, und sie haben sich dabei umgebracht.

Während des Krieges habe ich die letzten in Italien gesehen, mit ihren gelben und rosafarbenen Kostümen, die Farben der Saltimbanques und ihrer Psychologie. Es waren Kinder – die Eltern befanden sich wohl im Krieg –, und ihre Spiele waren wie die der Straßenhündchen oder der armen Kinder, die auf offener Straße aneinandergeraten, Geschöpfe des Sommers, Arme und Beine in der Luft, und sie verbergen weder ihre Wasserkrugtülle oder ihre Sparbüchsenritze aus weißem Ton.

Die Saltimbanques von Paris waren ernsthafter als alle anderen, und was sie nicht an Kraft- oder Geschicklichkeitsübungen vermochten, vermochte niemand. Ich erinnere mich an einen, der einen Pflasterstein mit Faustschlägen zertrümmerte. Er hatte etwas von einem großen symbolischen Mann an sich, einem Mann in seiner Qual, ein Sisyphos der Verzweiflung und der Armut. Sah man eine Menschenmenge zusammenlaufen, und trat näher, wie um einen Toten oder einen Verunglückten zu erblicken, stieß man auf sie, und immer blieb der Verdacht, man habe es mit einem epileptischen Mann oder einer ein klein wenig ermordeten Frau zu tun. Immer hat das Spektakel der Saltimbanques etwas von einem Unfall auf der Straße, von einem blutigen Ereignis, einer tragischen Zwangsräumung, von einer Familie, die unter Röcheln stirbt.

Sie sind die Turner in den Straßen von Paris! Schreckliche Mörder, schreckliche Würger, als würden sie des Nachts Geldschränke knacken und sich am Tag, weil sie nichts Besseres zu tun haben, als Saltimbanques, römische Kämpfer oder große Gewichtheber verkleiden. Die Saltimbanques bieten ein bedauerliches Schauspiel, wenn sie über ihre Clowns- oder Turnerkostüme ein Jackett anziehen, sich eine Mütze auf den Kopf setzen, schlimmer noch, wenn sie in gestreiften Hemden und bürgerlichen Hosen auftreten.

Sie hat etwas von der Heiligen Familie, diese Familie der Saltimbanques, die Heilige Familie auf der Flucht aus Ägypten mit einem Kleinkind auf dem Arm und von Tieren umgeben, die sie mit einer Frömmigkeit und einer Zuneigung anblicken, wie man sie nur in den Augen der Tiere entdecken kann, welche die Saltimbanques anschauen.

In der Dachkammer unseres Hauses hat einmal eine Familie ehemaliger Saltimbanques gewohnt, bevor sie ins bürgerliche Leben eintrat. Die Tochter, die in einem rosafarbenen *maillot* ihre Rundungen zeigte, heiratete einen, der wie ich meine, früher mit der Truppe auftrat. Wie in großer Müdigkeit stiegen sie alle die Treppen ganz langsam hinauf. Immer sah ich unter ihren Bürgerkleidern ihre Saltimbanques-Silhouetten. Vor allem aus dem alten Direktor der kleinen Truppe war bei der Verwandlung ein sehr merkwürdiger Typ geworden. Er lief stets wie über die kleine Matte, die sie auf der Straße auslegten, und seinen Stock mit der eisernen Kugel trug er auf absurde und ungewohnte Weise, wie jemand der eine Altarkerze trägt. Eines Tages zogen sie um, und wir sahen sie ihre sieben Sachen auf die Straße bringen, und darunter waren viele in rote und gelbe Schleifen gewickelte Kinderreifen sowie viele leere und brüchige Körbchen, die unsere Phantasie anregten. Vielleicht waren sie, bevor sie Saltimbanques wurden, etwas Großes und Vornehmes gewesen? Vielleicht gab es unter ihnen galante Herren, welche der Tochter auf offener Straße über den Köpfen aller einen *corbeille* mit Blumen überreichten? Welch schöne Geste, wenn es so gewesen ist!

Arme Saltimbanques mit ihren alten Schuhen und ausgeblichenen Kostümen, tuberkulöse Familien mit grün-gelbem Teint; arme schmutzige Leute, die zuweilen samt ihren Kostümen – deshalb sind diese so ausgeblichen – ins Wasser der armen Flüsse in den Städten springen und darin baden wie diese Kinderskelette, die man im Schlamm und im Wasser der nimmersatten Flüsse sieht.

Erinnerungen

Es gibt Erinnerungen an die verschwundenen Cirkusse, die einen ungewöhnlichen Ruf hatten. Wir wissen nicht, wie ihre Nummern waren; von den meisten von ihnen bleiben uns keine Erinnerungen, doch wir wissen wohl, daß die Nachmittage oder Abende unserer Besuche angefüllt waren mit wunderbaren und unterschiedlichen Nummern. Wir sehen die Artisten, wie sie nunmehr Sprünge ohne Präzision ausführen, vage in der Luft hängenbleiben, sie vollbringen ganz außergewöhnliche Sachen, Männer und Frauen im

Wechsel, und in der Verschwommenheit der Erinnerung sind sie nackt und leichtfüßig, als könnte alles, was die Erinnerung zu sehen bekommt, nur das Phantom eines Cirkus sein.

In den Theatergärten des Buen Retiro tauchten manchmal Cirkusnummern auf, denen der Ort den Zauber von Liebesgeschichten verlieh, die sich unter dem Laubengang aus elektrischen Glühbirnen, diskreten und matten Glühbirnen, abspielten ...

Dort gab es eine wilde Truppe, Wesen einer längst vergangenen Rasse, die viele pittoreske Sachen machten, und es glänzte dort vor allem die Geraldini.

Die Geraldini war in unserer Kindheit eine ganz und gar aus Rundungen bestehende Frau, mit Oberschenkeln von runder Vollkommenheit. Sie vollführte einen Schlangentanz, den großen unschuldigen Tanz aus Farbe und Licht, umhüllt von bunten Lichterschleifen. Aus ihnen löste sich die Geraldini und zeigte sich in einem Umhang, wie ihn diejenigen tragen, die nackt auf der Bühne arbeiten und nach ihrem Auftritt in den erleuchteten Saal eilen. Das Publikum begrüßte sie mit einem ungeheuren Beifall, und am Ende mußte sie ihren Umhang öffnen, und sie erschien in dem *maillot*, der ihre Umrisse ganz und gar zeigte. Ein Akt weiß wie Gips, welcher der erste Akt war, den wir zu sehen bekamen!

Es ist immer noch unfaßbar, daß der Cirkus Colón abgebrannt ist. Es ist, als hätten wir soeben die Nachricht erhalten:»Gestern abend ist der Cirkus Colón abgebrannt.« Es war ein Cirkus, der seine große Kuppel mit ungewöhnlicher Leichtigkeit über den Boden erhob. Er war größer als der uns nun geblieben ist, und außerdem glich er einem großen Kristallpalast.

Er muß auf erstaunliche Weise gebrannt haben, mit sehr hohen Flammen, Feuerwerksfunken und gespenstig springenden feurigen Figuren. Aufgestiegen ist er ganz und gar in den Himmel, denn was von jenem Cirkus auf dem Grundstück übrig blieb, war glimmende Cirkusasche als letzte Synthese des Cirkus. Mehr als in Feuer hatte der Cirkus sich in Luft aufgelöst.

In unserer Erinnerung tauchen ein Paar Luftkünstlerinnen auf. Die Drahtseile, die ihnen helfen könnten, in die Wirklichkeit zu fliegen, haben sich in der Erinnerung aufgelöst, und wie echte Fliegerinnen, die aus ihrer Seele die Fähigkeit ohne Flügel zu fliegen hervorholten, bleiben sie festgebannt im Gedächtnis. Zu den verschwundenen Nummern gehört die Erinnerung an ein Märchen, das ein paar entschlossene Artisten mitten in der Manege aufführten. Das Märchen hieß »Das schmutzige Aschenputtel«, und es traten Aschenputtels Schwestern und sie selber auf. Eine Sänfte tauchte auf und während die anderen zum Ball gingen, litt das alleingelassene Aschenputtel. Dann ging sie doch auf den Ball und verlor dabei einen Schuh und am Ende heiratete sie den Prinzen. Dies alles geschah ohne Dekoration, Orte und Szenen wechselten auf einfache Weise, und es wurde die genaueste Vorstellung von einem Märchen, die wir je gesehen haben.

Jene von einer Scheibe aus Seidenpapier bedeckten Reifen, die ihr einer entgegenhielt und die die Reiterin zu durchqueren hatte, erzeugten eine unsagbare Wirkung, wie man sie heute nicht mehr erleben kann.

Nur noch in der Erinnerung lebt die Nummer, in der in die Laterne aus der Souffleurmuschel den Hintergrund der Bühne anstrahlt, wo eine nackte Frau Kostüme mit Blumen in verschiedenen Farben und Formen, Fischkostüme, Schmetterlingskostüme anprobierte. Es war dies die Einführung der Laterna Magica, und nachdem ihre Zeit vorbei war, war es auch mit der Nummer vorbei, die einen Höhepunkt hatte, wenn der Vorhang über der letzten Verwandlung gefallen war, das Licht anging und die Frau im hellen Licht nackt herauskam und, auch wenn sie bei ihrem Auftritt nackt gewesen war, sich über uns lustig machte, die wir, die Blicke fest auf sie gerichtet, versucht hatten, hinter die Effekte der Laterne zu kommen.

In einem Cirkus, ich weiß nicht wo, füllte sich die Manege mit Wasser und ein Mann sprang von oben hinein und verschwand auf dem Grund, bis das Publikum applaudierte, mit dem Wunsch applaudierte, sein Leben zu retten ... Hätte es nicht applaudiert, der Mann hätte sich in aller Stille aus Eigenliebe ertränkt. Zweifellos ist er eines Abends ertrunken, nicht weil das Publikum ihm nicht applaudiert hätte, sondern weil seine Widerstandskraft versagt hatte: Das Publikum applaudierte und applaudierte, bis der Direktor, als er sah, daß er nicht herauskam, die Manege betrat, den Schwimmer rief und als er merkte, daß etwas Schlimmes passiert war, den Teich auspumpen ließ. Da tauchte die Leiche des Mannes auf, der die Luft am längsten anhalten konnte.

Wir können uns auch genau an die Frau mit dem »Todeslooping« erinnern. Ein Wort, das unsere Bewunderung verdiente: »Der Todeslooping«. Den Looping zu nehmen, war weitaus gefährlicher als eine Wendeltreppe zu erklimmen. Die Frau bestieg ein Automobil und von oben kommend, von der letzten Schleife des Looping, fuhr sie herunter und erreichte dabei eine fürchterliche Geschwindigkeit, bei der sie nach oben glitt, und es gab einen Augenblick, da sie in der Höhe hing, doch genoß sie, den Kopf nach unten und gehalten von der Geschwindigkeit, den Höhepunkt der Gefahr. Diese kokette Verwegene des Loopings brachte sich eines Abends um. Bei keiner Artistin haben wir die Fatalität des Todes so gespürt wie bei ihr. Ihre Anmut hatte zweifellos mit dieser Fatalität zu tun, und vielleicht verlieh sie dieser Figur die Aureole auf strahlendem Grund.

Der russische Cirkus

Auf allen Volksfesten taucht seit einiger Zeit der sehr ansehnliche russische Cirkus auf, mit großen Fresken, auf denen Affen, Bären und Dompteure in großen Reitstiefeln gemalt sind.

An der Tür steht ein Kerl mit einem furchteinflößenden Schurrbart, und er trägt, obgleich es ein Sommerabend ist, einen Mantel aus Bärenfell.

Zwei oder drei unglückliche Frauen, über deren Augen die Fetzen der »öffentlichen Bekanntmachung« fallen, lungern an einer Seite der Tür.

Sie alle sind Zigeuner und nicht vom Wegesrand, sondern kommen aus der Zigeunervorstadt einer großen Stadt in Rußland.

Ein kleiner fescher Bursche mit einem Kordobeserhut ist der Sohn des Patrons mit dem Pelzmantel und von Werweiß-noch, als ob es Söhne mit bekanntem Vater aber unbekannter Mutter geben könnte. Er gehört zur Gruppe. Er ist der stolze Sohn, gut gewachsen und mit dem Aussehen eines kleinen Paschas; ein solcher hat an einem Vater genug.

Ein kaputter Scheinwerfer mit schielendem Blick streift mit seinen Strahlen diejenigen, die vor der Baracke stehengeblieben sind.

Eine Glocke, wie sie sonst die Maurer zur Arbeit ruft, ertönt von Zeit zu Zeit mit einem unbeholfenen Klang, der ihrer Stimme jede Autorität entzieht.

Man muß hineingehen.

Auf der Eintrittskarte eine Zeichnung, auf der ein Bär auf einem Zuber balanciert.

Drinnen schneiden fünf Salpeterlampen mit ihrem Diamant aus Kristallicht in unsere Pupillen.

Man darf überall Platz nehmen.

Obgleich eine Nummer auf der Eintrittskarte steht, ist das nur der Ordnung halber und man braucht sie nicht. In der Pause, bevor die Vorstellung beginnt, geschieht mancherlei. Neben einem der großen Pfeiler, die das Zelt stützen, graben ein paar Cirkusangestellte eine tiefe Grube, in der offenbar ein totes Tier aus der Menagerie beerdigt werden soll. Schon in der Grube stehend, sieht einer der Totengräber klein aus, wie mit abgeschnittenen Beinen.

Auf der Zeltplane und über der Tür taucht manchmal der Schatten eines Mannes auf, vor allem, wenn der Scheinwerfer, der draußen steht, seine Augen weit aufmacht. Dieser verrückt spielende und blinzelnde Scheinwerfer, der Funken sprüht, kaputt ist und dessen Kohlepatten schlecht eingesetzt sind.

Herein kommt die Frau, die Angst hat, in dieser Baracke umgebracht zu werden, und sie schmiegt sich eng an die

Seite ihres Mannes, als schwebte sie in Gefahr; herein kommt der elegante Logenherr, der falsche Beau, der einen eleganten Engländer vortäuschen will, der in die Welt des Pöbels eindringt; herein kommen das Fräulein in Rosa und das Fräulein in Blau mit der Mamá in Schwarz, alle drei für diesen Gang in den Cirkus neu eingekleidet, und alle drei mit Operngläsern; herein kommen ein Ganove und eine Ganovin, die einen großen Cirkus besuchen wollen, den echten und einzigen Cirkus.

Die Musik, die draußen gespielt wird, ist eine Zelteröffnungs-Musik, begleitet wird sie von der Peitsche eines Mannes im Pelz, um mit aller Kraft die Leute auf dem Volksfest anzulocken. Die Vorstellung wird hinausgezögert, als möchte man warten, daß der Cirkus voll ist, bevor man loslegt.

Man kann nicht mit den Füßen gegen diese Verzögerung protestieren, weil der Boden aus Erde ist und unsere Ungeduld kein Echo hätte. Es erhebt sich ein ungewisser Applaus, der nach Unterstützung sucht, um den Direktor daran zu erinnern, daß sich Publikum im Saal befindet; aber kaum jemand rührt die Hände, weil man kein Vertrauen zu diesen Budenbesitzern hat, die, sobald sich das Publikum mit ihnen entzweien würde, ihre Tiere auf uns losließen, und dann gäbe es ein Gemetzel.

Der Cirkus füllt sich allmählich. Die hartnäckige und magnetische Glocke, das Blinzeln des Scheinwerfers, die lärmende Musik und vor allem die Willenskraft des Dompteurs, dieses fürchterlichen Mannes im Pelzrock, haben das Publikum nach und nach angelockt und sein Mißtrauen besiegt. Sobald der arme Cirkus fast voll ist, merkt man, daß die Vorstellung beginnen wird.

Die Musiker sind von draußen hereingekommen und

mühsam eine Trittleiter hinaufsteigend und den Kopf senkend, als sie oben angelangt sind, haben sie auf einer Art von Zuschauerplatz über einer Stierkampfarena Platz genommen, als wäre dies ein Stierkampftag mit jungen Stieren auf dem Dorf. Über dem Baluster hängt eine Drapierung mit den Nationalfarben, eine Prozessionsdrapierung. Als wären es nicht dieselben Musiker von draußen, spielen sie nun ein neues Stück, eine echte Cirkussymphonie, die zu Beginn sehr lebhaft loslegt, als spiele man auf einem Fest ungezwungener und grenzenloser Heiterkeit.

Endlich kommt der Mann mit dem Bärenfellrock herein, er durchquert die Manege und betritt eine Art von Zigeunerzimmer, dessen Vorhänge dabei so sehr in die Höhe gehen, daß man hineinschauen kann; es gleicht einem Stall für Menschen und erinnert an einen Zeltplatz in der Pampa.

Hier zieht der Mann seinen Pelzrock aus und kommt mit einem schwarz-weiß-gescheckten Kutschenpferdchen heraus, das einen weißen Schweif hat. Eine Weile sieht man vor allem das blaue Samtkostüm des großen Dompteurs und seine goldgestickten Tätowierungen – ein feinstes Altgold –, Stickereien, die einen Blumentopf zeigen sowie einzelne Blumen, einen kleinen Vogel und auf dem Arm die schwer zu entziffernden Initialen »V.S.W«, die aber dem Individuum Charakter geben.

Das Planwagenpferdchen tummelt sich wie auf einer Rennbahn, und der Dompteur spricht mit ihm und verlangt bei jedem Schritt eine Bestätigung oder Verneinung, welche es mit dem Kopf gibt.

Die Fragen des Dompteurs sind ein wenig absurd, wie zum Beispiel:»Zeig, wo der sitzt, der am liebsten Schnaps trinkt«.

– »Bleib stehen, wo das sympathischste Fräulein sitzt.« – »Wo sitzt die älteste Person?« – »Was bist du für einer?« – fragt er es dann. »Bulgare?« Das Pferd sagt mit dem Kopf nein. »Türke?« Das Pferd sagt wieder nein. »Österreicher?« – »Nein.« – »Ungar?« Diesmal sagt das Pferd ja, ja, ja ...

Das Pferd macht noch ein paar Kunststücke und dann geht es ab. Derselbe Dompteur kommt nun mit einem Bären, der so auftritt, als sei er gerade ertappt worden, wie er sich die Hosen anzieht, und er kommt schläfrig heraus, sich den letzten Hosenknopf zuknöpfend. Den Bären wiederzusehen, macht uns Freude, er ist wie ein großer Freund aus unserer Kindheit, der sich mit den Jahren nicht verändert hat. Es ist, als hätte einer unserer Schulfreunde diese Unbekümmertheit, diese plattfüßige und tumbe Anmut eines Bären besessen. Hallo, Freund Bär! Mit seinen kurzsichtigen Augen, den Augen eines ausgestopften Tieres, Augen auf der Nasenspitze, weshalb er immer ein bißchen schielt, läuft er wie ein sturzbetrunkener Kerl, mit dem es sehr gefährlich ist, sich anzulegen.

Sein Maulkorb ist ein schrecklicher Maulkorb, den kein Gähnen zerbrechen kann, obgleich man nicht voraussagen könnte, was passieren würde, wenn man sich mit ihm allzu derbe Späße leistete.

Diesem Bär, wie allen Bären, die noch kommen werden, sieht man an, daß er, bevor er zum Cirkus gehörte, auf der Straße spazierenging und die Gallegada getanzt hat.

Die Musik belebt den Bären. Ihre Noten sind so kraftvoll, daß sie wie ein starker Luftzug die Plane wölben, mit der die Baracke bedeckt ist. Ihre Instrumente glänzen wie frisch geputzte Bocciakugeln oder wie die Kupfertöpfe in einer blitzblanken Küche.

Der Bär klettert auf eine dicke Holzkugel, die wie der Erdglobus aussieht, und er macht überaus schwierige Balanceakte, die man nervös und schrägen Kopfes betrachtet, wenn man sieht, wie er sich die Krallen bei seinen Vorführungen bricht.

Dann und wann gibt ihnen der Dompteur lachend, mit seinem schlimmen, schmierigen und unbarmherzigen Lachen, zum Spaß einen Klaps auf den Bauch, und der Bär, der wie erstaunt ist über das dreiste und unerwartete Spiel eines groben Freundes, dreht sich wütend um und verpaßt dem Dompteur einen Tatzenhieb.

Danach tritt die seiltanzende Äffin auf, an der Hand desselben Dompteurs, und sie sieht wirklich aus wie eine Seiltänzerin mit ihrem Hütchen, ihrem spitzen Rock und ihrem Geschick, die genaue Balance abzuwägen. Sie läuft mit ihren krallenfingrigen Füßen, mit den nach unten gekrümmten Füßen mit perfektem Gleichgewicht über ein breites Drahtseil, das den Cirkus durchquert.

Ab und zu verliert sie das Gleichgewicht und die Ernsthaftigkeit, wenn sie sich beim Fallen an das Drahtseil klammert wie an einen Ast, um dann schnell ans Ende des Seils zu kommen.

Ein weiterer Bär taucht nach der Seiltänzerin auf, ein radfahrender Bär, lang und schlaksig und als Jockey verkleidet, mit einer Mütze aus Atlasseide mit blauen Streifen auf gelbem Grund und einem zur Mütze passenden Kostüm. Er sieht richtig menschlich aus, dieser auf einem Fahrrad sitzende Bär.

Was wir aus den Fabeln an Bildern, Vermutungen und Utopien kennen, gewinnt hier angesichts dieser so geschickten Tiere, eine größere Wirklichkeit.

Nachdem der radfahrende Bär mehrere Runden in der Arena gedreht und sehr schwierige Balanceakte auf einer Balancierstange gemacht hat, tritt ein Hammel auf. Es ist ein sehr großer Hammel, und er scheint derjenige zu sein, den die Zigeuner aus einer Herde gestohlen haben. Er ist ein achtungsgebietender Hammel und sehr vornehm dazu.

Man sieht deutlich, wie männlich das großartig »bestückte« Tier ist, obgleich es klein und vierschrötig ist. Es greift an wie ein Raubtier, es zeigt Entschlossenheit und echte Kraft, und der Stoß seiner Stirn ist gewaltig, hart, direkt und sicher wie der Faustschlag eines großen Boxers. Man sieht, daß das untersetzte Tier nicht viel mehr ausrichten wird, aber man begnügt sich mit seinem Anblick. Er ist der Vater der großen Herden und ihr assyrischer König.

Ein paar Kinder aus dem Amphitheater begeben sich in die Manege, um ihn anzufassen, doch der Hammel wirft sie bei der ersten Begegnung zu Boden, worauf sie auf ihre Plätze zurückgehen, erstaunt von der Kraft und dem Katapultschlag des Kopfes, der nicht umsonst zur Darstellung echter Katapulte dient. In einem kurzen Lauf tritt der Hammel ab, als sei er hinter der Herde zurückgeblieben und möchte zu ihr zurück. Vergebliche Hoffnung, mitten in der Stadt und im Cirkus!

Schließlich taucht ein neuer Bär auf, ein ziemlich kahler Bär, verbrauchter als die anderen, mit einer Haut wie ein Elefant, Typ Orang-Utan und mit einem Kopf halb Esel halb alter Fuchs. Lächerlicher nackter Seminarist!

Auch zu diesem sagt der Dompteur, wie zu allen seinen Tieren, auf eine tyrannische Weise mit falschen Worten: »Und wenn du nicht auftreten willst und nicht das machst, was ich sage, werde ich dir Schokolade mit Bratkartoffeln geben.«

Immerzu wiederholt er diese wohlschmeckende Drohung von »Schokolade mit Bratkartoffeln«, von der nur er und die Tiere wissen, was gemeint ist, wobei sie die Drohung mit den »Bratkartoffeln« sehr beeindruckt.

Dieser so menschliche Bär dient dazu, griechisch-römisch mit den Zuschauern zu kämpfen, die sich stark genug fühlen, sich mit ihm zu messen. Einige treten näher, um zu sehen, ob sie ihn besiegen können, Milchmänner mit einem langen Arm von der Last der fast fünfzig Liter in ihren Tragen, und irgendein andalusischer Zigeuner, der schon manchem Freund in einem Café auf den Zahn gefühlt hat und sich alles zutraut.

Der Kampf beginnt.

Der Bär verzichtet auf die langen Vorspiele, bei denen sich die professionellen Vorkämpfer freundschaftliche Handschläge verpassen. Er wirft den Freiwilligen bei der erstbesten Gelegenheit um, und der Dompteur greift ein, um denjenigen am Boden zu retten, der geglaubt hatte, es mit einem dummen Bären aufnehmen zu können.

Beim Anblick der Bären wie der anderen Tiere dieser Menagerie denkt man, daß sie besonders abgerichtet sind und nicht aufs Wort, sondern schon auf halbe Worte hören. Was für harte Schläge mit dem Ochsenziemer mag es gekostet haben, bis sie es kapierten! Es kam der Tag, da sie sich zwischen dem unerbittlichen Schlag und dem Futter entscheiden mußten, wollten sie sich ihre Nahrung verdienen. Ihre Auftritte in dieser Bärenhöhle sind perfekt, nicht einmal in den großen Cirkussen wird man einen so präzisen Auftritt nach so kostspieliger Lehrzeit finden, so daß man vermuten möchte, die Bären seien deshalb so sensible und so perfekte Künstler, weil sie Teilhaber des Unternehmens sind und soundsoviel Prozent vom Gewinn einstreichen, den sie mit dem Cirkus erzielen.

Der Dompteur, welcher im Verlauf des letzten Programmteils ausgiebig ins Schwitzen kommt, weil er mit »seinen Artisten« Leib an Leib kämpfen muß, ist erledigt. Er hat die ganze Vorstellung allein bestritten, ohne auf der Zwanzig-Minuten-Pause zu bestehen, in einer verzweifelten und mutigen *Tour de force*, und am Ende wünscht er in einer Sprache, die durch das feine scharfe Zischen verdorben wurde und die denjenigen verrät, der durch den Orient gezogen ist oder von dort herstammt, eine »Gute Nacht«, die keinen Widerspruch duldet. Alle erheben sich von ihren Plätzen und streben hinaus, während der Dompteur seinen Pelzrock anzieht und erneut an der Tür seines Cirkus Stellung bezieht, und wieder eilen die Musiker zu ihren Bänken vor der Tür, und wieder läßt der Glöckner, der »nicht zur Kirche gehört«, den schrillen Ton hören, diese Glocke aus zweiter Hand, und wieder zeigt der Scheinwerfer diesen nervösen ungeduldigen Trick, und alle warten darauf, daß das neue Publikum eintritt.

Während wir uns vom Bärencirkus, vom großen russischen Cirkus entfernen, schauen wir des öfteren zurück, um das »Stammeszelt« zu betrachten sowie die Miene und das Aussehen des Direktors in seinem Bärenfellmantel, ein Stammeshäuptling, der wie ein Kannibalen-König auf seine neuen Opfer wartet.

Wie ein Echo geht uns die geschliffene Aussprache des Verräters nach, des Dompteurs in seinem primitiven Kostüm, als er »Schokolade und Bratkartoffeln« sagte und seine anderen Worte, während er die Äffin zurechtwies:»Wundern Sie sich nicht, wenn Sie morgen oder übermorgen die Straßen voller Affenblut sehen, weil dann werde ich Doña Palifonia die Kehle durchgeschnitten haben.«

(Und was für einen ängstlichen Blick ihm die Äffin Doña Palifonia zugeworfen hat, als sie diese Worte hörte!)

Pariser Cirkus

Die Cirkusse von Paris sind Orte heiliger Wandlung. Wie viele Nächte war ich ihr Zuschauer! Dort wußte niemand, daß ich Cirkuschronist war, weder im *Nouvelle Cirque* noch im *Médrano* noch im *Cirque de Paris* oder im *Cirque d'Hiver*. Was ich alles in diesen Cirkussen gesehen habe, davon sprechen die Programmnotizen eines Abends.

Die Clowns sind wie der Neumond in der Nacht, sie erhalten den Cirkus dank ihrer Hartnäckigkeit. Vielleicht gab es einen Abend, da der Cirkus aufgeben wollte, weil niemand kam und die glühenden Scheinwerfer Tränen aus Bengalfeuer weinten; doch er wurde durch die Heiterkeit der Clowns gerettet, die sich so verhielten, als wäre der Cirkus überfüllt mit Leuten.

Die Clowns sind, obgleich sie traurige Witze erzählen, fröhliche Leute, auch wenn sie von einem Besuch im Krankenhaus erzählen, eine traurige Geschichte wie die des berühmten Direktors des Circus *Médrano*, der ein Clown war, bevor er Impresario wurde. Eines Tages begab er sich in eine Dachkammer, um seine Späße zu machen, damit ein Kind den vom Arzt verschriebenen Heiltee einnähme, ein wahrheitsgetreuer Vorfall, über den Clarité ein Circusbuch mit dem Titel »Bum Bum« geschrieben hat. Es ist äußerst schwierig, daß ausländische Clowns bei uns Fuß fassen. Die Frattelini, die der Ruhm von Paris sind und deren Namenszug bedeutenden Fotoalben Würde verleiht und die Cirkusprofessoren an dem metaphysischen Lehrstuhl für *vieux colombier* sind, hatten keinen Erfolg, als sie in Spanien auftraten. Sie selber haben ihre unglückliche Reise mit diesen phantastischen Worten beschrieben: »In Madrid ist das Publikum am schlimmsten. Es lacht nur, wenn der König lacht. Das gemeine Publikum liebt die Corridas. Die Leute gehen in den Cirkus, wenn die königliche Familie der Vorstellung beiwohnt, und sie gehen nur, um Grüße von Loge zu Loge auszutauschen: *Señor, Señora …* Vor unserem Auftritt in der Manege gab man uns immer wiederholte Ratschläge: Machen Sie das nicht, das könnte der Königin mißfallen; und auch nicht das, das könnte sie erschrecken. – Wir traten auf wie gelähmt.«

Die großen Trapezkünstler tragen noch immer ein Kostüm mit goldener Quaste, das dem Lichterkostüm des *Chiclanero* gleicht. Es gibt viele Trapezkünstler mit dieser goldenen Quaste.

Die Konkurrenz dieser drei Cirkusse ist eine Pferde-Konkurrenz, es sind die zahlreichen und schönen Pferde, die sie zu Beginn der Vorstellung herausholen, damit die Zuschauer auf das Gestüt aufmerksam werden, über das der Cirkus verfügt. Der Cirkus *Médrano* hat die meisten Pferde, obgleich der Betrug nicht von der Hand zu weisen ist, denn sie treten nicht alle zugleich auf und man könnte leicht Kutschpferde und solche vom Stierkampfplatz mieten, um den Aufmarsch der wiehernden Komparsen vorzubereiten.

Zwölf sind es, die in einer Gruppe auftreten. Die zwölf freilaufenden Pferde bringen den Cirkus in Bewegung, der durch sie ins Kreisen kommt, als wäre er an ihren Flanken befestigt.

Wenn die zwölf freilaufenden Pferde sich auf die Hinterhand stellen, nehmen sie die phantastische Gestalt von Giganten an und ihre Stirn berührt fast die hohen Scheinwerfer. Sie machen uns angst, als könnten sie sich in mächtige, übermenschliche Wesen verwandeln, obgleich die Furcht verfliegt, denn sie können sich kaum auf der Hinterhand halten und fallen sogleich wieder in ihren Pferdetrapp.

Ein Geruch nach Kavallerieregiment geht von ihnen aus, als würden sie von Husaren geritten. Und sie waschen sich ganz ohne Seife! Der nahe an der Manege sitzende Zuschauer entdeckt ihre Haare auf seiner Kleidung, als hätte er mit dem weißen haarenden Hund gespielt. Der Dompteur nutzt die Kraft aus, welche die Kreisbewegung entwickelt, indem er die Pferde in der Mitte zurückhält. Die Rösser selbst streben immer zur Mitte und deshalb können die Zuschauer in der Manege beruhigt sein.

Das Pferdeauge erschreckt über unseren Anblick und auch davon, die 666 Peitschenstrieme zu spüren, welche die feurige Peitschenspitze auf ihre Rücken zeichnet.

Die ewigen Späße, wie man sie in Paris kaum wiederholen dürfte, wiederholen sich hier mit unvergleichlicher Dreistigkeit.

Es treten immer die gleichen Musikexzentriker auf, zu
denen der Cirkusdirektor sagt:
– Sie werden mich begleiten.
– Wohin?
– Darum handelt es sich nicht; Sie werden mich mit diesen klitzekleinen Instrumenten hier begleiten ...
Der Hilfsclown spielt schließlich auf seiner Kinderflöte,
während der Dumme August auf der Geige kratzt, die so
traurig klingt, weil sie eine Clownsgeige ist und es ihr nichts
nützt, die sonnengebräunte Glatze einer guten Geige vorzei-
gen zu können.
Der Cirkusdirektor tritt hinzu und sagt zu ihnen:»Es ist
verboten, hier Musik zu machen.« Darauf gehen sie mit
ihren beiden Stühlen an eine andere Stelle, und als der Direktor erneut kommt und das Verbot wiederholt, sagen sie
zu ihm:»Sie haben uns gesagt, daß man dort nicht spielen
darf und deshalb haben wir den Platz gewechselt.«

Die Szene wiederholt sich und schließlich endet alles mit
einer erheiternden Posaune, welche das gewaltigste Gähnen
der Welt imitiert.

Diejenigen, die von oben ins Netz springen, genießen die
Freude eines Kindes, das ausgelassen und vergnügt von
einer Sprungfedermatratze springt.
Sie alle geben sich Mühe, fertig zu werden, damit sie in
das weiche Netz springen können, in das sie abgekämpft fallen, und in der Minute des Versinkens finden sie eine lust-
volle und unschuldige Entschädigung.
Immer hat das Netz an irgendeiner Stelle ein Loch, das
sichtbar repariert worden ist und durch das einmal derjenige

entwischen konnte, der aus zu großer Höhe sprang oder zu viele Saltos über dem Netz gedreht hat.

Wenn der Elefant den Rüssel hebt, scheint es, als wolle er das ganze Publikum auffressen oder als drohe er uns zumindest damit, uns alle zu verschlingen.

Erst hinterher stellt sich heraus, daß es nur ein Gähnen war.

Der Elefant ist aus trockenem Schlamm gemacht.

Der Elefant, der jemanden in der ersten Sitzreihe zu suchen scheint, als wolle er die Stühle fressen, hüpft auf einem Bein, steigt über einen Mann, wobei er acht gibt, ihn nicht zu zerquetschen, und er greift schließlich zwei spielende Pferdchen am Halfter und zieht mit ihnen los.

Er gehorcht in allem, weil der Mann im Frack, der ihn präsentiert, einen Apparat von raffinierter Grausamkeit hat, einen Florentiner-Apparat, der ihm den Rüssel einklemmt. Es ist das simple und grausame Utensil auf einer Schreibtischgarnitur.

Rellow heißt der Schöpfer des »Mentaphon«, er ist ein alter »cancionero«, dem eine Erfindung zu einem besseren Leben verholfen hat.

Jedwede Erfindung im Cirkus, wenn sie wirklich eine ist, ist gut, was immer sie auch sei.

Das »Mentaphon« ist nichts, es ist das Geräusch steifer Hände, welche die Musik begleiten, wobei der Klang eines rudimentären Xylophons entsteht.

Ab und zu fügt dieser Mann, der zwei Hände aus Marmor hat, seinem xylophonischen Applaus eine Note hinzu, wobei er sich auf die Lippen beißt.

Es gibt, weil der erste gestorben ist, einen Nachfolger von Chocolat. Dieser war der Kollege von Fotting. Dieser Chocolat ist nicht sehr witzig, aber sein Kollege Cerato um so mehr. Cerato ist ein Unmensch mit Goldzähnen, bucklig, mit hellgrüner Mähne. Schon die Haltung dieses menschlichen Frosches bringt das Publikum zum Lachen.

Unter den Exzentrikern sind zwei Engländer, von denen man ein paar Tänze auf der Bühne ertragen muß, bei denen sie ihre Schuhsohlen verlieren; aber sie haben einen menschliehen Hund dabei, der wie der Hund aus dem »Punch« ist, ein ausdrucksstarker, großartier Hund, mit einem fast unverständlichen Humor.

Diese musikalischen Dachziegel, welche die Xylophonspieler finden, diese klangvollen Glasstücke, sind bewundernswert und unwahrscheinlich, in ihrem Wohlklang sind sie die Edelsteine unter den Klängen.

Die Papageien, welche die Taubendompteuse vorführt, sehen uns an, als wollten sie uns in den Finger beißen.

Was mir am meisten am »Neuen Circus« gefällt, sind die Spiegel, die großen Spiegel, die den Eindruck vermitteln, als würde ein großes, zahlreiches Publikum zusehen und sich darin abwechseln. Es herrscht hier der Goldton eines Füllhorns, und das macht ihn sympathisch.

Alle französischen Kinder, die jetzt mit mehr Sorgfalt denn je gehütet werden, als würde allein von ihnen die Zukunft Frankreichs und das Königreich der Welt abhängen, lachen im Augenblick der Unschuld mit diesem Lachen blondhaariger Kinder. In dieser Stunde des Cirkus scheint es, als wüßten sie nichts von der großen Mission, die sie auf ihrem Rücken zu tragen haben werden wie einen schrecklichen Tornister.

Das Orchester im »Neuen Cirkus« befindet sich in der Loge, die ihm gebührt, in einer hohen Loge, die eine ideale Plattform für ihre himmlische Musik ist, eine große Königsloge der Musik.

Unterm schrägen Musikregen, der aus der hohen Logenwolke fällt, treten die freilaufenden Pferde auf, entzückt, den Kragenbund des Geschirrs abgelegt zu haben, mit stolzen Mähnen oder Haarkämmen.

In den feierlichen Augenblicken von großer Bedeutung in diesem Cirkus spricht niemand französisch. Der Cirkus ist esperantisch. Die der Freiheit überlassenen Pferde wiehern wie in Spanien mit einem nervösen und hysterischen Ungestüm. Es ist die Epilepsie-Brunft der Pferde, Ausdruck der überschüssigen Energie, die in ihnen steckt.

Einzig die Späße der Clowns zerstören die Vorstellung in ihrer Klarheit, die das Prisma aller Sprachen durchquert hat. Ihr Französisch ist ein klares Französisch, wie ein klares Spanisch oder ein klares Englisch; aber es ist Französisch, und das ist es, was den Cirkus örtlich begrenzt.

Wie immer geben die Clowns die immer gleiche Vorstellung, und wie immer gibt es viele, die sie noch nicht gesehen haben.

Dieser Grippe-Tod des Clowns ist ein plumper Scherz des Dummen August, ein sattsam bekannter Tod, den viele Clowns sterben werden, die wirklich die Absicht zu sterben haben.

Auf seinem Höhepunkt kündigt das Programm an: »Präsentation des Mannes mit dem langen Bart. Das einzige

Phänomen mit einem langen Bart von 1,50 m. (Zu sehen in der Pause in der Bar des ›Neuen Cirkus‹.)«

Der Bart des Mannes ist lang, sehr lang, und er trägt ihn wie jemand, der einen Schwanz in seinem Gesicht trägt, wie Kinder, die auf Hochzeiten die lange Schleppe der Braut tragen. Sein Kopf ist ziemlich kahl, als hätte der Bart die Haarkraft seines Kopfes erschöpft oder als wäre er die Kletterpflanze an seinem Stammbaum. Der Mann mit dem längsten Bart der Welt hält sein langes Scheitelhaar in der Hand, wie die jungen Ladenschwengel in den Stoffläden, wenn sie das lange Stück für den neuen Anzug präsentieren. In den Bart dieses alten Tolstoi der Vergeblichkeit hat man mehrere bunte Fähnchen gesteckt mit ihren entsprechenden Wappen. Der Mann mit dem langen Bart läßt es zu, daß man daran zieht, und bei seinem Anblick verspüren die jungen Damen den eifersüchtigen Wunsch, etwas mit der langen Mähne ihrer Haare anzustellen ... Wie trägt dieser Mann außerhalb der Vorstellung seinen langen Bart durch die Welt? Vielleicht versteckt er ihn in der Brust, wie man einen Zopf auf dem Kopf versteckt.

Dann kommt ein ganz kleines Pferdchen. »Das kleinste Pferd der Welt« sieht aus wie ein Zicklein und zweifellos ist es ein in den Cirkusställen neugeborenes Pferd, welches später in seinen Gesprächen mit zukünftigen Pferdegruppen behaupten wird, es habe schon kurz nach seiner Geburt damit angefangen, Artist zu sein.

Die Hundenummer mit all ihrem schäbigen Geschirr ist nicht mehr zu retten. Der alte Kahlkopf mit dem Hundegesicht ähnelt durchaus einem Hundedresseur oder einem alten Fuchs, in seinem Frack mit kurzen Hosen und mit seinem großen *claque*, der zusammengedrückt die Form eines

Reifens annimmt, durch den er die Hündchen durchlaufen läßt. Um den Takt anzugeben, spielt er mit seinem plattgedrückten *claque*.

Der »Laternen-Mann« erwies sich als ein Verrenkungskünstler mehr, allerdings mit einer gewissen Neuheit, was das einzige ist, was ein Verrenkungskünstler braucht, um über seine Monotonie zu triumphieren und Erfolg zu haben. Besagte Neuheit des Verrenkungskünstlers besteht darin, daß er eine Straßenlaterne hervorholt und seine Vorführungen auf der Spitze des Laternenpfahls macht. Die x-förmigen Verrenkungen fallen so verdrehter und orchideenhafter aus.

Pati, der Mann, der die Gleichgewichtsgesetze auf den Kopf stellt, ist ein ernster Junge, vom Typ eines englischen Bankangestellten, mit einem hammerförmigen und oben sehr platten Kopf. Den Kopf auf eine Obstschale gestützt, macht er in einem schwierigen Balanceakt den toten Mann, er ißt in dieser auf dem Scheitel stehenden Haltung ein Steak, schneidet es durch und wischt sich mit einer Serviette den Mund ab … Angesichts dieser so anmutigen Umkehrung denkt man, der Mann müßte mit dem Kopf verdauen und mit dem Vakuum in seinem Magen denken, und nichts, was er ißt, kann ihn satt machen, weil sein Magensaft nicht wie ein Wasserstrahl aufsteigen kann.

Der verkehrtherum essende arme Mann wird von seinem Vater begleitet, und die Väter sind die beste Begleitung für diese standhaften Artisten. Sie sind es, die sie davor bewahren, in ihrem Leben mit den Krankheiten angesteckt zu werden, welche Muskeln und Nerven befallen. Die Väter sind in den Augen dieser Artisten hoch aufgeschossene Männer wie aus der Zeit, als sie ganz klein waren und mit der Bettdecke zugedeckt wurden; alles bereiten sie ihnen väterlich vor und in Anwesenheit der Kinder prüfen sie alles auf ihre Haltbarkeit.

Von dieser Art sind die Hauptnummern des »Neuen Cirkus«. Stets werden sie musikalisch verabschiedet, mit einer *retraite* von der Sorte, wie sie nur die Könige von Spanien genießen und die man überall spielen müßte, will man sich von ihrem Publikum verabschieden, wodurch die Beziehungen zwischen Artisten und Zuschauern nicht so kurz ausfallen würden.

Zwei grosse Cirkusse

Der Mondcirkus

Der Mondcirkus ist der Schöpfung größter Cirkus. Von dort
stürzen sich alle Cirkusartisten auf die Erde. Sie alle haben
auf dem Mond gearbeitet und es gibt Nächte, in denen sie
sich im Traum wieder dort sehen.

Von der Erde aus kann man unmöglich den Applaus
hören, der ohne Ende in dem großen Cirkus erklingt, und
könnten wir es hören, wäre es für uns wie ein strömender
Regen, dessen Wasser wir nicht sähen und auch nicht seine
Wolken, wobei wir dennoch ein Geräusch hören würden,
ein markantes und sattes Regengeräusch, einen großen
Regenguß.

Das Programm des Mondcirkus ist unendlich und auf
langen Rollen aus Japan-Papier gedruckt, die der Zuschauer
im Laufe des Abends nach und nach entrollt. Der Mondcirkus wird von großen weißen Lichtern erhellt, wie von einem
Bengalfeuer, ein berauschendes Licht, bei dem die Gesichter
phosphorisieren. Die nackten Artistinnen nehmen das Licht
derart auf, daß sie davon glühen und strahlen, vor allem die
Seiltänzerinnen, die wie ein Traum sind, der über einen
Mondstrahl läuft. Ein weißer Staub liegt auf ihren Haaren.

In diesen Mondcirkussen, so stellen wir uns vor, geschieht
alles im Rhythmus des Pulsschlages. Die Leute in den astro-
nomischen Observatorien sehen nichts, der Cirkus täuscht
sie bis zum Grund, er versteckt sich und was im weißen
Licht erscheint, sind lichte Nebel. Der arme Astronom
gleicht ein wenig den Kindern, die das Löchlein suchen,
durch das sie die Vorstellung beobachten könnten. Ah, sie
brauchten sich nur das Teleskop ans Ohr zu halten und

schon würden sie Musik und Applaus hören! Doch wetten,
daß sie es nicht tun? Wetten, daß sie das Ohr nicht an das
Objektiv ihres Apparates halten? Sehen können sie gar
nichts, aber hören könnten sie.

Im Publikum glänzen viele von einem brillantenen Halb-
mond vollendete Diademe sowie viele Fächer mit Mondpail-
leten, die auf unübertreffliche Weise funkeln.

Die Fracks und die Zylinderhüte sind weiß, wenngleich
die Krawatten und das Band der Taschenuhren schwarz
sind.

Der Jongleur spielt mit Sternen und Edelsteinen, die im
prächtigen Licht glitzern, in diesem Fruchteislicht der ganzen Umgebung.

Die Tiernummern sind von gehobener Phantasie. Die
Mondfüchsin ist reizend und die Mondvögel sind durch-
sichtig.

Schwer und riskant ist die Trapeznummer. Das Trapez ist
wirklich sehr hoch, und man sieht die Artistin oben auf
dem großen Lichtbogen faszinierende Pirouetten drehen,
die, wenn sie mißlängen, mit einem Fall auf der Erde enden
würden.

Hier herrscht soviel Licht, daß viele Frauen ihre Sonnenschirme in die Vorstellung bringen, japanische Sonnenschirme und ausgefallene Sonnenschirme wie große Orchideen.

Die Luftsprünge, welche die Artisten in der Manege machen, sind schier unglaublich und ihr Salto mortale läßt
keinen Vergleich zu denen auf der Erde zu.

Es gibt viele Pantomimen-Nummern und lebende Bilder
auf der Bühne, wo die Statuen, Frauen und Männer vom
Mond, einen langen Fries statischer Figuren bilden.

Der Cirkus von Nordamerika

In Nordamerika sind die Cirkusse riesengroß. Das ganze große Stadion ist mit Fahnen voller weißer Sterne geschmückt und alles mit Drapierungen aus Fahnenstoff bedeckt. Es herrscht in diesen gewaltigen Cirkussen eine Atmosphäre wie unterm Sternenzelt, vergleichbar nur mit den Cirkussen auf dem Mond.

Die große Verzweiflung, die dort jeden anfällt, der kein Millionär geworden ist, bewirkt, daß die Gescheiterten eine mächtige Kraft entwickeln, die sie die gewagtesten Sachen in den Cirkussen machen läßt.

Man kann diese Cirkusse auf zweierlei Weise betrachten: einmal nach ihren Abschnitten und einmal von oben, in einem Panoramablick, bei dem man alle Artisten sieht, die zur selben Zeit auftreten und das Ensemble eines Schlachtfeldes oder eines großen Stadions bilden, damit ein ganzes Volk seine gymnastischen Kenntnisse erweitern kann.

Die Rothaut, die sich dem Cirkus verschrieben hat, ist furchtbar, sie kämpft mit den Löwen, ärger als damals die Christen, obgleich auch sie in einem römischen Cirkus angegriffen wird; die Rothaut läßt einen Adler fliegen und tötet ihn mit einem Pfeilschuß, sie macht einen Sprung von einer Seite des Cirkus zur anderen ohne die Hilfe eines Trampolins oder sonst etwas, sie reitet ein wildes Pferd, das sie mit einem Salto über den erhobenen Kopf des Tieres besteigt. Gigantisch sind auch die Frauen in den Cirkussen von Nordamerika; ihre Oberschenkel bilden einen perfekten Kreis, ihre Kleider sind mit Sternchen geschmückt. Sie stemmen fürchterliche Gewichte, besiegen den starken

Mann, schießen eine Kanone ab und springen gleichzeitig auf die Kugel, die sie mit der Hand in ihrer Bahn aufhalten. Die drei Turnbrüder bringen ein kleines Häuschen, welches drei Griffe hat, damit man es mit der Hand hochheben kann, sie lassen alle Zuschauer eintreten und heben es dann in die Höhe usw. usf.

Die letzten Schaubuden

Cirkusfragmente, Ladenhüter des Cirkus, seine Flohmärkte sind die Schaubuden. Sie sind das Fegefeuer neben der Glorie.

Sie sind so sehr das Fegefeuer, daß die großen Anzeigen, auf denen gemalt ist, was drinnen passiert, wie die Bilder der armen Seelen im Feuer von Flammen umgebene Gestalten sind. Diese Abbildungen sind zugleich Abbildungen des Todes, denn sie sind in der Farbe des Todes gemalt, die Gesichter haben diese eigentümliche gelbe Farbe des Todes. Ein Museum, das weniger selbstgefällig und unnütz wäre, wie es alle Museen sind, müßte diese Bilder aufbewahren, um ihnen die verdiente Ewigkeit zu gewähren. Auf all diesen Leinwänden sieht man einen Teufel, einen echten Teufel, welcher derjenige ist, der mit denen dort zusammenarbeitet, die sich nicht trauen, Gott zu ihrem Mitstreiter zu machen. Die Farbe auf diesen Bildern windet sich in Schlangenlinien, es ist eine lebhafte Farbe, lodernd wie ein Feuer, eine Farbe ohne Glasur, von unnachahmlicher Härte.

Der düstere Hintergrund dieser Bilder hat etwas vom Hintergrund El Grecos, wenngleich ausgeprägter und ernster; ein Greco ohne Etikette und ohne Beschränkung, ein echter Greco, was die Verzerrung betrifft. Alles auf diesen Bildern ist übertrieben gemalt und in einer grausamen und gierigen Weise, die dem Leben angemessen ist. Eine Realität, die stärker als alles andere ist und ihr Mißtrauen gegenüber der Kunst behauptet, verleiht diesen erstaunlichen Bildern eine derbe Maßlosigkeit. Der tiefere Sinn des Lebens zeigt sich hier als Fäulnis und Fieber.

Das Leben in diesen Schaubuden ist wie die Ladenhütermusik, die von Schofel und Pofel gespielt wird. Den Blasinstrumentenspielern fehlt eine Lunge und den Seideninstrumentenspielern ein Arm; der arme Mann mit Nasenkrebs und einem schwarzen Pflaster auf der zerfressenen Nase spielt die Flöte, und man weiß nicht, wie er es fertigbringt, während des Spiels zu atmen. Der Verzweiflung dieser Männer entspringt eine fröhliche, mitreißende Musik, die ein wenig der Musik in den großen Cirkussen ähnelt.

Manchmal sind die Musiker auch die Artisten. Ein Clown spielt die Becken und ein anderer die an seiner Brust hängende Pauke, eine Pauke, die ihn wie schwanger aussehen läßt, und sobald er mit mehr Schwung spielt, meint man, er treffe mit den großen Malerpinsel-Schlegeln anstelle der Pauke seinen aufgeblähten Leib.

An der Tür der Schaubuden sitzt auf einer Kleiderstange oder auf dem Kassentisch ein menschähnlicher Affe, ein kleiner Affe mit Schlafmütze und gepunkteter Schürze. Dieser Affe ist ein Werbegeschenk, das der Besitzer den Zuschauern macht und das diejenigen dankbar entgegennehmen, die keine zehn Céntimos haben, die der Eintritt kostet.

Das interessanteste an diesem Affen, den die eintönigen Menschenmassen ermüden, ist das lebhafte Blinzeln seiner Augen, das Blinzeln einer Spirituslampe kurz vor dem Verlöschen des blauen Flämmchens. Seine Augenlider strahlen in einem hellen Blau, sie sind das Feinste an ihm, sind die zerbrechlichen Augenlider desjenigen, der bald sterben wird, des nicht mehr zu rettenden Kindes; unruhige Augenlider, darunter die Äuglein schauen und glühen.

Einer dieser mysteriösen Artisten, die auf der Bühne der Schaubuden auftreten, schien unzweifelhaft unter den Requisiten seines Zauberauftritts eine tote Frau zu haben. Sie war bleich und wie eine Odaliske gekleidet, war tot, und deshalb verschwand sie, sobald er eine Bewegung machte. Sie verfügte sich in die andere Welt und wenn sie wiederkehrte, um sich auf den Stuhl zu setzen, auf dem sie dann den ganzen Abend blieb, war sie noch bleicher und noch toter. Der Illusionist zog mit dieser Toten in einer Kiste von Jahrmarkt zu Jahrmarkt.

Sie sind lustig, die Schaubuden, in denen man phantastische Tiere ankündigt:»Der gehörnte Hahn«, von dem sich das Publikum zuraunt, daß natürlich das Huhn ihm die Hörner aufgesetzt hat.»Das schreckliche Tier mit den zwei Köpfen«,»Das Tier, das den Kopf hängen läßt« – und das, wenn man reingeht, ganz zufällig eine Notdurft verspürt und sich darauf in seine normale Position begibt – undsoweiter.

Viele dieser Monstrositäten sind Ergebnisse hybrider Kreuzungen, nicht zugelassene Vermischungen des in die Katze verliebten Hundes, des in die Ziege verliebten Wolfes. Manchmal sind es Pfropfbastarde, fabriziert von den Schaubudenbesitzern, die einem Kurzohrigen die Ohren abgeschnitten und ihm ein Paar Langohren verpaßt haben;

einem kleinen Tier haben sie die schwarzen oder unauffäl-
ligen Pfoten abgeschnitten, um ihm ein Paar weiße Pfoten
oder Krallen anzupassen, und sogar den Kopf eines Tieres
haben sie gegen den eines anderen ausgetauscht mittels
einer rapiden, gewaltsamen Operation, bei der sie die Ver-
bände sehr straff angelegt und den Hals mit ungelöschtem
Kalk umgeben haben undsoweiter. Sogar mit dem Hammer
schlagen sie in die Köpfe des gewöhnlichen Tiers, das sie in
ein Phantasietier zu verwandeln versuchen, Hörner, eine
Sturmhaube oder ein langes Einhorn.

Der Manegenboden dieser Schaubuden ist ein Stück Erde
mit Gräsern und kleinen Steinen. Die Zeltplane ist offen
und geflickt wie der Segel des armen Fischers. Alles könnte
ein Windstoß fortreißen und zusammenbrechen lassen, ein
Wind, der dem Spektakel seine Böen zuführt, die es zerstören und durcheinanderbringen. Wenn sie am Ort ihrer Nie-
derlassung Bäume finden, binden sie ihr Takelwerk daran
fest, und man ist überrascht, den verwandelten Baum dort
drin zu sehen wie zweckentfremdet, verängstigt und festgebunden, in einen Käfig gesperrt, die Krone im Freien und
den Stamm im Innern, besiegt und ins Haus gesperrt, wobei
er die größte Attraktion der Schaubude ist, das solideste, das
sie hat, auch wenn alles von ihm ablenkt.

Einmal bin ich in einer Schaubude gewesen, in der ich
der einzige Besucher war. Der Saal war auf eine peinliche
Art einsam und verlassen. Ich war nahe dran, wieder hin-
auszugehen, auch wenn ich so meine Eintrittsrechte verloren hätte; aber der Rückzug war mir peinlicher und ich
nahm meinen Platz ein, völlig allein, den gerechten Zorn
der hungrigen und verzweifelten Besitzer fürchtend. Es
brauchte lange, bis sich der Vorhang hob, sie warteten auf

weitere Gäste, und ich beobachtete den Eingang, ob da jemand auftauchte. Würden wir ewig so weiterwarten? Wie sollte ich ganz allein protestieren?

Draußen spielten die Trommel und die Trompete den traurig gedämpften und trügerischen Wirbel einer heiteren Melodie. Sie spielten wie für die Lebenden, also für die anderen und nicht für mich, der ich mir vorkam wie ein Toter, schweigend begraben, verloren für die andere Seite der Welt, ohne die fröhliche Hoffnung, hier wieder herauszukommen. Endlich hörte die Musik draußen auf zu spielen und die Musiker betraten die Schaubude. Sie kamen ohne ihre ansteckende Fröhlichkeit, als hätten sie sich nun von einem Fest zu einer Totenfeier begeben, um das »Miserere« zu spielen. Sie sahen mich alle einer nach dem anderen an, als könnte ich ein bedeutender Mensch sein, der imstande wäre, eine große Menschenmenge hereinzuführen, und zugleich sahen sie mit einem gewissen Greuel auf mich, als wäre ich das schlampige und undankbare Publikum. Nichtsdestoweniger fingen sie an zu spielen, sie spielten unaufmerksam mit Füllseln, Kicksern und schrecklich falschen Tönen, für die sie keine Verantwortung trugen, denn hätte ich mich erdreistet zu protestieren, hätten sie mir ihre Instrumente an den Kopf geworfen und mich von vorn bis hinten mit ihrer Piccoloflöte durchbohrt. Sie spielten für die anderen, damit die da draußen sie aus der Ferne hören würden, sie spielten nicht für mich, der ich die Leiche war.

Endlich gingen ganz langsam die Vorhänge auseinander und es erschien die Ballerina, die Ballerina für mich allein. Ich spürte den Haß dieser Männer, die dieser Liebe, diesem heimlichen Treffen, in das sich dieser Tanz für einen einzelnen Zuschauer verwandelte, beiwohnten. Ich begriff, daß dies zuviel war, aber ich konnte es nicht verhindern. Wie hätte ich jetzt noch hinausgehen können? Die Musik würde erstaunt über mein Aufgeben verstummen, die Ballerina stehenbleiben wie gelähmt, der Vorhang begänne sich von allein zu schließen, und der Mißerfolg würde uns einhüllen. Ich setzte meine versöhnlichste Miene auf, und mein Blick gab der Ballerina ein solches Vertrauen, daß sie mir den Tanz widmete. Ich bemerkte diesen Entschluß an der ruckartigen Bewegung ihres Kopfes zu Beginn des Tanzes. Ich sah, wie sie bereit war, sich der Leidenschaft hinzugeben, wie sie sich in einem außergewöhnlichen Moment auch der Hetäre bemächtigt, daß sie sich wirklich so hingibt, wie sie nicht geglaubt hatte, es zu können. Jener Tanz, für mich allein in der einsamen Schaubude getanzt, war einmalig. Manchmal wandte sie die Augen von mir ab, aber es geschah, wenn sie sich am meisten hingab, wenn sie ihren Bauch herausstreckte, ihren Ausschnitt darbot, wenn ihre Brüste sich für mich öffneten. Nicht zu schildern ist die Erinnerung an jenen Tanz! Er endete abrupt, und die Musiker in ihrem Ärger, daß ich einen glücklichen Umstand ausgenutzt hatte, stießen mich ins Freie. Schon zur nächsten Vorstellung aber sah ich viele Männer hineingehen und sicherlich würde die Schaubude von nun an nie wieder einsam sein.

In den Schaubuden wird manchmal ein Frauenkopf gezeigt, der den Namen »Stella« trägt. Auf manchen Jahrmärkten kommen viele »Stellas« zusammen, und der Zuschauer, dem davon schwindlig wird, sieht eine Welt abgeschnittener Köpfe, die zu leben scheinen, und der Gedanke fällt ihm schwer, ob es Köpfe sind, die zu anmutigen und stattlichen Frauenkörpern gehören. Oder ob es Köpfe sind, die so geboren wurden, sozusagen schwachsinnige Köpfe, wie man sie in den Kellern vieler Häuser in der Stadt versteckt. Vielleicht gibt es in den nahegelegenen Dörfern, im finstersten Winkel von Carabanchel, von Leganés und von Tetuán Köpfe wie diese, und im Keller dieser stets verschlossenen Häuser, die niemand bewohnt und die dennoch vermietet sind, lebt vielleicht auf einer Konsole einer von diesen Köpfen, der mit lebendigem Blick den Rokokospiegel und die stehengebliebenen Uhren betrachtet, die Augen hin und her bewegend wie bei diesen Uhren, die eine Figur in Bewegung setzen.

Ihr lebendigen Köpfe der Frisierkommode! Oh Wunder lebendiger Köpfe aus Pappkarton.

»Stellas« *Ehemann* wartet eine Weile, bis das Publikum die nötige Andacht hat, dann öffnet er die schäbigen Vorhänge.»Stella« erscheint. Ein einziger Blick ihrer Augen erfaßt uns alle wie nur ein Kopf, der nur ein Kopf ist und eine ganze Sensibilität und sein ganzes Leben in seinen Augen versammelt, intensiv blicken kann.»Stellas« Augen sind mächtiger als die der schwachen Frauen, die körperlich unter uns weilen.»Stella« schaut wie eine, die operiert wird und die jeden betrachtet, der sich im Operationssaal befindet.»Habt ihr gesehen«, scheint sie zu sagen,»wie man mich verstümmelt hat! Weil ihr glaubt, daß ich nur ein Kopf bin, seid ihr so bekümmert und habt Mitleid bei meinem Anblick!« – auch das scheinen ihre Augen zu sagen.

»Stellas« *Ehemann* stellt die Fragen, auf die sie unzähligemale schon geantwortet hat, während sie an etwas anderes denkt, vielleicht an uns mit der Neugier auf die neuen Zuschauer.»Stella« kann nicht erröten. Das Blut, das sie hat,

hat sie im Kopf und deshalb kann es nicht vom Herzen aufsteigen wie bei denen, die rot werden. »Stella« kann weder erröten noch außer Fassung geraten, weil die Kraft ihrer Augenlider so groß ist, daß sie allen Blicken widersteht und sie ihre Augen nicht niederschlagen muß.

»Stella« ist sehr gut frisiert, weil sie sonst keine Ausgaben hat außer beim Friseur. Jeden Morgen kommt die Friseuse mit ihren Brennscheren und ihren in Papier eingewickelten Kämmen und macht ihr eine füllige Frisur mit viel Brillantine und viel Schneckenschleim, damit sie den ganzen Tag über die Fasson bewahrt. Irgendwie ist es die Frisur einer Japanerin, die ihr Stolz und Verwegenheit verleiht. Aus keinem anderen Anlaß macht man ihr Komplimente, die Frisur ist ihre einzige Koketterie, und wenn man sie in diesem Punkt zufriedenstellt, wird sie auf alle Fragen antworten, sogar auf die unverschämte Frage nach ihrem Alter, die man sonst keiner Dame stellen darf, aber sofern sie gut frisiert ist, wird sie auf alles antworten.

Ob wir uns in einen »Stella«-Kopf verlieben könnten? Es würde ihr nicht entgehen, weil sie uns, die wir mehr als einmal kämen, wiedererkennen würde. Mit ihren Augen würde sie uns bedeuten: »Ich kann nicht zu dir kommen, aber ich sehe dich an.« Gewiß würde der *Ehemann* wütend werden, uns so oft hereinkommen zu sehen, und es würde ihm auffallen, wie wir den Kopf seiner »Stella« magnetisch anziehen; aber was könnte er schon sagen, wenn er sieht, wie selbstlos unser Verhalten ist und er, wie er weiß, sich unseren Beziehungen widersetzen könnte, indem er den Kopf sicher in einem Papageienkäfig verwahrt. Alles, was der Kopf könnte, wäre, sich hin und her zu drehen und wie ein kleines Tier voranzubewegen.

Ach, wir müßten die Schaubude kaufen, ein Auto nehmen und mit dem in einen dicken Brautmantel gewickelten Kopf hinausgehen, wie einer, der ein Weihebild zum andachtsvollen Kuß durch die Dörfer trägt. Wir müßten für immer zu Hause bleiben, ihr unsere ganze Aufmerksamkeit widmen, nur auf sie aufpassen, denn es wäre ihr ein Leichtes, herunterzufallen und sich das Genick zu brechen!

Die Spaßmacher in diesen Schaubuden tragen Kostüme aus Bettdecken. Sie wiederholen, was schon andere vor ihnen gemacht haben, die Gabe der Rede ist ihnen versagt, ihre Worte sind von einer Plattheit, die Gänsehaut verursacht. Spaßmacher in Karnevalskostümen, die schon zwanzig Karnevals gedient haben und die verwaschen und ausgeleiert sind, als wären sie tot und überlebten nur durch die Hartnäckigkeit, immer wieder getragen zu werden. Sie bedienen sich eines Besens, eines Zubers oder eines Wasserglases, billigen Handwerkszeuges vom Dachboden, um am Ende einen dummen Spaß zu machen, der ihnen mißlingt. Wenn da nicht die Frauen wären, die in der Schaubude auftreten, würde man kein Mitleid mit ihnen haben, aber man merkt, daß diese vierkantigen und schwarzhaarigen Vorstadtfrauen um Nachsicht für sie bitten.

Die Schaubudenartistinnen ersetzen das Badehosenkostüm des Cirkus oft durch ein Couplet-Sänger-Kostüm. Es ist das, was sie gefunden haben und wenn sie sich zu sehr auszögen, würden sie ihre mageren und hageren Formen verraten. Alle sehen aus wie Zigeunerinnen und sind es nicht; alle haben sich mit der Zeit in schlampige Zigeunerinnen verwandelt, mit einem Gesicht von der Farbe alter Lehm-

wände, von der Sonne verbrannt, Hals und Kopf stechen
hervor, der Körper ist eingefallen, brüchig und ausgeleiert
gleicht er einem alten Rock. An ihren abgemagerten Armen
treten die Impfungen hervor und glänzen weißer als die
Kleidung und der übrige Körper und schillern mehr als ihre
Pailletten. Die Impfungen, auffälliger als die Blechmarken
über den »feuergeschützten« Türen, sind ein Schutz gegen
die Pocken und haben sie davor bewahrt, noch häßlicher
zu sein, wie vom Zahn der Zeit angenagte Steinfiguren am
Wegesrand. Ihre Beine besitzen das Mysterium aller Beine,
auch wenn sie in faltenschlagenden weißen Strümpfen
stecken, mehr als eine Laufmasche haben, mit senkrechten
Nähten, als trügen sie sie verkehrt herum. Ihre Schuhe sind
die abgetragenen Schuhe armer Mädchen, die mit etwas an-
geben wollen, ausgetretene Schuhe mit schiefen Absätzen,
wie man sie beim Begräbnis trägt, mit zerfransten und aus-
geleierten Schleifen, die halb abfallen.

Manchmal führen sie Kastagnettentänze auf und die Kas-
tagnetten klingen hohl im Inneren der Schaubude, klingen
wie klappernde Knochen.

Die Hündchen in den Schaubuden sind ein durchtriebenes
Hundepack, Straßenköter, die mehr Witz als Kunst haben.
Die Hündin, die einen geflickten rosafarbenen Rock und ein
Kopftuch trägt, sieht ganz und gar aus wie eine beliebige
Frau von der Straße. Die kleinen Hunde sind Halbstarke, die
das Publikum spöttisch anschauen, und wenn man genau
hinsieht, besteht ihr ganzer Auftritt darin, sich auf die Pfo-
ten zu stellen und dabei ihren weißen Hintern zu zeigen.
Gekleidet sind sie wie die Kinder von Saltimbanques, und
sie haben viel von ihnen: ihre Armut, ihre Magerkeit, ihr
Gesicht mißratener junger Hunde.

Die aus der Schaubude ist schwanger, sie ist tragend und in ihrem Bauch hat sie ein weiteres Äffchen, das Publikum anzulocken, oder ist es ein Wachsfigurenkind von einem dieser grauenerregenden Wachsfigurenmänner, die tief schwarze Bärte haben wie Leute, die sich die Bärte färben.

Anhang

Der Cirkus akkreditiert mich

Der Große Amerikanische Cirkus von Madrid wollte mir vor Jahren die Akkreditierung meines Titels als Cirkuschronist anbieten. In der Note, die auf den Programmheften erschien, schrieb ich diese vorläufigen Worte:

»Als mich der Amerikanische Cirkus mit einer Ehrenvorstellung bedachte, verlangte er von mir nichts weiter, als daß ich der Vorstellung von der Zentralloge aus zusehe. Ich bin derjenige, der sich in den Kopf gesetzt hat, die Literatur mit der Nacht des Cirkus zu vermählen, da sie mir ihre Seele so offen und aufrichtig dargeboten hat.

Ob ich großen Gefahren ausgesetzt bin? Ich glaube nicht. Das Cirkuspublikum ist anders und seine Empfänglichkeit weitherziger.

Im Cirkus kehren wir alle ins ursprüngliche Paradies zurück, darin wir gerechter, unbefangener und toleranter sein müssen.

Mit meiner Einmischung in die Vorstellung möchte ich lediglich um Vergebung bitten, der Geehrte zu sein, indem ich eine Geste der Ironie, des rebellischen und unabhängigen guten Humors zeige.

Am Trapez wie an einem Galgen wird alle Eitelkeit hängenbleiben als ein abschreckendes Beispiel für die eingebildeten und förmlichen Herrschaften, die den Cirkus nicht verstehen.«

In der Nacht meiner Ansprache zogen sich alle schlimmen Vorzeichen auf dem Trapez zusammen. Alle Vertraulichkeiten waren furchtbare Komplotte, die gegen mich geschmiedet wurden. Viele Dichter und Künstler fürchteten sich, mich in die Manege zu begleiten, als wäre diese ein kaltes und stürmisches Meer.

Ungeachtet dessen, zeigte ich mich in jedem Augenblick entschlossen, weil ich an die Dinge glaube, und wenn man für das Christentum, den Protestantismus und das Jakobinertum gestorben ist, kann man ebensogut für den mit Glauben gepaarten Humorismus sterben.

Ich hatte am Nachmittag den Aufstieg zum Trapez erprobt, und obgleich ich es ein wenig absenken ließ, blieb es noch immer luftig und zuverlässig.

Als meine Stunde schlug, nach den beredten Worten von De Miguel und den lustigen Versen von Pérez Zúñiga, betrat ich die Manege. Ich trug meinen in Eile gearbeiteten Frack, an dem noch die Etiketten des Schneiders klebten. Ich bat das Publikum um Entschuldigung, weil »der Schneider mir diesen Frack, den ich zum ersten Mal bei der Vorstellung, die man mir zu Ehren gab, tragen wollte, zu spät gebracht hatte«. Danach stieg ich auf mein Trapez und nach einem »Sehr verehrtes und geliebtes Publikum« entfaltete ich ein sehr langes Papier und las:

Laßt euch nicht von meinem Papier erschrecken. Ich wollte eigentlich alles auf ein Manuskriptblatt schreiben, weil diese Papierberge, mit denen sich manche Redner präsentieren, immer eine große Unruhe erzeugen.

Der Trapezredner – ein neues Genre der Redekunst – muß sich gezwungenermaßen kurz halten, weil es ihm an Wasser fehlt, seine Redekunst zu erfrischen und zu begießen. Es wird der Moment kommen, da ich ein wenig heiser und wortkarg sein werde, und mir wird nichts anderes übrig bleiben, als zu schweigen. Ich wollte nicht, daß man mir wie einem Papagei einen Wassernapf hinstellt, weil ich dann wie ein echter Papagei der Redekunst ausgesehen hätte.

Als ich mich entschloß, das Wort an euch zu richten, um euch für euer Kommen zu danken, auch nachdem ihr wußtet, wem dieser Abend gewidmet ist, war mein erstes Problem, wie die Tribüne eines Cirkusredners aussehen sollte. In meiner Vorstellung tauchte der Elefant auf als herrliches Podium für einen Redner, aber weil der Amerikanische Cirkus jetzt keine Elefanten hat, dachte ich an das Trapez.

Zuerst flößte mir der schreckliche Krampf der Trapezartisten Angst ein; aber nachdem ich es ausprobiert habe, sage ich euch, man spürt hier auf gleicher Höhe mit euren Blicken eine Sicherheit im Vergleich zum Versinken und Ertrinken auf dem Boden der Manege.

So habe ich zum ersten Mal in aller Offenheit ausgeführt, was viele Redner tun, ohne es zu bemerken, nämlich zu schwanken und sich auf dem Trapez der Blamage zu befinden. Nur wenn man wie ich jetzt weiß, daß man sich wirklich auf dem Trapez befindet, sitzt man nicht auf dem Feigenbaum.

Freilich, da es ein Vergnügen ist, unter sich ein Netz zu haben, habe ich darum gebeten, eine dieser Cirkusmatratzen mit den unförmigen Beulen darunter auszulegen – die man mit unglücklichen, kaputten Cirkusartisten ausgestopft hat, welche auf diese Weise in Berührung mit dem Spektakel bleiben und zu etwas nütze sind.

Im Notfall kann ich ja über die Treppe meiner langen Manuskriptblätter hinuntergelangen.

Bewahrt auf jeden Fall Ruhe, während ich meinen riskanten Auftritt verlese, denn eine Rede vom Trapez aus ist schwieriger als ein doppelter Salto mortale in dessen Höhe.

*So begehe ich heute in aller Form das notwendige Debüt,
nach dem ich mich schon immer gesehnt habe. Von heute an
werde ich »der Mann, der debütiert hat« sein, und ich werde
die Ereignisse meines Lebens einteilen in solche, die vor, und
solche, die nach meinem Debüt geschehen sind.*

*Viele Male ist meine Prosa seiltänzerisch genannt worden
und man hat mich mit ehrenwerten Titeln bedacht, welche im
Cirkus die höchsten Kategorien repräsentieren. Deshalb schien
mir nichts besser, als wahr zu machen, was man mir nachge-
sagt hat. Deshalb habe ich mich hier auf einen hohen Ast des
Cirkus geflüchtet, und natürlich werde ich nicht vom Trapez
fallen, wo ich am wenigsten dazu beigetragen habe, daß man
mir diese Ehre erweist! Der hier vom Trapez aus zu euch
spricht ist wie einer, der vom Totenbett aus zu euch spricht.*

*Daß ich so bin, wie ich bin, ist die einzige Entschuldigung,
die mir einfällt. Ich bin bei aller Liebe davon überzeugt, daß
das Leben eine groteske Sache ist, was sich am besten dort
zeigt, wo das Groteske harmoniert und einen künstlerischen,
entzückenden Ausdruck bekommt: im Cirkus.*

*Der Cirkus ist außerdem der reinen und neuen Kunst näher
als das übliche Theater, was eine alte Überzeugung von mir
ist, die mir gerade in Paris bestätigt wurde. Dort habe ich gesehen, wie der Namenszug der großen Clowns, der Fratellini,
die notwendige Kapriole zu einem Album bildet, das Picasso
eingeleitet hat – und in welchem nicht ein Schauspieler vorkommt. Es ist schon so, daß die Fratellini am Le Vieux Colombier Cirkusunterricht geben, wo es sonst nur Lehrstühle
für reine Kunst gibt.*

*Man muß das Leben nehmen gemäß der großen Lektion,
die uns der Cirkus erteilt, und das ist gewiß nicht dasselbe,
was das finstere Wort »Verspottung« ausdrückt.*

Es ist etwas anderes. Ich möchte die lebensfähige Koexistenz beider Bestandteile anwenden: den des Ernstes und den des Spaßes, weil ich glaube, daß man jede Leichtgläubigkeit mit einer gewissen Skepsis mischen muß, weshalb ich als Cirkuschronist zugleich Chronist der Toten bin, mit derselben Besorgnis und Emsigkeit wie der des Cirkus seit vielen Jahren.

Erster offizieller Cirkuschronist war eine Ernennung, die ich mir selbst gab und die ich, außer auf meinen Visitenkarten, auch auf Zeitungsannoncen schrieb, ohne daß mir jemand das Recht auf diesen Titel streitig gemacht hätte.

Zuerst war es, wie ich mich erinnere, sehr herabsetzend ein Cirkuschronist zu sein. Ich wurde mir bewußt, was ich aufgab. Nie mehr konnte ich Magistrat oder Akademiker sein, und ich brachte mich um all die schönen Orden, obgleich ich einmal einen bekam, wie ihn die Maharadschas den Cirkusartisten verleihen.

Das erste, was ich als Cirkuschronist tat, war, in meinem Zimmer eines von jenen Schildern anzubringen, auf denen es heißt:

LOGENPLÄTZE AUSVERKAUFT

Ihr glaubt nicht, wie viele Eintrittskarten man von einem Cirkuschronisten haben will! Heute traut man sich kaum noch, mich darum zu bitten, und wer es dennoch tut, den verweise ich auf dieses Schild, das ich in einem Fahrkartenschalter gestohlen habe, ein entschuldbarer Diebstahl, wenn man bedenkt, daß das Schild dort ganz unnütz war. Es wurde nicht gebraucht.

Der Cirkuschronist hat gewisse Vorteile. Zum Beispiel ein-

mal, als die Löwen ausrissen und das Publikum verschlan-
gen, blinzelten sie mir vorher verstohlen zu, damit ich gehen
sollte, und das rettete mich. Ein anderes Mal, als ich den ris-
kanten Auftritt eines Trapezartisten sah, floh ich von meinem
Platz, als ich bemerkte, daß er in fünf Minuten herunterfallen
würde, was auch geschah. Die beiden Herren neben mir blie-
ben fürs ganze Leben mit verdrehtem Hals zurück.

In den ausländischen Cirkussen, wo man nicht weiß, daß
ich der erste offizielle Cirkuschronist bin, übe ich dennoch eine
mächtige Anziehungskraft aus. Die Zauberkünstler packen
mich an der Nase, um bei mir eine große Hämorrhagie von
Goldmünzen hervorzurufen. Der Clown ist bereit, in meinen
Schoß zu fallen, wobei er sehr überrascht ist von meiner
lächelnden Gleichgültigkeit eines »Herrn, der schon wußte,
was passieren wird«.

Der Cirkuschronist kennt viele verborgene Schandtaten des
Cirkus. Er weiß zum Beispiel, wenn der Zauberkünstler je-
manden um eine goldene Uhr bittet, sollte man niemals seine
eigene herausholen; einmal, weil sie nicht aus Gold ist und
außerdem weil, wenn auch keinerlei Gefahr besteht, daß der
ehrenwerte Zauberkünstler sie behält oder vertauscht, sich die
Diebe, die der Vorstellung zusehen, sich die Herren gut mer-
ken, die sich beeilt haben, ihre goldenen Uhren hinzugeben
und sie ihnen beim Hinausgehen stehlen.

Der Cirkuschronist kennt auch schreckliche Anekdoten aus
den Cirkussen der Welt, wie zum Beispiel aus der Türkei, wo
der Illusionist einen Kopf präsentiert, den er gerade abgeschnit-
ten hat, und es ist kein Spiegeltrick oder Illusionsphänomen
dabei, sondern es war eine echte Exekution, und der später als
der Herr mit dem wiederaufgesetzten Kopf auftritt, ist ein ande-
rer, der Ähnlichkeit mit dem hatte, der gerade ums Leben kam.

Jetzt wird der Cirkuschronist ein paar »Gregueriás« vorlesen, auf die ihn der Cirkus gebracht hat.

Und dann las ich eine lange Liste von Gregueriás, wie sie heute in diesem Buch erscheinen, und ich beendete meine hochtrabende trapezundische Rede mit diesen Worten:

Nun, nachdem ich dem Amerikanischen Cirkus für seine unerwartete und unverdiente Ehrerbietung gedankt habe, mich für eine einzige Nacht unter Vertrag zu nehmen, und nachdem ich mich bei den geliebten und berühmten Kollegen bedankt habe, die mich mit Wort und Witz verteidigt haben und beim Publikum, das mich mit seiner Anwesenheit und seiner Aufmerksamkeit beehrt hat, ein paar prophetische Worte; denn vom Trapez aus lassen sich Prophezeiungen, ausgesprochen wie zwischen den Wolken oder zwischen Erde und Himmel, besser rechtfertigen.

Der erträumte Weltfrieden wird in einem großen Cirkus unterzeichnet werden in einer jener Nächte, da sich über der hohen Menschenpyramide alle Fahnen in echter Verbrüderung entfalten werden.

Die Welt wird schließlich den humoristischen Sinn des Lebens erkennen und wird am Ende ein großer Cirkus sein, offen und ehrlich, ohne jeden Dünkel, in welchem die »Regisseure« Ministerröcke tragen werden, von denen sie die Orden entfernt haben werden, die sie heute noch schmücken, und die große wunderliche und ungereimte Farce der Welt wird ihren wahren Rhythmus und den ihr eigenen Stil gefunden haben.

Ich habe gesprochen.

Und jetzt, Maestro, Musik!

Ramonismo

Nachwort
von
Fritz Rudolf Fries

In seinen 1962 erschienenen »Caprichos«, einer Sammlung merkwürdiger Begebenheiten, berichtet Ramón Gómez de la Serna vom Schicksal eines Dompteurs. Mit seinen Seehunden gehörte er zur Attraktion des Cirkus. Die Tiere konnten zum Entzücken der Zuschauer Pfeife rauchen, Pullover strikken und auf der Schreibmaschine tippen. Im Eifer der Domestizierung aber wurde der Dompteur eines Abends selber zum Seehund. Der Löwenbändiger mußte an seine Stelle treten und die Tiere vorführen, unter denen eines besonders glänzte, weil es alle Künste beherrschte.

Eine Szene, die im 1917 erschienenen Cirkusbuch des spanischen Magiers fehlt. Sie wäre unglaubwürdig gewesen in dieser »Notizsammlung«, wie Walter Benjamin die französische Ausgabe von 1927 kommentierte, »die der Wirklichkeit allerdings etwas knapp wie dem Clown der Frack sitzt«.

Ramón, wie ihn seine Freunde und Leser nannten, sammelte als Cirkuschronist die Überbleibsel einer Realität, wie sie das Theater der Zeit längst nicht mehr bot. Es war eine Realität, die sich durch die Tollkühnheit des Einzelnen auf unglaubliche Weise steigern ließ. Ramón selbst stellte sich dem Publikum, dieser *Bestia nera*, und wandte sich in Mailand, wie auf den letzten Seiten des vorliegenden Buches beschrieben, vom Trapez aus an die Menge. Was wollte er verkünden? Nichts Geringeres als den Völkerfrieden, der auf das Morden des Ersten Weltkrieges und die Erhebungen der russischen Revolution folgen sollte. »... der wahre Völkerfriede«, schrieb Walter Benjamin, »werde einst in einem großen Zirkus besiegelt werden. Mir scheint, es gibt nur zwei Professionen, die von Natur aus Vertraute des Friedens sind (...), die Mathematiker und die Clowns: die Meister des abstrakten Denkens und der abstrakten Physis. Der Friede, der von ihren Unterschriften garantiert wäre, wäre der einzige, dem ich vertrauen würde. Dieser im großen Zirkus besiegelte Friede wäre auch Friede im Zeichen der Tierwelt, die das Patronat über die Menschheit genommen hat.«

Ramón Gómez de la Serna hatte gewiß mehr von einem Clown als von einem Mathematiker. Nach seiner Profession gefragt, hätte er etwas ganz Eigenes genannt: Er bekenne sich zum *Ramonismo*, er sei der Vertreter einer von ihm erschaffenen Zunft. Seine Lebensmaxime lautete:»Oh! si llega la imposibilidad de deshacer« – Oh, wenn es einmal unmöglich wäre, das Werk der Auflösung zu betreiben!

Am 3. Juli 1888 in Madrid geboren, prägt ihn die Unruhe der Großstadt. Er wächst hinein in die Generation der 98er, die nach dem Verlust der letzten spanischen Kolonie und dem Sieg der USA über Cuba eine Umschichtung aller spanischen Werte verlangen. Ramón wird die Dinge auf seine Weise auf den Kopf stellen, ohne am spanischen Trauma zu leiden. Modernität und Dadaismus sind die Hausgötter einer Zeitschrift, die er in jungen Jahren mit dem Geld seines Vaters in Paris herausgibt. In den »Caprichos« von 1962 beschäftigt er sich mit dem Abwurf der Atombombe über Hiroshima ebenso wie mit dem selbstmörderischen Tempo der modernen Verkehrstechnik. Mit sechzehn Jahren veröffentlicht er sein erstes Buch, eine Art surreales Tagebuch. Noch immer bedarf sein ausuferndes Werk einer genauen Sichtung. Die Experten kommen auf 70 bis 150 Titel, die sich durch Ramóns chronische Geldnot ebenso erklären lassen wie durch seinen pathologischen Fleiß. Sein Salon war in den Madrider Jahren das Literatencafé »Pombo«, in welchem er in der Nacht zum Sonntag den Ton angab. Die anderen

Nächte galten der Arbeit. Das Café und der Cirkus, sollte er später schreiben, sind die einzigen Orte einer zum Himmel schreienden Wahrheit. Vom »Pombo« aus wurden die Attacken gegen die Parteigänger eines Unamuno vorbereitet. Später, vom Balkon des argentinischen Exils aus, wird Ramón die spanische Hauptstadt wehmütig betrachten und sie in einem Buch (»Sehnsucht nach Madrid«, 1956) in eine Beziehung zu den verlorenen Dingen bringen. Es sind Bilder und Gefühle in diesem Buch, die in Relevanz treten zur Atomisierung der Warengesellschaft, wie sie sein populäres Buch über den Madrider Trödelmarkt, »El Rastro«, 1915 beschrieb. Der Weg in den Untergang aber wird vom Engel des Kitsches begleitet und verklärt. »Lo cursi«, das Kitschige, heißt folgerichtig 1934 ein Aufsatz, der das eigene Werk in seiner Parodierung auf den hohen Stil von Roman und Novelle, von Sermon und Sprichwort insgeheim kommentiert.

Als Ramón Gómez de la Serna am 12. Januar 1963 in Buenos Aires stirbt, hinterläßt er ein Werk, das wie ein planvoll angelegter Irrgarten erscheint. Seine impressionistischen Romane auf Stierkämpfer oder neapolitanische Blondinen, seine Monographien zu Goya, Lope de Vega oder Quevedo sind »spanische Wände«, die den Alchimisten Ramón verbergen. Dieser hatte früh angefangen, eine Sammlung anzulegen, die zur Substanz des Ramonismo gehört. Es sind die »greguerías«, an denen er bis an sein Lebensende weiterschreibt. Ein Wort zunächst mit viel Nebensinn. Es kommt von »griego« gleich »griechisch« und im Spanischen Synonym für unverständlich. Ramón hat es definiert als eine Ehe zu dritt zwischen »humorismo« und »metáfora« plus »metafísica«. Herauskommen die Wechselbälger aphoristischer Eintagsfliegen, Parodien auf Sprichwörter, Kalauer und

Maximen für den Hausgebrauch. Der Madrider Philatelistenverein klagte ihn an, weil er auf die Passion des Markensammelns geschrieben hatte:»Den Briefmarkensammler
kann ein Ehebruch im eigenen Haus nur wenig erschrecken,
und durch eine vornehme Zurückhaltung erwirbt er sich
noch für seine Sammlung die Marke und den Stempel des
Dritten«.

Oder:»Das Licht ist eine nackte und sorgsam enthaarte
Frau.«

Oder:»Das Gähnen ist ein O auf der Flucht.«

Oder:»Statuen sind immer verwitwet.«

Oder:»Wenn es in Japan ein Erdbeben gibt, bewegen sich
die Hängelampen in allen japanischen Gesandtschaften.«

Oder:»Die Seele der Dinge kann nur ein Auge treffen, das
geübt ist, von der langen Last ihrer Verkettungen abzusehen.«*

Es sind *faits divers* aus der Traumwelt, Anleitungen, um
die Kehrseite von Vernunft und Sinngebung zu erkennen.
Die »greguería« ist, wie es Werner Krauss einmal formuliert
hat, eine »literarische Waffe zur Auflösung aller Zusammenhänge«. Ramón, dem dicke Romane eine Zumutung waren,
fordert uns auf, in diesen Büchern so lange herumzulesen,
bis sich der Sprengsatz einer »greguería« gewinnen läßt. In
seinen eigenen Romanen, die noch immer für ein deutsches
Publikum zu entdecken sind, hat er diese Aufforderung zum
Prinzip gemacht, so daß wir lesend in einen Kosmos entführt werden, der mit dem des Romans nichts gemein hat.

Wer hier einen Grübler in der Tradition eines Gracián,
einen Puristen à la Góngora vermutet, geht fehl. Ramóns Na-

---

* (In der Übersetzung von Werner Krauss)

turell glich wohl eher der lebenslustigen Humorigkeit eines Federico García Lorca. Ramón hat den Humor eines Sancho Pansa literarisiert und seinen prüden Don Quijote in einen Garten der Wollust geführt. Doch nicht anders als der Ritter von der traurigen Gestalt, schuf sich Ramón ein unnahbares Abbild seiner erotischen Träume und setzte es aufs Sofa – in Gestalt einer Schaufensterpuppe. Daß er sie nicht mit in den Cirkus nahm, lag wohl an ihrer perfekten Schönheit, die den Damen in der Menge zu schaffen gemacht hätte. Ein Bild von Ramón gibt uns Biche, der ihn im Pariser Cirque d'Hiver kennenlernt. Ramón reitet auf einem Elefanten und hält eine unverständliche Rede, die dazu noch von dem Wasser und andere Dinge lassenden Elefanten sabotiert wird: »Er sieht aus wie der Maître d'Hôtel eines Luxushotels, durchaus sympathisch. Ein volles, glattrasiertes, spanisches Gesicht, mit schwarzen Cotelettes. Beim näheren Hinsehen also ein Einschlag von Torero. Blendende Zähne. (...) Man hat ihn plötzlich sehr gern.« –

Unser Bild vom Cirkus hat sich über die Jahrhunderte gewandelt. Mit Brot und Cirkusspielen hielten die antiken Herrscher ihr Volk bei Laune. Kämpfe auf Leben und Tod berauschten in der römischen Arena die Zuschauer. Einen Nachhall davon finden wir noch heute in der Stierkampf-arena spanischer Städte. Dabei erstarrt die Geschicklichkeit des Toreros in Routine; die Geschicklichkeit des Artisten in der metaphysischen Höhe einer Circuskuppel dagegen scheint ein Tanz auf der Nadelspitze des Zufalls zu sein.

Grazie und Illusion, Komik und Kraft wechseln in den Nummern, die das Nummerngirl in der Pose einer Glücksfee ankündigt, einander ab. Der Massengeschmack ist raffinierter geworden und verlangt nach gemischter Kost. Und dann die Tiere. In einer Zeit, da der Mensch ihre Vielfalt langsam ausrottet, erscheinen sie in der Manege wie soeben der Arche Noah entstiegen. Mit nickenden Köpfen begrüßen sie uns als ihre Brüder – um hier einmal im Stil des Ramonismo eine »greguería« zu wagen. Für Ramón entfaltet der Cirkus seine uneingeschränkte Macht und Faszination. Noch sind die Tierschützer nicht an der Reihe, die in jeder Dressur eine Tierquälerei sehen. Noch sind die Tage eines Roncalli-Cirkus nicht angebrochen, der den alten Cirkus, darin es nach Dung und Sägemehl roch, verdrängt, um uns mit der Fairy aus tausendundeiner Kunst einzulullen.

Ramón als Cirkuschronist seiner Zeit hat, wie Walter Benjamin in seiner Rezension anmerkt, die Herkunft des Cirkus »aus der prekären Situation der Massen, ihrer verminderten Todesfurcht, ihrer zunehmenden Skepsis gegen Anstalten der Vergeistigung und Verdummung sehr deutlich gemacht«. Man mag einwenden, daß auch der Cirkus eine Droge für die Massen sein kann, wenn sie sich für die Dauer einer Vorstellung mit der Kraft des Tigers und der Magie des Zauberers identifizieren können. Erst der Clown, wenn er nicht in der Maske des Weißclowns die Macht imitiert oder als Pierrot die Mandoline der Melancholie zupft, stellt die Balance zwischen oben und unten her. Weshalb seine Späße immer zweideutig sind. Wir befreien uns von ihnen durch Gelächter, und somit ist auch der Cirkus, wie das Theater, ein Purgatorium für unsere Vorurteile und Komplexe.

Aber ist nicht der Cirkus auch das letzte Refugium des Anarchismus? Der Dompteur mag mit seiner Peitsche die Tiere im Zaum halten. Doch wer auf dem Seil sein Leben riskiert, vertritt sich selbst und kein Parteiprogramm. Die Majestäten, die in Ramóns Buch ins Chapiteau kommen, müssen fürchten, daß die abgeschossene Kanonenkugel ihre Loge trifft. Die Akteure im Cirkus riskieren, anders als die Schauspieler auf dem Theater, ihr Leben. Ihr Einsatz heißt alles oder nichts. Routine ist ihnen ebenso fremd wie dem Anarchisten das bürgerliche Gesetzbuch. Von daher die Bewunderung, die wir für die absolute Gegenwart des Cirkus aufbringen. Dennoch:

»Der Zirkus ist vielleicht ein soziologischer Naturschutzpark, in dem das Ineinanderspiel einer Herrenkaste von Pferdezüchtern und Dompteusen mit einem gefügigen Proletariat, der plebs der Clowns und der Stalljungen noch ohne Mißton, ohne revolutionäres Grollen sich vollzieht.« (Walter Benjamin)

Ramóns Cirkusbuch als Eintrittskarte in der Hand, erkennen wir: Die Manege ist der Tummelplatz des Ramonismo. Jede vorgeführte Nummer hat in ihrer pointierten Verkürzung etwas von einer »greguería«. Der Cirkuschronist ist in seinem Element, wenn er die jeweilige Darbietung lediglich in seine Sprache zu übertragen braucht. Sobald die Nummer etwas länger dauert und wir eine geheime Beziehung etwa des Direktors zu seiner Dressurreiterin vermuten können, entsteht ein »Capricho«, ein launiges Vermuten voll von funkelnder Bosheit und psychologisierender Raffinesse. Die Infantilität, die im Ramonismo steckt, das Auseinandernehmen der Welt zu lauter Puzzleteilchen –, im Cirkus darf sich das Kind im Manne ausleben. Und der Chronist wird sich

an Kindernachmittagen, ein Auge auf die adretten Kindermädchen, in seiner Begeisterung kaum von den lieben Kleinen unterschieden haben.

Dabei ist Ramón ein unbestechlicher und gefürchteter Beobachter. Wie ein Theaterkritiker erhebt auch er die Stars
der Manege in den Himmel oder läßt sie in die Hölle des Ver-
gessens fallen. Im Buch feiern sie gemeinsam Auferstehung,
wenn er die Namen aller nennt, die zu Beginn des Jahrhun-
derts Cirkusgeschichte gemacht haben. Was er in der Manege sieht, ist oft die Kunst am Vorabend ihrer proletarisierten
Verelendung. Es ist nur ein kleiner Schritt aus dem Cirkus
heraus in die Misere der Schausteller, die wie ihre Tiere
von Hunger und Krätze geplagt sind und ihre in tiefster Provinz noch einmal wiederholte »letzte Vorstellung« geben.

———•———

Über den politischen Standort des Autors ist gestritten worden. Ramóns politische Ethik definiert sich über seine Neu-
gierde. Das Spanien der Jahrhundertwende interessierte ihn
vor allem von Paris aus. In seinen reifen Jahren reiste er
durch ganz Europa. Ein längerer Aufenthalt in Neapel, im
17. Jahrhundert ein spanisches Dominium, inspiriert ihn zu
einem seiner schönsten Romane – »Die Frau aus Bernstein«
(1937). Mit dem Ausbruch des Bürgerkriegs 1936 verläßt er
sein geliebtes Madrid und zieht nach Buenos Aires. Ist es ein
Auszug ins Exil? In einem kurz vor seinem Tode notierten
Lebensabriß sollte er schreiben: »Um meine Gedanken zu
ordnen, brauche ich die ganze Einsamkeit und die Stille
Amerikas«. Und er fügt hinzu, in Amerika darf man unbe-

grenzt polemisieren, in Europa dagegen nur innerhalb fest-
gesteckter Grenzen. 1949 kehrt er noch einmal in das von
Franco beherrschte Spanien zurück. Im »Ateneo«, dem Madrider Club der Intelligenz, hält er einen Vortrag über »Die
Magie der Literatur«. Es ist ein Auftritt des alten Ramón aus
dem inzwischen verschwundenen Café »Pombo«. Er insze-
niert ein »happening«, das heißt er hält seinen Vortrag im
Verein mit einer Puppe, die in allem dem Redner gleicht –
nur hat sie keinen Kopf. Ramón stellt seinen kopflosen Begleiter als Sinnbild einer Literatur vor, die für die anderen
den Märtyrer macht und dabei verdurstet – denn wie soll
man dieser Figur ein Glas Bier anbieten? Das Bild ist rätsel-
haft und umwegig, und doch eindeutig gegen die Märtyrer-
rolle der exilierten Dichter gerichtet, die sich selbst für die
große Idee aufgaben. Aus Spanien hatten ihn die Parteien
beider Lager vertrieben. Die Magie der Literatur konnte
unmöglich die einen oder die anderen ins Reich ihrer Be-
freiung ziehen. Der Aufschrei ihres Protestes, auch wenn er
sich in die langsam altmodisch wirkenden Kostüme der
Surrealisten kleidete, meinte die moderne Welt mit ihren
verschobenen Werten. Sie ist das Ergebnis einer Nivellie-
rung von links und rechts und kann ihre Werte nur in ihrer
Vermarktung erkennen. Was dem Menschen bleibt, sind die
Rettungsinseln der Literatur, welche von den Dichtern ausgesetzt werden. Man mag sich vorstellen, wie die Zuhörer
im »Ateneo«, wenn sie Untertanen von Staat und Kirche
waren, dies aufgenommen haben.

Die Emigranten verübelten dem Reisenden nach Madrid,
daß er die falangistische Zeitschrift »Arriba« mit täglichen
Kommentaren versorgte. Seine Freunde hielten ihm zugute,
daß er sich in der Tagespolitik nur schlecht auskannte. Ein

Kenner spanischer Verhältnisse, der im Café »Pombo« der Vorkriegszeit Ramón kennenlernte, der Hispanist Werner Krauss, beschreibt das Dilemma des *enfant terrible* der spanischen Literatur wie folgt: »Ramón hatte es bis dahin mit einer Gesellschaft zu tun, die im Zustand der vollständigen Passivität nur die kompakte Geschlossenheit einer Mauerbildung gegen ihn aufbringen konnte. Und es ist nicht verwunderlich, daß dieser passive Grundcharakter seiner Gegenwelt die Form seiner eigenen Aktion bestimmte. Seine Strategie kennt nur Überraschungserfolge und Überrumpelungsversuche. Eine bewegte und tätige Gegenwelt würde solche Manöver gar nicht zum Zuge kommen lassen. Und das will besagen, daß die Aktion Ramóns selbst nur ein Moment in der Passivität der spanischen Gesellschaft darstellt. Ramón vermindert die Angriffsfläche seiner Erfindung durch den fortwährenden Rückzug auf den Infantilismus des Künstlers, und damit übt er den Zwang der Duldung auf eine Welt, die im Fetisch des Kindes das von den Konventionen erdrosselte Leben anbetet.« –

Aus Rückzügen aber entsteht Literatur, und vom Cirkus aus läßt sich die Welt leichter zurückerobern als von einer Barrikade aus. Die Eroberung geschieht durch das Wort, durch den Satz, der eine Generalstabskarte ersetzt. Das Vergnügen an der Alchimie des Wortes hat der Leser. Dem Übersetzer bleibt die Mühe, die Sprengkraft der Worte und Sätze zu bewahren, ohne daß ihm bei der Übernahme das Pulver naß wird.

Am Ende seines Lebens mag es Ramón so ergangen sein wie dem Dompteur jener Seehunde, die es fertig brachten, ihren Herrn und Meister in einen Seehund zu verwandeln. Ramóns Prinzip, die Welt in Literatur zu verwandeln, wurde zur Zwangsjacke. Es konnte auch mit dem Exil zu tun haben, mit der Aufgabe, von Buenos Aires aus das »abgenutzte Trauminventar« (Walter Benjamin) der spanischen Verhältnisse zu sichten und zu deuten.

1988 erinnerte die spanische Presse an den hundertsten Geburtstag und den fünfundzwanzigsten Todestag des Ehrenbürgers von Madrid. Am 12. Januar 1963 starb er in Buenos Aires; am 23. Januar wurde er in der Madrider Kirche von San Justo begraben. Die Gefahr, daß man einen Säulenheiligen der Literatur je nach Kalendertag feiert, ist groß in einer Zeit, da die Freiheit, die uns Literatur schenkt, noch immer wie Konterbande behandelt wird.

Deshalb: Manege frei für Ramón Gómez de la Serna!

November 1999

FRITZ RUDOLF FRIES
Schriftsteller, Übersetzer, Herausgeber.
Geboren 1935 in Bilbao/Spanien.
Zu seinen wichtigsten Romanen und Erzählbänden gehören
»Der Weg nach Oobliadooh« (1956); »Alexanders neue
Welten« (1982); »Der Seeweg nach Indien«, Erzählungen
(1992). Zuletzt erschien »Der Roncalli-Effekt« (1999).
Fries hat vor allem spanische und lateinamerikanische
Autoren übersetzt, u. a. »Rayuela« von Julio Cortázar.
1979 erhielt er den Heinrich-Mann-Preis der Akademie der
Künste zu Berlin, 1988 den Marie-Luise-Kaschnitz-Preis der
Evangelischen Akademie Tutzing, 1991 den Literaturpreis
der Freien Hansestadt Bremen und 1992 den Branden-
burgischen Literaturpreis.
Er ist Mitglied der Akademie der Künste Berlin/Branden-
burg und der Deutschen Akademie für Sprache und Dich-
tung, Darmstadt.

Fritz Rudolf Fries lebt in Petershagen bei Berlin.

RAMÓN GÓMEZ DE LA SERNA,
1888 in Madrid geboren, ist einer der einflußreichsten
und wichtigsten spanischen Schriftsteller des 20. Jahr-
hunderts: Elegant, gebildet, geistreich, die Personifizierung
der Avantgarde und des surrealistischen Happenings, von
unerschöpflicher Phantasie und Schöpferkraft. Er hat über
90 Werke veröffentlicht, in allen literarischen Gattungen,
und ist Erfinder einer eigenständigen Literaturgattung, der
paradox-humoristischen »Greguerías«. Gómez de la Serna
war Gründer eines literarischen Stammtischs in Madrid,
»Pombo«, dem alle großen Zeitgenossen angehörten. 1933
wurde er nach Buenos Aires eingeladen und kehrte
wegen des Bürgerkrieges nicht nach Spanien zurück.
1963 ist er in Buenos Aires gestorben.

In deutscher Sprache sind drei seiner Werke lieferbar:
»Der Traum ist ein Depot für verlegte Gegenstände.
Greguerías«, Berlin 1989; »Die Wahrheit über Picasso und
den Kubismus«, Berlin 1990; »Torero Caracho«, Berlin 1991.

Die Originalausgabe erschien 1917 unter dem Titel »El Circo«
bei Imprenta Latina, Madrid.
Die deutsche Übersetzung folgt der Ausgabe von 1968
bei Espasa-Calpa, Madrid.

Umschlag der Originalausgabe
von 1917

Die Deutsche Bibliothek – CIP-Einheitsaufnahme

Ein Titeldatensatz für diese Publikation ist bei
Der Deutschen Bibliothek erhältlich

© Europäische Verlagsanstalt/Rotbuch Verlag,
Hamburg 2000
Umschlaggestaltung: +malsy, Bremen
Die Vignetten sind Selbstportraits von Gómez de la Serna
Herstellung: Das Herstellungsbüro, Hamburg
Satz: Greiner & Reichel, Köln
Gesetzt aus der Walbaum
Druck und Bindung: Clausen & Bosse, Leck
Printed in Germany
ISBN 3-434-50086-3